本书系国家社科基金青年项目
"潘能伯格神学与科学科际对话思想及其当代价值研究"
（批准号：21CZJ014）的阶段性成果

本书出版得到"兰州理工大学红柳优秀青年人才支持计划"的资助

历史与信仰

潘能伯格思想研究引论

马松红　著

中国社会科学出版社

图书在版编目（CIP）数据

历史与信仰：潘能伯格思想研究引论 / 马松红著 . —北京：中国社会科学出版
社，2023.8
ISBN 978 - 7 - 5227 - 2197 - 2

Ⅰ. ①历… Ⅱ. ①马… Ⅲ. ①沃尔夫哈特·潘能伯格—哲学思想—研究
Ⅳ. ①B516.6

中国国家版本馆 CIP 数据核字（2023）第 122999 号

出 版 人	赵剑英
责任编辑	刘亚楠
责任校对	张爱华
责任印制	张雪娇

出　　版	中国社会科学出版社
社　　址	北京鼓楼西大街甲 158 号
邮　　编	100720
网　　址	http://www.csspw.cn
发 行 部	010 - 84083685
门 市 部	010 - 84029450
经　　销	新华书店及其他书店

印　　刷	北京君升印刷有限公司
装　　订	廊坊市广阳区广增装订厂
版　　次	2023 年 8 月第 1 版
印　　次	2023 年 8 月第 1 次印刷

开　　本	710×1000　1/16
印　　张	17.5
插　　页	2
字　　数	290 千字
定　　价	98.00 元

前　言

信仰与历史的关系问题是现代基督教神学的核心议题。美国富勒神学院系统神学教授科林·布朗（Colin Brown，1932－2019）曾言："通观各个时代，基督教都把自己呈现为一种历史宗教。"① 这种历史的宗教声称，他们信仰的上帝是那个具体的、历史的拿撒勒人耶稣。他曾为了世人的罪业，道成肉身，降格来到世间；他以无罪之身为人代赎，被钉死在十字架，却在三天后从死里复活，升到父神的右边；他宣称，将在历史的终末复临，以审判众人。科林·布朗认为，基督教"所有对待社会与道德问题的态度、对待传播基督讯息的态度和对待灵修的态度"全部根植并奠基于这一历史叙事之中。历史构成了基督教信仰的基础和核心。

然而，对于基督教而言，历史却并非总是这么友好。基督教在宣称自己为历史的宗教，并在真实事件的记载和宣称中建构自己神学基础的同时，却又不得不承担起证实这一基础的责任。而这无论是对于负有责任的神学家，还是对于热心的历史学家而言，都是一个巨大而又复杂的挑战。并且，这一挑战在近代之后变得更加严峻和迫切。众所周知，近代是主体意识和理性意识崛起的时代，也是历史意识普遍觉醒的时代。主体意识的崛起，让人逐渐摆脱神意的束缚，重新把人置于历史的中心地位；理性意识的崛起，把人看作一种理性的存在，并宣称和主张人间的和非人间的一切事务都要接受理性法庭的审视和裁判；历史意识的觉醒，则要求在理智详尽考察的基础上重新"回到历史事实本身"。对于基督教而言，这一变化带来的挑战是多方面的，它使得人们不再迷信于《圣经》的权威，也不再盲从于教会的教导……总之，

---

① ［美］科林·布朗：《历史与信仰：个人的探寻》，查常平译，上海三联书店 2013 年版，"导论"，第 2 页。

正是在近代之后，那些曾被视为传统和不可挑战的权威，也全都因为批判理性和新的思考方法的普遍使用而不断受到质疑和打破。人们开始要求凭借自身的理性，去独立地追求某一事物的起源及其历史真实性。

历史对于信仰的意义是不言而喻的。基督教以历史作为信仰的基础和核心，建构起了自己整个神学教义的大厦，使得自身的信仰体系奠定于真实的历史事件，而非纯然安慰人心的话语。然而，随着时代的变迁和思想气质的改变，原来自身引以为傲的优势却俨然变成了自身无法摆脱的负担：基督教不得不证实自身历史基础的真实性。

面对这一挑战，现代神学基本做出两种反映：一种是大胆采用现代历史科学和思维方法，去努力证实基督教关于《圣经》信息记载和宣称的真实性，找出那些在历史中真实发生过的事情的证据，以使基督教信仰稳定地奠基于这一基础和根基之上；而另一种则从根本上怀疑这种做法的有效性和合法性，否认以历史建构基督教信仰真理基础的所有努力和企图。前者以 19 世纪历史神学家和宗教史学家为代表，后来被自由派神学和存在主义神学所改造继承；后者以戈特霍尔德·莱辛（G. E. Lessing, 1729 – 1781）为代表，后来为卡尔·巴特（Karl Barth, 1886 – 1968）等人所坚持。前者偏重于历史的耶稣及其宣讲对于当下个体生存的意义；后者否认以历史的偶然真理建构永恒真理基础的企图，强调信仰真理的超历史性。沃尔夫哈特·潘能伯格（Wolfhart Pannenberg, 1928 – 2014）是新生代德国著名的新教神学家，他不满足于两种极端做法，试图以自身对基督教信仰和历史关系的独特理解提出属于自己的第三种神学方案。

本书的目的即在于试图通过对启蒙运动之后基督教信仰与历史关系基本问题的梳理，切入对潘能伯格思想的研究，以期通过纵向的历史考察和横向的比较剖析，阐明其神学思想与历史问题的紧密关系，厘清其神学思想中关于上帝的启示与历史、耶稣基督的救赎与历史、人的本性与历史以及复和与终末历史等几方面的关键问题，以求能够推源溯流，明确分梳和辨析其问题与关键，详细考察其思维的内在逻辑和理路，准确把握其核心思想和内涵。

本书主要包含七个部分：

导论部分的主要任务有两个：一是通过对启蒙运动之后现代基督教神学所面临历史处境的分析，引出现代基督教神学所面临和激烈讨论的核心问题，即历史理性和批判对基督教信仰基础的挑战，进而以此为视角，切入本书的核心主题：对潘能伯格神学思想的研究；二是对目前国内外潘能伯格研究的情况做一个基本的文献梳理。

第一章是对基督教信仰与历史关系的问题史回顾。按照传统的观点，基督教思想的形成一方面脱胎于犹太教母体，另一方面受益于古希腊罗马思想。两种文化因素均对基督教思想产生了重大影响。基督教既承袭了前者一神论思想和线性的历史观念，又汲取了后者逻各斯主义的理性传统。两者在基督教思想的新母体中融合并激烈斗争了长达几千年，直到近代文艺复兴和启蒙运动，两者之间的争论因历史处境的变换而又达至一个新的高峰，从而成为现代神学不可逃避的议题。

第二章到第五章是本书的主体内容，讨论的是潘能伯格针对信仰与历史的关系问题，从基督教教义的不同层面做出的回应。其中，第二章是对潘能伯格启示论的考察和阐释，处理的是上帝的启示与历史的关系问题。在潘能伯格看来，认识上帝的真理和启示存在两条基本的路径：自然神学和启示神学。然而，随着启蒙思想的日益成熟，自然神学的路径逐渐受到指责，而启示神学的路径却重新受到重视。不过，这并不意味着启示神学的理路本身没有争议；恰恰相反，对启示问题的不同争论构成现代神学讨论的一个核心问题。潘能伯格认为，启示是上帝在其历史行动中的自我启示，是上帝在耶稣基督里的历史救赎行动，是作为历史的启示，这一历史启示唯有在历史的终末和人生现实的完满与整全之中才能获致理解，却以预表的形式预先显现在拿撒勒人耶稣的复活里。这是潘能伯格的作为历史的启示观念，它的提出一方面对现代神学产生了重大影响，另一方面也遭受了来自诸多方面的批评。本章还将对各种批评观点进行简要梳理并加以评议。

第三章的重点在于对历史与耶稣基督救赎活动之间关系的说明，旨在阐明潘能伯格基督论与历史之间的紧密关联，解决现代神学中"历史的耶稣"与"信仰的基督"分裂这一难题。自近代以来，历史批判解经方法日益在《圣经》解释中占据主导地位，因而进一步引发了三次关于历史耶稣的探寻运动。然而，三次探寻的结果并未达到预期效果，反而进一步导致了"历史的耶稣"和"信仰的基督"之间的严重分裂。潘能伯格的基督论便是在这一语境之下，对这一鸿沟的修补和弥合。在他看来，基督教信仰和宣讲的基督正是当时生活在巴勒斯坦、在本丢·彼拉多手下受难的拿撒勒人耶稣。他的死里复活不仅回溯性地证明了自己与上帝神性的统一，而且预表性地揭示了人类在历史终末普遍从死里复活的终极命运。

第四章讨论的是潘能伯格的神学人观，处理的是神学视角下人的本性与历史的关系问题。作为20世纪德国新教神学家，早期潘能伯格的独特之处在于想要通过一种"自下而上"的方法建构一种不同于传统教义学人论的基础神学人论。但是，出于理论完备性和系统神学建构的必要，系统神学时期的潘能伯格还是回到了传统教义学人论的路径之上。所以，本章的目的在于对比其前后两种不同路径，在阐明潘能伯格早期基础神学人论和系统神学时期教义学人论主要内容的基础上，指出其神学人论与历史问题之间的深刻勾连。

第五章是对神人终极复和问题的探讨，处理的是潘能伯格神学中终末复和与历史的关系问题。这是本书主体内容的最后一个部分，旨在阐明潘能伯格神学思想中终末论与复和论的部分，指出三一上帝在复和的历史行动中的角色以及教会在这一行动中的地位和担当，进一步表明人类在历史终末与上帝复和，进入上帝国度，分享其永恒生命的盼望。潘能伯格认为，上帝本质上属于一种将来的权能，因此显现在耶稣基督里的神与人的终极复和以及所预告的人类普遍从死里复活的拯救只有在历史的终结之处才能够达成，届时耶稣基督复临，实行最后的审判，以使义者进入新天新地。

结语"神圣与凡俗的历史相遇"是对本书主题的总结、回应和评述。自近代以来，信仰与历史的关系问题变得日益突出，且争论不断。直至现代神学，针对这一问题的争论达到一个新的高峰，从而成为现代神学不得不认真对待和解决的议题。潘能伯格提出的神学方案有洞见，也有缺陷，对此所做的评述，有助于我们进一步厘清和展望主题。

目　录

导　论 ……………………………………………………………… 1
　第一节　现代神学的历史处境 ………………………………… 1
　第二节　一个关键性的问题 …………………………………… 5
　第三节　研究综述 ……………………………………………… 8

第一章　信仰与历史关系的问题史回顾 ……………………… 15
　第一节　古典思想与历史的互动 …………………………… 15
　　一　希罗思想与历史 ……………………………………… 15
　　二　犹太观念与历史 ……………………………………… 21
　　三　传统基督教思想与历史 ……………………………… 25
　第二节　信仰与历史关系的新处境和新难题 ……………… 30
　　一　历史批判方法 ………………………………………… 31
　　二　莱辛的鸿沟 …………………………………………… 36
　　三　黑格尔的贡献 ………………………………………… 39
　　四　特洛尔奇的难题 ……………………………………… 44
　　五　现代神学的总体反应：从巴特到潘能伯格 ………… 48

第二章　上帝的真理及启示 …………………………………… 53
　第一节　上帝的真理及认识：两种路径 …………………… 54
　　一　自然神学 ……………………………………………… 56
　　二　启示神学 ……………………………………………… 61
　第二节　启示与历史 ………………………………………… 66

一　巴特：启示作为上帝之道 ……………………………………… 68

二　潘能伯格：启示作为历史 …………………………………… 73

第三节　争议与转变：潘能伯格和他的批评者 ………………… 80

一　直接启示还是间接启示 ……………………………………… 84

二　启示作为历史整体 …………………………………………… 86

三　信仰与知识 …………………………………………………… 88

四　莫尔特曼的质疑 ……………………………………………… 92

第三章　耶稣基督：历史与救赎 …………………………………… 96

第一节　历史耶稣的形象 ………………………………………… 98

一　基督教内部的形象：福音书叙事 …………………………… 99

二　典外文献及历史学家的观点 ……………………………… 103

三　三次有关历史耶稣的探索 ………………………………… 106

第二节　基督论的基本问题 …………………………………… 111

一　基督论的论题、方法和类型 ……………………………… 111

二　历史耶稣的神性根据 ……………………………………… 115

第三节　复活是一个历史事件? ……………………………… 121

一　巴特：复活作为上帝的行动 ……………………………… 123

二　布尔特曼：复活作为奇迹 ………………………………… 126

三　潘能伯格：复活作为历史事件 …………………………… 128

第四节　拿撒勒人耶稣与人的救赎 …………………………… 132

一　拿撒勒人耶稣的职分与使命 ……………………………… 133

二　拿撒勒人耶稣的命途及拯救意义 ………………………… 139

第四章　人是什么："斯芬克斯之谜"的神学问答 …………… 142

第一节　基础神学人论：自下而上的考察 …………………… 143

一　借力哲学人类学对人独特性的厘定 ……………………… 146

二　向世界进而向上帝开放 …………………………………… 149

三　人的自我中心性与罪 ……………………………………… 153

四　作为社会和历史的人 ……………………………………… 157

第二节　教义学人论：自上而下的考察 ……………………… 160

　　一　人的被造与上帝的形象 ………………………………… 162

　　二　人的不幸与罪 …………………………………………… 167

　　三　罪责、罪价与人的被赎 ………………………………… 172

第五章　终末历史的拯救与复和 ………………………………… 177

　第一节　复和作为终末历史的拯救 …………………………… 178

　　一　上帝作为将来的权能 …………………………………… 179

　　二　耶稣基督的信息及其终末拯救的预告 ………………… 183

　　三　人的终极命运与盼望 …………………………………… 186

　第二节　复和作为三一上帝的历史行动 ……………………… 188

　　一　复和作为父与子的历史行动 …………………………… 188

　　二　复和在灵当中的完成 …………………………………… 192

　第三节　教会在终末复和事件当中的参与 …………………… 195

　　一　教会的本质和使命 ……………………………………… 195

　　二　教会作为在基督里拯救的奥秘 ………………………… 201

　第四节　终末视域下的今世伦理 ……………………………… 205

　　一　终极之事与次终极之事 ………………………………… 206

　　二　朝向终末拯救与复和的伦理准备 ……………………… 210

结语：神圣与凡俗的历史相遇 …………………………………… 217

附录 1：潘能伯格生平著作年表 ………………………………… 235

附录 2：重要人名、译名及术语对照表 ………………………… 241

参考文献 …………………………………………………………… 247

后　记 ……………………………………………………………… 269

导　论

　　自欧洲中世纪走向结束之后，西方乃至整个世界在各个方面发生了一系列翻天覆地的巨变。政治上典型的有资本主义民主制度的确立、美国独立战争、法国大革命、国家主义的兴起以及美洲的殖民化等；经济上则出现了改变世界格局的工业革命和自由市场体制；与以上两者相应，思想文化界则先后出现了三次影响深远的思想解放运动：文艺复兴、宗教改革和启蒙运动。历史证明，其中每一领域、每一层面的变化，都影响甚至改变了人类社会发展的走向。基督教信仰和神学作为西方思想文化的重要组成部分即是伴随着这种种巨变展开自身并在其中发展的。面临历史处境的改变，除一些基础与核心教义之外①，基督教神学和信仰自身所处理的问题也在不断改变和接受新的挑战。那些原本并无疑问的教义和问题，却因新的历史语境的出现，受到来自不同层面、不同程度的质疑。因此，种种针对这些问题的质疑和回应，就形成了不同时代神学所要解决的核心论题。

第一节　现代神学的历史处境

　　提到"现代"，人们总是很容易将它与启蒙运动联系起来，因为无论是思想文化层面还是社会政治领域，在启蒙运动之后都发生了前所未有的巨变。这种变化，对于传统思想或社会状况来说，一方面是革新；另一方面却是无可回避的挑战。这种双重性效应也体现在基督教信仰和思想不断适应新的历

---

　　① 比如一神信仰、三位一体以及上帝在耶稣基督里的救赎和启示等这些基础教义对基督教来说是基本不变的。当然，这并不意味着这些问题本身就没有质疑和疑问，随着历史处境的不断转移和人们诠释视角、态度的转变，这些基本问题也不断引来不同层面的挑战。但是，争论的结果往往都是其核心的思想或部分都被保存了下来，并受到不同程度的加强和巩固。

史处境所带来的巨大变化之中。但是，准确地说，这种转变并非在启蒙运动之后才得以形成。种种迹象表明，其早已在文艺复兴企图复兴古典文化的努力中就已经萌生，并进一步在宗教改革的巨大浪潮中结出胜利的果实。文艺复兴和宗教改革所带来的挑战，就已经表明基督教信仰所面临的历史处境相较于中世纪封闭、独断和专制的思想体制大为不同。而这种种不同尤其体现在文艺复兴对人性尊严的重视以及基督新教对中世纪罗马公教传统各个方面的质疑、挑战和革新之中。

当然，这种革新和挑战在启蒙运动之后变得更加激烈和明显，因为如果说，始于15世纪中叶的文艺复兴运动是对整个中世纪传统反叛的起点，兴盛于16世纪中叶的宗教改革充当了一种重要的过渡，那么肇始于17世纪中叶的启蒙运动无疑是一个重要的转折点。17世纪开始之后，笛卡尔（René Descartes，1596 – 1650）在哲学层面取得的胜利，使得人们对整个世界的看法发生了根本性的转变。① 法国著名思想家、启蒙哲学家达朗贝尔（Jean le Rond d'Alembert，1717 – 1783）在描述这种巨大转变时曾激动地说道："如果仔细考察一下我们生活于其中的18世纪中叶，考察一下那些激励着我们，或者至少也对我们的思想、风俗、成就甚至娱乐活动产生了重大影响的事件，就不难看出，我们的观念在某些方面正在发生一种极为显著的变化，这种变化的速度之快，似乎预示着一种更为巨大的转变即将来临。唯有时间才能告诉人们这场革命的目标、性质和范围，后人将比我们能更好地了解它的缺点和功绩。"② 卡西尔（Ernst Cassirer，1874 – 1945）在描述这种推动一切改变的力量时说，如果要用一个词来对这种力量特征加以表述和概括，那就是"理性"。③

毫无疑问，正是理性"成了18世纪的汇聚点和中心，它表达了该世纪所追求并为之奋斗的一切，表达了该世纪所取得的一切成就"④，也改变了人们对"从世俗科学的原理到宗教启示的基础，从形而上学到鉴赏力问题，从音乐到道德，从神学家们的繁琐争辩到商业问题，从君王的法律到民众的法律，

---

① ［德］E. 卡西尔：《启蒙哲学》，顾伟铭等译，山东人民出版社2007年版，第1页。
② ［法］达朗贝尔：《哲学原理》，转引自［德］E. 卡西尔《启蒙哲学》，第1页。
③ ［德］E. 卡西尔：《启蒙哲学》，第4页。
④ ［德］E. 卡西尔：《启蒙哲学》，第4页。

从自然法到各国的任意法"① 等一切问题的看法。这正是启蒙思想和精神的核心。用康德的话来说，启蒙就是努力摆脱一切加之于自身的不成熟状态，敢于认识，并有勇气使用自己的理智，对一切事物包括理性本身都加以重新审视，以确立其使用的适度和限制。②

对于基督教思想来说，也正是"史称启蒙运动的那个时代，不但完成了从古代迈入现代的转型，更是永远地、不可逆转地改变了基督徒对神、对人和对世界的看法"③。经过启蒙运动的洗礼，人们再也不会认为，只要是教会或教宗所宣扬的就是真理，就应该接受。那种曾被视为传统和不可挑战的权威，也全都因为怀疑方法和批判理性的普遍使用而不断受到挑战和被打破。同样，那些被视为传统的教条再也不足以用来解决现代思想所面临的种种争议。必须另寻出路，以使对三位一体、复活等传统教义的诠释，能够更加符合现代人普遍的精神气质。

在消极意义上，这种新的诠释首先表现为对权威的挑战和重新认识。当然，严格意义上来说，权威问题并不是一个现代问题，因为自从古代教会开始直到宗教改革，这一问题就一直频繁受到攻击，并不断引起争议。④ 只不过在近代之后，关于《圣经》、教会和传统权威的问题受到了更多的关注和质疑，人们开始从自己的理性出发，不断就宗教权威的来源等相关问题，提出更多的疑问和诘难。譬如，宗教改革人人都可阅读并按照自己的方法解释《圣经》的主张，对传统教会《圣经》解释发出的挑战就直接动摇了教宗和教会在《圣经》解释方面的权威。在此之后，伏尔泰（Voltaire，1694 – 1778）、斯宾诺莎（Benedict de Spinoza，1632 – 1677）等重要启蒙思想家也针对上帝的存在、《圣经》解释、奇迹事件等《圣经》信息的真实性等提出过一些令基督教信徒十分懊恼的问题。⑤在启蒙精神普遍的指引和号召下，个人

---

① ［德］E. 卡西尔：《启蒙哲学》，第 2 页。

② ［德］康德：《历史理性批判文集》，何兆武译，商务印书馆 2015 年版，第 23 页。

③ 葛伦斯、奥尔森：《二十世纪神学评介》，刘良淑、任孝琦译，上海三联书店 2014 年版，第 5 页。

④ ［美］詹姆斯·利文斯顿、弗兰西斯·费奥伦查等：《现代基督教思想》（下），何光沪、高师宁等译，何光沪校，译林出版社 2014 年版，第 2 页。

⑤ 有关斯宾诺莎对奇迹事件真实性的质疑，请参见［荷兰］斯宾诺莎《神学政治论》，温锡增译，商务印书馆 1997 年版，第 89—126 页。

的理性和良知越来越成为宗教真理的裁判者，由理性所组成的阵营成为审判包括上帝和宗教真理在内的一切事务的裁判法庭。理性获得了绝对的统治权和领导权。虽然在此期间，由施莱尔马赫（Friedrich Schleiermacher, 1768 - 1834）所代表的宗教浪漫主义曾针对这种霸道的统治权提出过反叛，但终究不过是用内在的宗教情感和体验取代了理性在审判席上的位置。处境并没有得到改变，更有甚者，在康德实践理性所建构的道德神学之后，19 世纪之后期的整个自由神学更是促使道德与理性结成统一战线联盟，开始了对宗教真理的道德解释。他们主张从历史的视角重新审视《圣经》文本及其解释，企图以此摆脱《圣经》无误或教会无误的种种错谬主张，以历史耶稣的道德形象建构当下神学的基础。[1]

与权威问题一同受到改变的是对上帝认识的基本态度。启蒙运动之前，《圣经》被视为上帝启示的真实记录，是人认识上帝最为有效的途径。而在启蒙运动之后，由于理性针对《圣经》文本诸多启示事件真实性的挑战，所谓《圣经》和教会教导的启示真理越来越遭受攻击和诘难；相反，通过理性证明或构建的"自然宗教"或"道德宗教"却日益占据主导地位，并大有取代传统教会教义宗教成为真正宗教的态势。[2] 约翰·洛克（John Locke, 1632 - 1704）正是这种通过知性来阐释宗教，以使其占据主导地位的关键人物。自他之后，众多启蒙思想家在这一基础之上建构了一套取代正统教导的神学体系，后人称之为"自然神学"。他们倾向于把传统的信仰元素化约为一件件可以追溯并加以合理化解释的真实事件，以此作为审视那些包括道成肉身、三位一体、复活等正统教义的评判标准。然而，结果是令人失望的。追寻真实性的理想道路行不通，他们就转向道德领域，与道德结成联盟，认为道德才是宗教最重要、最核心的意义，宗教之主要功用在于提供道德上的神圣约束。[3] 具体而言，他们普遍主张把传统基督教信仰的拿撒勒人耶稣宣扬成为一个道德榜样、道德教师！这种做法后来受到新正统神学家卡尔·巴特的

---

① 这种努力普遍地存在于以哈纳克和利奇尔为代表的自由主义神学思想当中。从起始上，自由主义神学思想虽源于施莱尔马赫，但哈纳克与利奇尔等人摒弃了施氏对宗教情感和体验之权威的依赖，吸收了康德道德神学的思想，开启了对基督教神学的道德化的解释。

② 葛伦斯、奥尔森：《二十世纪神学评介》，第 14 页。

③ 葛伦斯、奥尔森：《二十世纪神学评介》，第 14 页。

猛烈批判。

总而言之，启蒙的时代是一个相信理性、相信人的力量的时代。人的地位被无限高举和抬升，人的理性能力也不断被高估，人们虽然从历史的角度对传统加以怀疑，却对历史的进步充满了乐观情绪。人们倾向于将人本身，而非神置于历史舞台的中心。他们反对将人放在神的历史中加以审视的中古传统，而主张以神在人类生命中的价值来决定祂的重要性。葛伦斯、奥尔森恰当地指出，"如此一来，神就从天上至高之处——也正是哥特式教堂尖顶所指之处——移驾到人世间了。"[①] 当然，这种新的对人的认识也是吊诡、自相矛盾的。它在提升了人的同时也贬低了人，因为宇宙再也不是人享有特殊地位的宇宙，由之滋生的新科学将宇宙刻画成为一架巨大的机器，使得人不断沦为其中一个细小的零部件，沦为现实中的一个小齿轮，因而再也无法占有作为上帝独特受造物而立于世界中心的崇高位置。[②]

第二节　一个关键性的问题

启蒙运动在高举理性旗帜，带来翻天巨变的同时，也致使思想和社会等各个领域面临不同程度挑战，更有甚者，一度引发了关于传统和现代之间因历史处境变易而形成的种种问题。基督教信仰和思想亦不例外。面临历史处境的改变，对《圣经》解释、教会传统等权威问题所提出的质疑以及对上帝认识态度的转变，都属于这种种问题之列。然而，在众多思想家看来，迄今为止提到的这种种问题，不过是现代神学所关注的一个关键问题，即信仰与历史关系问题的侧面。[③] 在欧陆新教神学中，正是这一问题成为巴特和布尔特曼（Rudolf Bultmann, 1884 - 1976）之间分裂的关键。至于在他们的后继者，譬如潘能伯格和莫尔特曼（Jürgen Moltmann, 1926 - ）等人那里，这一问题同样是最为关键和核心的议题。[④] 因此，在信仰与历史关系问题的语境下，厘

[①]　葛伦斯、奥尔森：《二十世纪神学评介》，第 7 页。

[②]　葛伦斯、奥尔森：《二十世纪神学评介》，第 8 页。

[③]　福特编：《现代神学家——二十世纪基督教神学导论》，董江阳、陈佐人译，香港：道风书社2005 年版，第 17 页。

[④]　福特编：《现代神学家——二十世纪基督教神学导论》，第 17 页。

清潘能伯格对这一问题和争论的主张、回应，正是本书最为核心的内容。

对于 19 世纪来说，黑格尔哲学的遗产除了严密的逻辑体系和充满智慧的辩证法之外，就是历史意识在精神和文明发展过程中的觉醒。而这也代表着整个 19 世纪精神形态在历史层面所取得的成就。对于基督教来说，许多研究现代神学思想史的学者也会得出这样的结论：正是 19 世纪早期所谓现代意识的"历史化"，构成了过去两百年间基督教神学中发生种种变化的关键因素。但是，事实证明，这种彻底历史化的思维对于基督教本身来说是一把双刃剑。[1] 因为基督教在把自身视为历史的宗教，从而在其真实事件记载和宣称基础上建构神学基础的同时，却又不得不承担起证实这一基础的责任。而这对于现代神学家和历史学家来说，无疑是一个巨大而又复杂的挑战。[2]

面对这一挑战，现代基督教神学基本做出两种反映：一种是大胆采用现代历史科学和思维方法，去努力证实基督教关于《圣经》信息记载和宣称的真实性，找出那些在历史中真实发生过的事情的证据；另一种则是从根本上怀疑这种努力的有效性，因为在他们看来，在现代历史语境下重构信仰的历史基础已不再可能。采取前一态度的学者以 19 世纪以来的历史神学家或宗教史学家为代表，他们大胆采用历史批判解经方法，对《圣经》文本重新加以考证和解释，以期能够通过这一方式找到基督教信息可靠的证据，并进一步把信仰的基础立于这一稳定的根基之上。然而，在很大程度上，他们低估了这一任务的艰巨性，以致最后在很多问题上都铩羽而归。而这种局面反过来又加剧了怀疑者进一步的质疑。对此，著名德国文学评论家、神学家莱辛就曾公开提出，历史的偶然真理如何能够成为永恒真理的基础这一疑问，从而从根本上否定了以历史为基础建构基督教信仰和真理的所有努力和企图。[3]

同样，这一问题在基督论层面也引发了诸多难题。在传统基督教看来，他们信仰的上帝是在历史中真实出现的那一位，是世间万物的创造者，是道成肉身并以无罪之身代人赎罪而受难的拯救者，也是那复活并升到父的右边以俟审判日来临的终极审判者。但是，这些看法在启蒙运动之后就不断地受

---

① ［美］詹姆斯·利文斯顿、弗兰西斯·费奥伦查等：《现代基督教思想》（下），第 15 页。
② ［美］詹姆斯·利文斯顿、弗兰西斯·费奥伦查等：《现代基督教思想》（下），第 15 页。
③ ［德］莱辛：《论圣灵和大能的证明》，载《历史与启示——莱辛神学文选》，朱雁冰译，华夏出版社 2006 年版，第 67 页。

到各方质疑，因为，一定程度上人们是否能够把历史上真实出现的拿撒勒人耶稣与早期基督教所信仰和宣讲的基督区分或联系起来一直都是成问题的。面对这种种诘难，现代基督教神学家和宗教史学家开始了所谓"历史耶稣的探寻"（The Quest for Historical Jesus）运动，以求能够通过历史的考证来还原历史上真实耶稣的形象。然而，事实证明其结果是令人失望的。这种追寻不仅没有得到预想的结果，反而频繁受到攻击和质疑。德国《圣经》批评的先驱雷马鲁斯（Hermann Reimarus，1694 – 1768）、近代耶稣传记的作者施特劳斯（David Strauss，1808 – 1874）以及近代德国神学家凯泽曼（Ernst Käsemann，1906 – 1998）、博恩卡姆（Günther Bornkamm，1905 – 1990）等，既是这场运动的参与者，也是这场运动的批评者和见证者。[①]

　　无论探寻的结果如何，问题都没有得到根本解决，那些采用历史批判"新工具"的《新约》历史学家依然还会就福音书的记载和所传达的信息提出种种新的疑问。而这种针对福音书信息历史真实性的批判研究工作，对于20 世纪杰出的现代神学家，诸如巴特、布尔特曼、潘能伯格、莫尔特曼以及保罗·蒂利希（Paul Tillich，1886 – 1965，又译"蒂里希"或"田立克"）等在基督教神学诸多方面的思考都产生了重大影响。他们也就这一关键问题做出过激烈的讨论和回应。比如，巴特就倾向于从信仰的角度对上帝存在的超历史加以肯定，从而从侧面和反面批评了历史耶稣的探寻等一系列活动；布尔特曼不同，他则偏向于从人存在的历史性出发，着重强调宣讲的基督对当下个体生存的具体意义。潘能伯格对两种极端做法均不满意，从而从自身的视角建构起属于自己的第三条道路，对这一关键问题做出了自己的回应。本书所承担的任务，即是在阐明这一问题历史语境的基础之上，着重就德国著

---

　　① 从启蒙运动之后，历史上就曾先后在不同阶段出现过三次关于"历史耶稣探寻"的运动，每一次都有其核心代表人物和相应的批评者。关于这一问题的代表性研究著作有：Albert Schweitzer, *The Quest of the Historical Jesus*, 3rd ed (London: A. & C. Black, 1954); Joachim Jeremias, *The Problem of the Historical Jesus* (Philadelphia: Fortress Press, 1972); Luke Timothy Johnson, *The Real Jesus: The Misguided Quest of the Historical Jesus and the Truth of the Traditional Gospels* (San Francisco: Harper Collins, 1996); James M. Robinson, *A New Quest of the historical Jesus* (London: SCM Press, 1959); Helen K. Bond, *The Historical Jesus: A Guide for the Perplexed* (New York: T&T Clark, 2012); Darrell L. Bock, *Studying the Historical Jesus: A Guide to Source and Methods* (Apollos: Baker Academic, 2002); 以及 [英] 麦格夫：《历史神学：基督教思想历史导论》，赵崇明译，香港：天道书楼有限公司 2002 年版。另外，这一内容将在本书第二章节有关部分重点进行回顾性讨论。

名现代神学家潘能伯格针对这一问题争论的诸多参与和回应做出较为细致的阐释。

第三节　研究综述

关于研究综述，笔者拟从两个部分着手。第一部分交代本书的主旨，第二部分重点陈述该主题国内外研究的基本现状。

一　本书的主旨

如果说当代基督教神学中哪个问题最能引起广泛和激烈的争论，信仰与历史的关系问题无疑会排在前列。虽然一直以来基督教都视自身为一个历史的宗教，然而随着启蒙运动的兴起，基督教信仰的历史基础逐渐开始动摇。一方面，历史批判解经法要求回到历史事实本身，要求尽除《圣经》当中那些不符合理性逻辑和事实的内容，从而很大程度上破坏了基督教信仰的历史基础，那些曾被视为上帝在历史中说话和行动的绝对无误的记录，也开始不断受到质疑；另一方面，历史本身通常被认为充满偶然性和相对性，因此既不能为基督教信仰奠定基础，也无法同上帝启示的永恒真理相容。随着启蒙运动之后人类理性的成熟，人们已经无法单纯地对一个自己毫无所知抑或在历史上根本不存在的对象保持无质疑的绝对信仰。并且，这种种质疑随着两次世界大战的灾难和奥斯维辛的悲剧而变得更为突出。当代神学家对这一问题的思考给出了不同的答案，有人强调上帝启示的超历史性（如巴特），有人强调信仰的宣讲及其对当下生存的意义而对所信仰的对象在历史上是否真切地存在表示根本不关心（如布尔特曼）。潘能伯格对两者撇开历史建构基督教神学基础的做法极为不满，因此试图通过自己在神学上的努力重新将信仰的地基建立在历史的基础之上，从而为解决这一问题提出了自己的方案。

本书的主旨在于，在充分分析潘能伯格神学所面临的大的历史处境基础之上，以近代以来逐渐突出的信仰与历史的关系问题为视角和切入点，结合纵向历史考察和横向比较分析，就潘能伯格针对该问题所进行的各个方面的争论和回应做出阐释、梳理和评析。其主要内容涵盖潘能伯格神学启示论、基督论、神学人观以及终末论等多个方面，虽然涵括复杂，但并非全无理绪。

本书以信仰与历史的关系问题为基本线索，以潘能伯格对该问题的回应为一以贯之的核心和逻辑，将看似闲散的部分统摄起来，形成一个有核心、有线索、有逻辑的整体。

在研究方法方法上，本书主要采用文献分析法，大量收集、筛选、梳理和阅读关于潘能伯格神学思想的一手文献以及相关研究资料，并在此基础上结合本书主题认真分析，进而辅之以历史考证、比较研究和逻辑分析等研究方法，以厘清主题的来龙去脉，得出相宜的结论。

二　相关文献综述

沃尔夫哈特·潘能伯格是现代德国最著名的神学家之一，他的神学方案也被视为自卡尔·巴特以来最具雄心的尝试。他提出的许多观点无论是在新教，还是在天主教，其或在非宗教思想家那里都引起了广泛的关注和讨论。近几十年来，关于潘能伯格神学思想的研究文献更是不断增多。有鉴于此，本书不会一一进行罗列，而是选择从本书框架入手，围绕主体内容重点予以综述。

首先，关于潘能伯格启示论与历史关系问题的研究。该主题涉及潘能伯格本人的作品主要有：1959 年发表的 "Heilsgeschehen und Geschichte"（《救赎事件与历史》）、1961 年编辑出版的 *Offenbarung als Geschichte*（《作为历史的启示》），以及后期系统性研究成果《系统神学（卷一）》。《救赎事件与历史》一文由吴声译出并收录在林子淳教授所编《潘能伯格早期著作选集》（该书由香港道风书社于 2011 年出版）当中。《作为历史的启示》一直未被翻译过来，对于国内潘能伯格神学研究的普及来说确属遗憾。但是，庆幸的是，由李秋零教授执笔翻译的《系统神学（卷一）》工作也已经完成并由汉语基督教文化研究所道风书社于 2013 年出版，书中刊登了香港建道神学院郭鸿标教授所写的中译本导言《如何肯定上帝的真实》，该导言比较系统地介绍了潘能伯格上帝论及启示论的基本内容并做相关述评。除此之外，冷欣博士的学位论文《启示与历史——潘能伯格神学研究》可谓汉语学界较早研究潘能伯格的力作之一。该文以启示与历史的关系为线索展开了对潘能伯格神学包括启示论、基督论、神学人论以及上帝论的研究，是国内较早地系统介绍潘能伯格神学的研究成果。另外，冷欣博士在此研究基础上于 2011 年在《道风：基督教文化评论》第 35 期发表了《论潘能伯格的启示与历史观念》，此文是其博士论文当中一部分的重构或改写，其基本思路和论点都未有新的突破。最后，关于这一部分内容的国内研究散见于非专门讨论潘能伯格神学的一些文献中。譬如，张志刚在《现代西方神学与历史哲学》（《史学理论研究》1998 年第 2 期）对潘能伯格的历史神学做了基本介绍，提及了潘能伯格对犹太教和基督教历史意识连续性的重视以及关于上帝形象、人对世界和上帝开放的历史本性等基本问题的看法；谢文郁在《哲学和神学的新交点——潘尼伯格的新历史观研究（上、下）》（《国外社会科学》1995 年第 5 期、第 6 期）中从历史本身的客观性及意义出发，结合潘能伯格神学中自由选择、创造等基本神学概念讨论了其"新历史观"；查常平在《历史研究中的信仰问题——以科林·布朗的〈历史与信仰：个人的探询〉为案例》（《宗教学研究》2010 年第 2 期）中，在介绍布朗对历史与信仰的关系问题的看法时援引潘能伯格《作为历史的启示》当中的基本观点来佐证对这一问题的论述；张旭在其巴特神学研究专著《卡尔·巴特神学研究》中也曾论及潘能伯格的启示论，但他站在巴特的视角对潘能伯格进行解读，借用迪特里希·朋霍费尔（Dietrich Bonhoeffer, 1906 - 1945）对巴特"启示实证主义"的批评而指责潘能伯格为"历史的实证主义"。

相较于国内，国外潘能伯格神学研究起步较早，成果居多。这一特点尤其体现在德语学界，但由于条件限制，我们仅能见到其中部分成果。英美学界对这一主题的研究亦有相当的成就，比如 G. G. O' Collins 早在 1966 年潘能伯格刚发表自己核心论著不久，就在 The Heythrop Journal 发表了《作为历史的启示》（"Revelation as History"），对潘能伯格关于启示与历史关系的相关论点进行了阐释和评述；Robert S. J North 在《潘能伯格历史化的诠释学》（"Pannenberg's Historicizing Exegesis", 1971）一文中充分讨论了学界对潘能伯格历史解释学的种种质疑，但是在作者看来，即使有此诸多批评和疑问，也难以否认潘能伯格在神学领域所开辟的新方向和做出的新贡献；Najib G. Awad 在《启示、历史与观念论：重思潘能伯格神学的概念根源》（"Revelation, History and Idealism: Re-examining the Conceptual Roots of Wolfhart Pannenberg's Theology", 2005）一文中充分肯定了启示概念和历史概念在潘能伯格神学中的基础地位，并认为正是作为历史的启示这一基本观念奠定了其之后神学发展的基调，此外，在作者看来，潘能伯格的神学概念和思维，很大程度上受到黑格尔历史哲学和观念论的影响，因此处处投射出黑格尔的影子，混合着许多黑格尔宗教哲学和历史意识的内容；另外，在《潘能伯格的上帝论》（"Pannenberg's Doctrine of God", 1975）中，作者 Herbert Burhenn 从总体上阐述了潘能伯格神学思想中有关上帝在历史中行动和启示的观点，并对"作为历史的启示"这一观念做出了颇为精到的评析。

其次，关于潘能伯格基督论与历史关系问题的研究。在基督论方面，潘能伯格早年就出版过一本专著《基督论的基本问题》（Grundzüge der Christologie, 1964），之后又在《系统神学（卷二）》中系统地就该问题做出了相关陈述。所以相应地，该方面的研究成果也较为丰富。在翻译方面，《基督论的基本问题》国内目前只翻译出了"导论"部分①，《系统神学（卷二）》已由李秋零教授翻译完成，并在香港道风书社出版。国内研究方面，除冷欣的博士学位论文和张宪教授的一篇文章有部分内容论及潘能伯格基督论之外，其他论著鲜有涉及。冷欣博士从潘能伯格神学"自下而上"和"自上而下"两种路径的结合对其基督论的基本内容进行了阐释和解读，涉及了道成肉身、耶稣的复活和意义及三一论中耶稣与上帝本身的关系，是一篇比较详细的介绍性文章。张宪教授在《救赎——个体的生存见证抑或普遍的历史意义？》（《道风：基督教文化评论》2003 年第 19 期）一文中对以布尔特曼为代表的生存论救赎观和潘能伯格普遍历史意义上的救赎论进行对比性研究，并在此基础上对世界历史和救赎历史的关系展开了较为细致的阐述，可以说其是对这一问题研究具有相当重要参考价值的一篇文章，只是作者关于潘能伯格历史神学的论点还仅仅局限于《作为历史的启示》所传达的基本信息当中，并未形成对潘能伯格基督论全局性的认识。

英美学界对潘能伯格基督论研究的成果相对来说较多，观点也较为成熟。代表性的有 E. Frank Tupper、G. E. Michalson、Elizabeth A. Johson、G. G. O' Collins、Brian M. Ebel 等人的作品。其中，E. Frank Tupper 在《潘能伯格的基

---

① 翻译出的这部分内容收录在《潘能伯格早期著作选集》当中，但中文翻译自 1982 年的版本，而非 1964 年的第 1 版。具体请参见 ［德］潘能伯格《潘能伯格早期著作选集》，林子淳选编，李秋零、邓绍光等译，香港：道风书社 2011 年版，第 55—94 页。

督论》（"The Christology of Wolfhart Pannenberg", 1974）中，对潘能伯格关于"自下而上"的基督论、拿撒勒人耶稣的职分和使命以及预表性的复活等问题的论述进行了基本的阐释和评析；G. E. Michalson 在《潘能伯格论复活与历史研究方法》（"Pannenberg on the Resurrection and Historical Method", 1980）中，将历史耶稣的复活和潘能伯格神学研究的历史方法结合起来，阐述了潘能伯格基督论的历史根基和《圣经》根据；Elizabeth A. Johson 在《潘能伯格形成中的基督论》（"The Ongoing Christology of Wolfhart Pannenberg", 1982）中，讨论了潘能伯格基督论思想形成发展的历程及其基本论点的变化和连贯性；G. G. O'Collins 在《潘能伯格的基督论》（"The Christology of Wolfhart Pannenberg", 1967）一文中，从基督论的起点、耶稣基督的复活及其《圣经》依据对潘能伯格的基督论进行了阐释；Brian M. Ebel 在《潘能伯格学派论复活的回溯性意义》（"The Pannenbergian Retroactive Significance of Resurrection", 2011）一文中重点论述了历史耶稣复活的《圣经》根据和历史实在性及其回溯性的意义。

再次，关于潘能伯格神学人论与历史关系问题的研究。关于这一问题，潘能伯格的主要著述有：《人是什么——从神学看当代人类学》（*Was ist der Mensch? Die Anthropologie der Gegenwart im Lichte der Theologie*, 1962）、《神学视角的人类学》（*Anthropologie in theologischer Perspektive*, 1983）以及《系统神学（卷二）》的部分章节。李秋零教授和田薇教授共同翻译了《人是什么——从神学看当代人类学》这本小册子，由上海三联书店于 1997 年出版发行。另外，该小册子还附有一篇刘小枫教授的中译本前言，对潘能伯格的基本情况做了简短的介绍。就国内研究来说，2007 年山东大学陈明光的硕士学位论文《潘能伯格及其神学人观》是国内较早系统研究潘能伯格神学人论的著述。该论文着力讨论了潘能伯格神学人观建构的思想背景和出发点，并对其主要内容进行了初步的阐释、解读和评析。此外，冷欣博士的学位论文亦对该部分内容有所贡献，她从基础神学人论和教义学人观前后分期入手，比较研究了潘能伯格《神学视角的人类学》的神学人论和《系统神学（卷二）》中的教义学人论，并对其内在的延续性进行了说明。最后，冷欣博士在《潘能伯格系统神学中的人论概述》（《基督教学术》第十四辑，2015）一文中对潘能伯格系统神学时期的神学人论进行了概括性的介绍。

　　外文文献关于潘能伯格神学人观的主要研究专著是 Kam Ming Wong 的《潘能伯格论人的命运》（*Wolfhart Pannenberg on Human Destiny*, 2008），作者从"上帝的形象"作为人被创造的源泉及人的命运的根据、人的开放性本性以及罪的本质、末世及其伦理四个方面对潘能伯格的人观进行了比较系统和深入的研究。此外，将潘能伯格神学引进美国学术界的大师 Ted Peters 在纪念性的文章《缅怀：沃尔夫哈特·潘能伯格（1928 – 2014）》["In Memoriam：Wolfhart Pannenberg (1928 – 2014)"] 当中对其神学基本思路和观点进行了介绍，当中重点提及和分析了其神学人论的关键性论点。最后，Wesley Scott Biddy 在《潘能伯论人类之言和上帝之言》（"Wolfhart Pannenberg on Human Linguisticality and the Word of God", 2005）中从人类语言与上帝话语之间的关联和类比入手，阐释了潘能伯格神学人类学的基本思想，并对其观点进行了批判性的考察。

　　最后，关于潘能伯格终末论与历史关系问题的研究。该问题主要呈现于潘能伯格早期英文著作《神学与上帝之国》（*Theology and the Kingdom of God*, 1969）和后期《系统神学（卷三）》当中，前者由邓绍光教授翻译为中文，曾以"天国近了——神学与神的国"为书名由香港基道书楼在 1990 年出版，后收录在香港汉语基督教文化研究所林子淳研究员选编的《潘能伯格早期著作选集》中。关于这一主题，无论是翻译引介还是探索研究，都尚无突破性成果。除冷欣博士的学位论文对该主题有所涉及之外，国内几乎找不到相关研究文献。

　　相比之下，由于近年来终末论在西方的复兴，国外对该问题的研究反倒呈现出一种火热状态，甚至还一度引发"终末论热"。所有把潘能伯格神学视为"希望神学"（如葛伦斯、奥尔森的《二十世纪神学评论》）或终末论神学的说法，几乎都对终末和历史的关系问题有所涉及。Christiaan Mostert 的潘能伯格终末论研究专著《上帝与将来：潘能伯格终末论的上帝教义》（*God and the Future：Wolfhart Pannenberg's Eschatological Doctrine of God*, 2002），从 20 世纪神学终末论的大背景出发，对潘能伯格的终末论的上帝教义进行了较为深入的研究，该著作主体部分论述了潘能伯格神学将上帝看作将来的能力以及它在本体论上的优先性、作为历史终结处终极的完满并实现其永恒统治进而完成终极和解等基本观点，可以算是这方面的力作。除此之外，另有一些文章专门研究潘能伯格的终末论，如 Sam Powell 的《潘能伯格神学思想中的历史和终末论》（"History and Eschatology in the Thought of Wolfhart Pannenberg", 2000），该文很好地把潘能伯格神学中的历史和终末论思想结合起来，指出了其奠定在历史基础之上的终末论思想影响人类自由和行动的内在机制，作者最后以讨论世界和平问题的方式向人们展示了潘能伯格神学思想对当代具体问题解决的所具有的重要指示意义；Roger Olson 的《三一论与终末论：莫尔特曼和潘能伯格神学中上帝的历史存在》（"Trinity and Eschatology：The Historical Being of God in Jürgen Moltmann and Wolfhart Pannenberg", 1983）对莫尔特曼和潘能伯格神学关于历史的上帝存在问题做了对比性研究，为理解两者的终末论思想提供了一个互补性和批判性的视角；Carlos Blanco 的《潘能伯格神学中的上帝、将来和历史的基本原则》（"God, the Future, and the Fundamentum of History in Wolfhart Pannenberg", 2013）重点考察了潘能伯格的上帝观和他的历史概念之间的关系，分析探讨了潘能伯格对上帝从哲学的、理性的理解到神学的、历史的理解的转变。

以上我们从潘能伯格神学的四个重要部分入手进行了相关研究的文献综述。除此之外，亦有部分针对其神学或总体性或细节性的介绍、评论、反思和研究的文献。如收录在福特所编《现代神学家——二十世纪基督教神学导论》中施韦贝尔对潘能伯格生平和三卷本《系统神学》导读性的介绍和评论；Richard Rice 对潘能伯格系统神学成就的评论性文章《潘能伯格辉煌的成就：对其〈系统神学〉的评论》（"Wolfhart Pannenberg's Crowning Achievement：A Review of His *Systematic Theology*", 1999）；Lain Taylor 针对潘能伯格系统神学批判的文章《如何成为一个三一神学家：对潘能伯格系统神学的批评》（"How to be a trinitarian theologian：A critique of Wolfhart Pannenberg's Systematic Theology", 2007）；潘能伯格高足 Stanley J. Grenz 的《盼望的理由：潘能伯格的系统神学》（*Reason for Hope：The Systematic Theology of Wolfhart Pannenberg*, 1990）以及 E. Tupper 的研究力作《潘能伯格的神学》（*The Theology of Wolfhart Pannenberg*, 1973）等。

第一章　信仰与历史关系的问题史回顾

英国现代著名神学家艾伦·理查德森（Alan Richardson, 1905-1975）曾言："基督教是一个历史的宗教。"[1] 在笔者看来，这不仅仅是说基督教有着两千多年的悠久历史传承或丰富的历史语料可供稽考，更重要的是它对历史本身的重视和思考。基督教虽已有两千多年的历史，但从其产生和发展来说，无疑得益于两大文化母体：犹太教传统和希腊罗马思想观念。前者直接孕育并产生了它，而后者哺育和喂养了它。在某种程度上，两种文化观念都对历史思考有所贡献，亦同样深刻地影响了基督教思想的成长。因此，通过历史和文化比较的考察从根源上厘清两者在信仰与历史关系问题上的成就和争议，有益于基督教思想能够正视自身历史在发展中所遭遇到的同样问题。

第一节　古典思想与历史的互动

为了厘清现代基督教神学所面临的历史处境和所承接的问题之根源，这里所谓的古典思想与历史的互动，将主要地包括极为重要的三个方面，即古希腊罗马思想与历史、犹太传统观念与历史以及早期基督教信仰与历史的复杂而又紧密的关系。

一　希罗思想与历史

通常而言，人们在追溯西方历史观念和书写的起源时，会把"荷马史诗"看作西方史学的滥觞和世界上第一部伟大的历史著作。[2] 据考证，"荷马史

---

[1]　Alan Richardson, *Creeds in the Making*, London: SCM, 1935, p. 5.

[2]　［美］J. W. 汤普森：《历史著作史》（上卷），第一分册，谢德风译，李活校，商务印书馆2013年版，第33页。

诗”约成书于公元前 12—8 世纪，共包括两个部分：《伊利亚特》（*Iliad*）和《奥德赛》（*Odyssey*）。其中以两个著名的古希腊神话故事为题材，主要讲述希腊人在远征小亚细亚的特洛伊城（Troy）战争中，阿喀琉斯与阿伽门农之间的争端，以及特洛伊沦陷后，奥德修斯返回王国，与皇后珀涅罗团聚的故事。① 可以看到，从内容上，其融神话故事、英雄传说和社会人事为一体；从体裁上，其多采用平实的叙事体。然而在表达形式上，其场面之恢宏、结构布局之完整、叙述之切近、人物个性之鲜明、事件描述之栩栩如生，却成为后世文艺家、文学家、历史学家、考古学家等争相鉴赏和研究的对象，也成为普通大众所乐于摘抄、改写和口口相传的作品。

因此，无论从其内容、体裁还是形式上，"荷马史诗"都成为古希腊人最为看重的一部作品，其结合神话故事、英雄传说，以一定的历史事实为依据，广泛地反映出当时希腊社会从原始公社制向奴隶制过渡时期的政治、经济、军事等多方面的情况，成为人们了解古希腊人生活习俗、人物形象、道德情感和社会状况的一扇重要窗户。然而，这些历史作品更多只是结合神话传说对已知事实的陈述，目的在于供那些尚不知道情况的人参考，其本身描述"神事"多于"人事"，因此之于历史思考本身来说，还构不成后来所谓的那种"科学的历史学"本身，亦不构成某种形式的历史哲学。因此，英国著名哲学家、历史学家科林武德（R. G. Collingwood, 1889 – 1943）曾恰当地称其为"准历史学"②。

这种"准历史学"有两种形式：一种称为"神权历史学"，另一种称为神话。③ 两种形式所描述的内容在很大程度上都超越了人事本身，更多地为超人类的神话传说和英雄故事提供说明。但是，从这些故事中所描述的神明人物是人类社会的超人统治者这个意义来说，其又绝非与人类无关④，更何况在

---

① 王晴佳：《西方的历史观念——从古希腊到现代》，华东师范大学出版社 2002 年版，第 1 页。
② ［英］柯林武德：《历史的观念》（增补版），扬·冯·德·杜森编，何兆武、张文杰、陈新译，北京大学出版社 2010 年版，第 15 页。
③ 赫西俄德（Hesiod）是这种神话"准历史学"的代表人物，其所著《神谱》，描述了万物之始，神灵之间相互争战以统治世界的情景。其偏重于"神事"的描写，强调诸神对人类命运的掌控，而人往往成为诸神伟大能力的反衬品，因此，很大程度上反映出当时人对浩瀚宇宙之伟廓和自身之力量渺小的思考。
④ ［英］柯林武德：《历史的观念》（增补版），第 16 页。

某种程度上说，那些神明或英雄人物本身亦与人息息相关且没有严格界限。因此，其虽说神话故事，却又有人事杂糅其间；虽说凡人争战，却又有神明参与。神与人是历史叙事的重点，神与人之间的交流呼应是叙事的主要情节，从而也构成该历史叙事的基本特点。但是，除了这一明显的特点之外，此时的史诗叙事尚不重视时间观念，其基本叙事虽"有头有尾"，但缺乏时间上的阶段性或延续性①，这和《希伯来圣经》经文中所构造的那些线性的历史观念大为不同②，因而从严格意义上说，其本身并不构成真正的"历史学"。

直到公元前6世纪，希腊人的历史书写开始转变。这一转变表现为："希腊人的思想表现开始从诗歌的形式过渡到比较偏重于思维的形式，尽管它仍然属于诗歌类型。在这个时期，出现了最早的散文家和最早的配称为哲学的哲学体系。地理学和按年记事已开始具有雏形。"③ 此后，历史叙事偏向于从对"神事"的描述转向对"人事"的关注，从神转向人，从无时间的叙述转向有时间的记载。"史学之父"希罗多德（Herodotus，约公元前484－前425）和修昔底德（Thucydides，约公元前460－前400/396）是这一转变的核心人物。自从他们开始，希腊的历史学记述就不再只是传说，而是研究；探究的就不再只是"神事"，而是"人事"；记录的就不再只是万物之初、时间无考的过去事件，而是若干年之前、时间上可确定的过去事件。④ 因此，此后希腊史学开始具备这样的特点："（1）它是科学的，或者说是由提问题而开始，而传说的作者则由知道某些事情而开始并且讲述他所知道的事情；（2）它是人文主义的，或者说提出有关人们在过去的确切的时间里所做的事情的问题；（3）它是合理的，或者说对它的问题所做的回答是有根据的，也就是诉之于证据；（4）它是自我显示的，或者说它的存在是为了通过讲述人类已经做了什么而告诉人们人类是什么。"⑤

希腊化时期的历史学基本继承了以上所有特点，但是这些特点随着历史

---

① 王晴佳：《西方的历史观念——从古希腊到现代》，第5—7页。
② 对于《希伯来圣经》经文和犹太传统所描述那种线性历史观及其对基督教信仰和思想所产生的深远影响，将在本章第二节的内容中得到详细呈现。
③ ［美］J. W. 汤普森：《历史著作史》（上卷），第一分册，第33页。
④ ［英］柯林武德：《历史的观念》（增补版），第19页。
⑤ ［英］柯林武德：《历史的观念》（增补版），第19—20页。

处境的变化，亦有所改变。其中最大的变化是，相较于早期希腊史学的眼光短浅和题材有限①，这个时期的历史随着亚历山大大帝的出征逐渐得以扩展，几近获得了"世界史""普世史"或"通史"（universal history）的名号。历史开始不再局限于语言之间的差别，不再被限制在狭小的政治单元，也不再散佚于琐碎之间，而是成为一种不止于地理概念的东西，它变成了一个世界概念、历史概念。这种新型的历史观念在波利比乌斯（Polybius，公元前203－前121）的著作里得到了充分呈现。他开始从不止于一代人的时间跨度，以一个明确而值得纪念的主题——罗马征服世界的故事——开始讲述他所关注和思考的历史问题。② 但是，随着民族国家之间这种征服与被征服的扩展，城市国家渐而消失的巨变，人们大多开始不再相信研究前人历史能够使人避免之前的错误或超越前人的成功。命运已不在我手，人唯独能够掌控的是面对命运所具有的情绪，研究历史在很大程度上能够满足这一生存必需。这种消极的命运情绪，充分体现于晚期希腊斯多葛学派和伊壁鸠鲁学派命运伦理在历史学中的渗透和运用。③

在一定程度上，罗马人接续了希腊传统，承袭了希腊关于历史的基本观念。但是，与早期希腊人在历史叙事上的闲散随意不同，罗马人更重视历史中的传承和接续。在他们看来，历史即意味着连续。他们继承了那些曾小心翼翼保存下来的各种制度、风俗和伦理习惯，从中汲取养料，并以此来塑造自己的生活。他们敏锐地意识到自身与过去种种事物之间密切的联系，谨慎地保存着属于过去的纪念物。④ 因此，罗马人在历史方面除了继承希腊留存下来的那些精神，继续坚持发扬普遍史的观念和基本的史料编纂技巧之外，几乎没有什么创新。他们一直在使用希腊化的精神，指引着人们的生存，因而历史也往往偏重于借鉴和实用的意义。比如，著名罗马史学家李维（Titus Livius，公元前59－公元17）就认为，历史学的独特功用就在于能够指导人的

---

① 对于早期希腊史学家来说，其历史叙事基本限于他们耳目所及和记忆的长度之中，这种局限不仅使他们对过于遥远的事情无法做出描述，而且从根本上限制了他们历史取材的厚度。他们所能记述的唯一事情，就是他们耳目所及的信息，或者从自己、他人记忆中提取和挖掘到的事情，且这些事情本身琐碎而零散。

② ［英］柯林武德：《历史的观念》（增补版），第32—35页。

③ ［英］柯林武德：《历史的观念》（增补版），第37页。

④ ［英］柯林武德：《历史的观念》（增补版），第35页。

现实行动。他说："研究研究过去的事，可以得到非常有用的教益。在历史真相的光芒下，你可以清清楚楚地看到各种各样的事例。你应当把这些事例作为借鉴，如果那是好的，那么你就模仿着去做；如果那是罪恶昭彰而最后身败名裂的，那么你就要引以为戒，竭力避免。"① 塔西佗（Publius Cornelius Tacitus，约55－120）亦不例外，他明确标榜历史写作的目的在于道德训诫。不过，不同于李维的正面讴歌，他更倾向于从反面人物形象的揭露来实现历史道德警示的任务。对此，他本人就曾断言："我认为，历史之最高的职能就在于赏善罚恶，不要让任何一项嘉言懿行湮没不彰，而把千秋万世的唾骂，作为对奸言逆行的一种惩戒。"②

对于罗马而言，李维和塔西佗两人极负盛名，并肩而立，成为历史学界的两座高塔。前者抱有宏图壮志，意欲拟定并完成一部包罗万象的罗马史。为此，他一生都在搜集有关罗马历史的材料，企图将其熔为一炉、汇写成一部单一主题和叙事的宏伟巨著。但是，其终究陷入历史资料和传说的浩瀚烟海，以致许多叙述极富传说特性而真假难分。至于塔西佗，他曾尝试探索一种新的历史叙事模式——心理说教式——来为道德训诫提供模范。但至于此，其很大程度上已丧失历史真实性追求的本性，于历史而言，只能导致其更加贫困。③ 要改变现状，还需有人重新接起跑棒，完成新的超越和历程。事实证明，这一任务最终是由基督教完成的。

总之，希腊历史思想的发展自身经历了从萌生、过渡到成熟的整个漫长历程，但概括言之，其基本具备以下几个特点④：（1）单一的叙事史体裁和书写模式。对希腊来说，其历史最先即是从叙事史的模式开始的，其历史文献从始至终便保持着一个压倒一切的目标：提供实际情况。因此，这一时期的历史学家及其著述的首要目的就是提供真实情况。⑤ 但是，鉴于其眼光的狭

---

① ［古罗马］李维：《罗马史》（第1卷），转引自王晴佳《西方的历史观念——从古希腊到现代》，第33页。

② ［古罗马］塔西佗：《编年史》，转引自郭圣铭《西方史学史概要》，上海人民出版社1983年版，第48—49页。

③ ［英］柯林武德：《历史的观念》（增补版），第40页。

④ 因罗马历史思想很大程度上继承了希腊历史观念，因此这里总结的特点在某种意义上也是罗马历史思想所普遍具有的特征。

⑤ ［美］J. W. 汤普森：《历史著作史》（上卷），第一分册，第36—40页。

隘和题材的有限，这些描述往往显得真假难辨。（2）缺少时间和历史进步观念。由于眼界的影响，希腊历史学家大多比较关注当前所发生的事件，并以此为题材写作历史，他们很少能关注到古老的历史现象，也很少试图预知未来的情况，他们只是在历史的原地循环打转，并且他们的历史著作大多缺少严格的时间观念，对历史事件的时间记载往往比较含糊。这点在根本上与犹太—基督教线性的时间和历史观念有所不同。（3）人文主义特质。希腊思想及历史虽始于"荷马史诗"对诸神故事和英雄传说的描写，但在其发展中却经历了从"神事"到"人事"的巨大转变。可以看到，在历史学家后来对诸多尤其重大事件的描述中，虽一再强调神意对人事的干预，但终究"人事"才是其历史叙事和描述的真实目的。这也反映出，希腊人的宗教生活很大程度是从人出发的，其所信奉的诸神也几乎全是神人同形同性，每个神祇分别掌管不同的人事。（4）"实质主义"。这是柯林武德对希腊罗马历史编纂学特点的概括，意指希腊罗马的历史思想预设了某种形而上学的知识论，"按照这种知识论只有不变的东西才是可知的。但是凡属不变的东西都不是历史的。成其为历史的东西都是瞬息变化的事件"[1]。这种普遍的精神气质，不仅反映在当时的历史思维之中，同时也反映在其哲学追求当中。众所周知，希腊哲学思想从一开始就在追求着某种确定性的东西。不管是某种朴素的物质性本源，还是某个确定的概念（理念），都是这种实质思维的体现。[2] 这种特质也决定了希腊历史思维的最后一个特征：（5）"反历史的倾向"。这种特征不仅为英国历史学家柯林武德所一再强调[3]，俄国著名思想家别尔嘉耶夫（Николай Александрович Бердяев，1874 - 1948）在《历史的意义》中也有重点论述和说明。他说："我想，对于任何研究历史的人来说，有一点是清楚

---

① ［英］柯林武德：《历史的观念》（增补版），第44页。

② 在早期希腊哲学思想当中，无论是爱奥尼亚地区的米利都和爱菲斯学派，还是南意大利地区的毕达哥拉斯和爱利亚学派，其本身都在追寻某种确定性的基质。这种思想气质甚至为苏格拉底、柏拉图以及亚里士多德等人所承继，他们一如既往地仍在追寻着可以为万事万物奠基的东西，不过较之于早期，他们摆脱了原始、素朴的存在论，转而将概念上的某种东西视为终极实体。但有一点在他们那里始终保持一致，即确定性的东西才是真理、才具有永恒性，而变易性的事物只是意见，终将成为过时的东西。哲学上的这种精神气质，很大程度上决定和引导了当时人们在各个层面思考问题的方式。这其中就包括对历史问题的见解。

③ ［英］柯林武德：《历史的观念》（增补版），第21—22页。

的，这就是，希腊文化、希腊世界、希腊意识与历史意识形同陌路。希腊世界中没有历史完成这一概念，最伟大的希腊哲学家也没能达到历史完成的意识，在他们那里也绝对找不到历史哲学，无论是柏拉图、亚里士多德，还是任何一个最伟大的希腊哲学家，都没有对历史加以说明。"①这和柯林武德所得出的结论是一致的。只不过，别尔嘉耶夫比柯林武德走得更远，他在指出希腊思想中这种天然的反历史因素的同时，还断称：真正的历史思想是从犹太人开始的。②

二　犹太观念与历史

与希腊思想这种"反历史"倾向不同，犹太民族天生地被视为一个历史的民族。③ 他们的思想被广泛地称为信仰与历史互动的典型。这一典型完整地呈现和保留在其文化经典《希伯来圣经》［以色列人称之为《塔纳赫》（Tanakh）］之中。对于后人而言，该书不只是一部宗教经典，其本身即一部反映犹太民族生活习惯、社会习俗、宗教信仰和历史观念最为重要的文献。它的形成发展本身亦与历史的变迁以及文化思潮（尤其宗教观念）的形成、更迭和嬗变密切相关。

被称为犹太民族经典的《塔纳赫》，其内容本身与基督教《旧约》基本相同，只是各书卷的编排顺序有所差别。按照犹太传统，整部《塔纳赫》共分为三个主要部分：律法书、先知书和圣录。其希伯来名分别为：妥拉（Torah）、奈卫姆（Nevi'im）和开图卫姆（Ketuvim），犹太人取其每个词的首字母再加上元音 A 构成《塔纳赫》（Tanakh）。④ 其形成与其他古典作品一样，经历了从口头传说到文字实录的漫长历史旅程，横跨上千年的历史长度，如今落成这一面貌，成为我们了解犹太民族生活习俗、宗教思想和历史观念最

---

① ［俄］别尔嘉耶夫：《历史的意义》，张雅平译，学林出版社2002年版，第21页。

② ［俄］别尔嘉耶夫：《历史的意义》，第22页。

③ 在别尔嘉耶夫看来，正是犹太民族产生了所谓真正的"历史意识"，并把"历史的东西"之本原首次带到世界当中来。这种所谓的历史意识，与希腊追求永恒并认为生命是本原的生灭循环的观念不同，他们主张历史有一个起始，亦有一个终结，生命即在这一过程之中展开。具体请参见［俄］别尔嘉耶夫《历史的意义》，第21—22、68页。

④ ［美］巴瑞·班德斯塔：《今日如何读旧约》，林艳、刘洪一译，华东师范大学出版社2014年版，第13页；亦可参见王立新《古代以色列历史文献、历史框架、历史观念研究》，北京大学出版社2004年版，第18页。

为重要的文本。

就了解历史而言，《塔纳赫》是唯一一部留存至今、描述原始初期犹太生活习俗和历史传统的文献。但是，相较于专门的历史文献，其本身又包含了大量的有关创世、拣选、立约、拯救与审判的宗教话语。因而，在柯林武德看来，其顶多算得上"准历史学"的文献。① 但是，在犹太传统看来，《塔纳赫》的叙述本身代表着一种不同于一般意义的历史书写，其独特性即在于神意对世俗历史的创造和直接干预。

一般而言，人们将《妥拉》，即《摩西五经》（*Pentateuch*）中描写历史的部分定为公元前 850 年到 650 年②，并且按照犹太教传统，学界认定摩西（Moses）为其作者。③《摩西五经》共包括《创世记》（*Genesis*）、《出埃及记》（*Exodus*）、《利未记》（*Leviticus*）、《民数记》（*Numbers*）和《申命记》（*Deuteronomy*）五部书卷。其中《创世记》描写了上帝造世和人类初创时期的基本情况，因而被视为人类历史观念的开端。安德烈·内埃（André Neher，1914–1988）大力颂扬了这一创世之举对于人类历史的贡献，他指出，上帝花费七天时间从无到有（*ex nihilo*）的创造标志着两种诞生：宇宙诞生和时间诞生。而在两种诞生之中，更为基本的意义在于时间，在于开始（Bereshit）本身，因为后者不仅标志着空间生命的诞生，更标志着其促使时间契合于一种建构性的历史维度。④在这一维度之中，犹太人的生命和民族命运逐渐得以开显。

《摩西五经》其余四部书卷依次接续描述了其命运展开的过程和重大节点。其中包括上帝拣选亚伯拉罕，并与其立约，应许以迦南之地为后代基业，进而因饥荒迁入埃及，后沦为奴隶，接受神的指引，在摩西的带领下逃离埃及，重返应许之地的故事。这些故事在某种程度上来说虽不一定是史实，却

---

① ［英］柯林武德：《历史的观念》（增补版），第 18 页。

② ［美］J. W. 汤普森：《历史著作史》（上卷），第一分册，第 20 页。

③ 美国历史学家唐纳德·R. 凯利故此将摩西称为"以色列民族的荷马、柏拉图和希罗多德"。参见［美］唐纳德·R. 凯利《多面的历史——从希罗多德到赫尔德的历史的历史探寻》，陈恒、宋立宏译，上海三联书店 2006 年版，第 143 页。虽然传统上摩西被视为妥拉的作者，但事实上，《摩西五经》的成书较之摩西的生活年代是一个很晚的过程，这也说明，像其他古典文献一样，《摩西五经》亦经历了一个从口耳相传到书面实录再到编订和修纂的漫长过程。

④ 安德烈·内埃：《犹太文化中的时间观和历史观》，载［法］路易·加迪等《文化与时间》，郑乐平、胡建平译，浙江人民出版社 1988 年版，第 195—199 页。

在另一层面充分反映了当时犹太人的生活情境以及思想观念。于思想观念而言，在这一漫长的历史进程之中，他们逐渐获得了一神信仰，并情愿将自己民族的命运与其唯一真神雅威（YHWH）紧紧地牢系在一起。而这就决定了犹太人历史观念当中一个最为重要的因素：神意的直接参与。这种参与直接决定和左右着整个犹太人民族命运的指向和归属。因为顺从神意将不断得到护佑，而背离神意就不得不接受苦难和审判。

《塔纳赫》第二部分为诸先知书，共包括 8 部书卷，可进一步分为前先知书和后先知书①。其中前先知书大部分被认定为历史书卷，记录了以色列较早的历史，而 4 卷后先知书大多被认定为典型的宗教文献，因而对了解实质的犹太教历史并没有多大贡献。但是不可否认，这些表现其宗教思想观念的文献与其历史书卷一起构成了了解犹太教信仰与历史互动不可缺少的材料。就历史层面来说，先知书中的历史书卷主要记录了摩西死后约书亚带领犹太人渡过约旦河，重新征服迦南，并在此建国、分裂，最后被亚述帝国和新巴伦帝国征服、灭国，进而毁坏圣殿，被囚巴比伦的辉煌和惨痛经历。就宗教观念而言，通过这一过程无疑更加固定了其一神宗教信仰的基本信念，而后者尤其体现为唯一真神的应许和拣选民族拯救实现的命运关联。应许与实现的张力构成其命运和历史观念的基本结构。在其中，上帝预告一种尚未到来的现实，以把人置于对将来历史和命运的盼望之中。因此，正是应许使以色列人得以与过去和将来联结，向他开启历史的意义和终极的盼望。②

另外，在这一由应许和实现所创造的历史空间之中，为人亦留出了一份独特的自由空间，在其中人们可以选择顺服或抗拒，也可以选择盼望或放弃希望。③ 正是这种自由，亦即别尔嘉耶夫称为"恶的自由"的东西成就了真实的历史。"因为，如果真的没有与人类生命基本本原相关的恶之自由，没有这一黑暗本原，那么，也就没有历史；世界就不会从头开始，而是从末尾开

---

① 按照犹太拉比传统 24 卷的分法，其中包括 8 卷先知书：《约书亚记》（Joshua）、《士师记》（Judges）、《撒母耳记》（Samuel）、《列王记》（Kings） 4 卷为前先知书；《以赛亚书》（Isaiah）、《耶利米书》（Jeremiah）、《以西结书》（Ezekiel）以及《十二小先知书》 4 卷为后先知书。

② ［德］莫尔特曼：《盼望神学——基督教的终末论的基础与意涵》，曾念粤译，香港：道风书社 2007 年版，第 105 页；亦可参见 ［德］潘能伯格《救赎事件与历史》，载《潘能伯格早期著作选集》，第 5—8 页。

③ ［德］莫尔特曼：《盼望神学——基督教的终末论的基础与意涵》，第 106 页。

始,从那种被想象成尽善尽美之宇宙的、完善的神的王国开始。可是,世界历史并非始于上述完善的宇宙,它始于自由——恶的自由。伟大的历史过程的孕育即是始于此。"① 而其之所以伟大,在于它为神的自我启示的开显和人的命运的实现提供了足够大的空间。在这一空间之中,人因顺从而得护佑,因背离而面临不确定和死亡的危险。

《塔纳赫》第三部分为"圣录"。在该部分所包含的诸多书卷之中,只有《以斯拉 – 尼希米记》(*Ezra-Nehemiah*)和《历代志》(*Chronicles*)被视为有参考价值的历史文献,其余大多书卷则被认定为启示文学(apocalyptic literature)或智慧文学(wisdom literature)作品。但是,无论是历史书卷还是其他书卷,都共同构成了解犹太民族亡国前后基本生活状况和思想观念变化的重要文献。当然,这一时期的书卷所传达的实际状况和观念已不同于早有的情况,他们在对唯一真神表达崇高敬仰的同时开始反观自身,检讨自己的罪孽,以求通过坚守律法的圣洁来保留神对自己民族怜悯以及获得拯救的企盼。后者即启示文学作品中所传达的弥赛亚观念。凭借这一观念,他们相信,会有一个弥赛亚在历史的终末出现,带来公义的审判。

多少个世纪以来,希伯来人甚至整个世界的人都在探寻古犹太教文明留给世界的遗产。但是,除了《希伯来圣经》正典,他们可取材的文献还有公元 1 世纪前后著名犹太史学家约瑟夫的著作②和一些次经文献③。然而,无论是《希伯来圣经》正典,还是正典之外的次经文献,抑或是约瑟夫的著作,

———————————

① [俄] 别尔嘉耶夫:《历史的意义》,第 23 页。

② 约瑟夫·本·马蒂亚斯(Josephus Ben Mattias,约 37/38 – 100),公元 1 世纪时期著名犹太史学家,著有七卷本的《犹太战记》(*The Jewish War*)和二十卷本的《犹太古史》(*Jewish antiquities*),是除《希伯来圣经》之外后人了解犹太历史最重要的唯一幸存的历史文献来源。目前中译本出了由美国学者保罗梅尔(Paul Maier)编译的两部著作的精选节本,请参见 [美] 保罗·梅尔编译《约瑟夫著作精选——〈犹太古史〉与〈犹太战记〉节本》,王志勇译,汪晓丹校,北京大学出版社 2004 年版。

③ 这些次经文献往往充当着补充、再叙抑或发展、延伸《圣经》正典内容的角色,它们的作者一般都不为人所知。其内部亦有较为模糊的类别划分和界限,比如《马加比传上》和《马加比传下》一般属于史记文学,而《以斯拉上》则较多体现出启示文学的特点,《所罗门智训》和《便西拉智训》则更多被认为是智慧文学。次经作品一般呈现出情节增强、文体统一、叙事逻辑前后一致等形式上的特点;在内容上,突出复活、灵魂不朽、救世等观念,可以看出其受希腊思想影响明显,比较切实地反映出了纪元前后犹太教生活习惯和思想观念的特点。参见《圣经后典》,张久宣译,商务印书馆 1987 年版。

其共同表达出若干一致性的特点：（1）神权主导的历史观。犹太教的历史本身即神与人互动共同谱写的历史篇章，在这一历史过程或观念之中，神人两种因素同体同源，缺一不可。另外，不同于希腊多神信仰的宗教观念，他们坚持一神信仰，认定雅威为其信仰的独一真神，祂创造并直接干预人类历史。（2）有始有终的线性时间和历史观。在犹太人看来，时间起始于神的创世，终结于神的审判，是线性的、单向的和不可逆转的，它既包括过去，更包括当下和将来。历史即在这一单向、不可逆转的过程中间开展。犹太人的上帝是"时间的创立者"和"历史的终结者"。对比之下，这明显不同于希腊人所持的那种追求永恒并认定世间事物周而复始、循环不已的历史观念。（3）应许与实现的历史张力结构。应许与实现的张力结构首先体现为上帝与人的立约。《希伯来圣经》多次记载上帝与人的立约事件，比如，先有神与挪亚在大洪水之前的立约（创6：18），后有神与人类始祖亚伯拉罕的立约（创17：7－11）以及摩西的西奈山之约（出34：10及以下）等。其中，后两次立约直接关系到犹太民族的历史和命运。这种盟约关系表明犹太人不再把神与人之间的关系看作传统的宿命安排，而是看作一种互动。在这种互动关系中，应许是立约的开始，实现是立约的结束，在这一过程中人享有选择自由，但也要相应地承担选择的后果和责任。顺服即得护佑，背离就要承受苦难和审判。历史即在这一张力之中构成。（4）肯定人的自由。这种自由首先表现为面对上帝，人具有选择立约或放弃立约的自由。可是，一旦契约成立，双方即互有责任和义务。神对人肩担护佑的责任，人背负服从神意和遵行其律法的义务。另外，这种契约关系并不固定，人亦有背离契约的自由，但是背离契约必应承担背离契约的责任与后果。别尔嘉耶夫认为，正是这种"恶的自由"成就了历史应有的过去和将来的维度。（5）末世论（或终末论）的弥赛亚观念。他们认为，正如时间有一个开端，历史也当有一个终结。这个终结即弥赛亚的来临和审判。在这末后时刻，上帝会奖善惩恶，正义必将统治世界。但是，众所周知，犹太人在等待弥赛亚的这条道路上失败了，他们的失败在于没有认出真正的弥赛亚——耶稣基督——的降临。

三　传统基督教思想与历史

犹太人虽然对世界宗教信仰和历史观念有着不可磨灭的贡献，但不可否认，他们亦有自身的局限：他们所信仰的独一真神还只是一个民族神，他们的历史观念还只限于广泛的民族史观念。进一步地扩展，即把雅威（耶和华）看作世界所有人的救主，把历史看作普世历史是由其承继者基督教来完成的。

众所周知，基督教孕育并脱胎于犹太教母体，这种亲缘关系使基督教不可避免地承袭了大量的犹太文明传统。比如基督教最重要的文本《圣经》就吸收了《希伯来圣经》作为其《旧约》部分，这种继承不仅是文本内容上的收录，更重要的是一种观念上的认可与接受。但是，基督教之所以在犹太文明传统中获得自身的独特性，也在于它对某些既定传统的革新。这些革新始于一个名叫耶稣的拿撒勒人：他因圣灵感孕，道成肉身而生；他自称天父之子，称上帝为"阿爸"（abba）；他招收门徒，聚众宣教，劝告罪人悔改；他广行神迹，传播天国福音；他反抗律法，抵制假冒伪善；他不顾禁忌，安息日治病救人；他心向世界，接触外邦人……他被缚十字架，代人受难而死；他复活升天，独立父神之右。所有这些在传统犹太教看来，都是对正统信仰的挑战和反叛。

最早的门徒和教会先后以口传和文字实录的方式保存了这些故事，使其能够流传后世，成就了我们今天看到的福音书叙事。但是，在很多人看来，福音书本身并非历史体裁的著述，因为其大多不是作为历史，而是作为宗教性质的论述写就的。① 何况，在写作年代的追溯上，他们自身亦存在分歧。因此，与其说福音书的历史价值在于其本身的叙事，不如说在于对其初始资料来源的考证与追溯。

关于耶稣死后的记述，情况有所不同。此后关于门徒远赴外邦传道的事迹开始有了较为详细的记载，基督徒也对自身的历史有了自觉，因此《使徒行传》也被视为《新约》之中唯一公认的史学著述。②

美国历史学者汤普森认为，在使徒保罗那里有一种由基督的启示和新斯多葛哲学混合而成的类似历史哲学的东西，因为正是在他那里才开始有了关于历史的分期：亚当时期、摩西时期和基督时期。③ 第一个时期是人类蒙昧无

---

① ［美］J. W. 汤普森：《历史著作史》（上卷），第一分册，第208页。
② ［美］J. W. 汤普森：《历史著作史》（上卷），第一分册，第207页。
③ ［美］J. W. 汤普森：《历史著作史》（上卷），第一分册，第210—211页。

知时期，却因一人的悖逆使众人成为罪人；律法时期是过渡时期，目的是叫过犯显多，因为罪在哪里显多，恩典就在哪里显多；所以进入基督时期，目的是带来普世的恩典，因一人的顺从使众人成为义人（罗5：12及以下），因一人的信仰使全世界的人服从信仰（罗16：26-27）。罗马抛弃自身的信仰转而信奉基督教即这一顺从和信仰超脱单一民族进入世界的开始。此后，神不再是单一民族的神，而是所有人（包括犹太人和外邦人）、所有民族的神；救赎的历史也不再是单一民族的历史，而是所有人的历史。

使徒保罗之后，基督教历史的书写以教会史的形式来接续。其中，优西比乌（Eusebius Caesariensis，约260-340）被视为教会史写作的鼻祖。他著有《编年史》和《教会史》两部重要历史著述。汤普森认为，他最早所做的建设性的努力是"把希腊和罗马史书中的年代与犹太和基督教历书中的年代统一起来，以便编写一部全人类的通史。因为按照神父教义所讲，基督教从世界初创时起即已注定将成为全世界的宗教，亦即全人类的宗教"①。但是，所有教会史著述几乎从一开始就预设了：第一，把犹太古史当作自己的前史；第二，把上帝的启示和历史牵扯在一起；第三，把历史分为神圣历史（救赎历史）和世俗历史两种。②因此，对于教会史来说，它从未以一种纯粹人类和世俗的态度对待人世的历史，它一直笼罩在神圣干预和守护的光环之中。可以说，其全部关注的重心都在所谓的"圣史"当中。这种历史书写模式为以后的通史写作提供了一种格式，即让人们将世俗的历史置于神意支配人类历史的观念之中。③而这样做的后果就是，基督教在很长一段时期内不再注重现世的世俗历史，而是将眼光统一放在天国的来世。人们普遍相信，所有的历史已经启示在上帝的话语之中，而世俗历史也将在不久之后全部结束。人们的眼光全部凝视着未来，消极等待着这一切结束。

希坡的奥古斯丁（Augustinus Hipponensis，354-430）率先开创了一种不同于教会史的历史书写形式。可以毫不夸张地说，自从《上帝之城》

① ［美］J. W. 汤普森：《历史著作史》（上卷），第一分册，第214—215页。
② ［美］J. W. 汤普森：《历史著作史》（上卷），第一分册，第213页。
③ 赵立行：《西方史学通史》（第三卷），复旦大学出版社2011年版，第24页。

（*The City of God*）问世，就已经统治了基督教史学的写作模式。① 这种史学模式以基督教神学为核心，从理论建构的层面阐述了基督教独特的历史观。首先，这种独特性体现在，在继承犹太教传统的线性时间观念的基础上对古希腊传统循环历史观念的批判。在古希腊传统看来，人类历史始终是变动不已、毫无秩序和目的的周期循环。历史的意义仅在于发挥某种实用性的目的。与之相反，奥古斯丁继承了犹太教线性的时间和历史观念，认为历史是一个有始有终且有终极目的的过程。历史起始于上帝的创造，终结于基督的审判。因此，历史不是无序的循环，也不是没有意义的过程，而是上帝终极意志的体现。一部人类历史即实现上帝终极意志的过程。历史是上帝神圣的计划，历史是上帝的作品，历史服从和服务于上帝的拯救目的。因而，世俗历史本身也就是一部上帝实行拯救的救赎历史。②其次，既然整个历史都是上帝意志的体现，那么历史也就超越了狭隘而单一的民族、国家或政权范围，从而成为整体的历史或真正普遍的世界历史。③ 依照这个观点，奥古斯丁对整个人类历史进行了重新划分。他将整个人类历史划分为两个时期，即基督诞生前的黑暗和准备期以及耶稣诞生后的光明和拯救期。④ 两个时期共同构成一个真正普遍的世界通史，而耶稣基督处于这整个世界历史的中心。他的降临（道成肉身）、十架受难和死里复活都是世界历史中具有普世意义的一次性事件，这些事件标志着上帝的终极救赎，预示着人类的终极命运。对比之下，这种将基督置于世界历史的中心位置的做法，正是基督教不同于希腊和犹太教传统历史观念的根本所在。再次，奥古斯丁认为，整个历史就是"世俗之城"

① ［美］J. W. 汤普森：《历史著作史》（上卷），第一分册，第233页。

② 之所以需要救赎，是因为世俗之城中人因滥用自由意志而犯了"原罪"。人类因这种"原罪"无法自己为善，因而需要上帝赐下恩典以助人为善，最终获得拯救。

③ 赵立行：《西方史学通史》（第三卷），第31页。

④ 对应上帝创世之六日，这两个时期亦可进一步划分为六个时期：第一个时期从亚当到大洪水，第二个时期从挪亚到亚伯拉罕，第三个时期从亚伯拉罕到大卫；第四个时期从大卫到巴比伦之囚，第五个时期从巴比伦之囚到基督诞生，第六个也是最后一个时期从基督的第一次降临到基督再次降临。另外，这六个时期的划分亦可类比于人类成长的六个时期：婴儿期、童年期、青年期、成年期、壮年期和老年期。参见 ［德］卡尔·洛维特《世界历史与救赎历史——历史哲学的神学前提》，李秋零、田薇译，生活·读书·新知三联书店2002年版，第203—204页；亦可参见 ［俄］叶·阿·科斯敏斯基《中世纪史学史》，郭守田等译，郭守田、胡敦伟总校，商务印书馆2012年版，第29—30页。

(earthly city) 和"上帝之城"(heavenly city) 争斗的历史。"世俗之城"是邪恶的，为恶魔所统治；"上帝之城"是良善的，由上帝在掌权。但两者均是不可见的、神秘的，它们是由截然相反的两种人类存在方式所构成的共同体。[①] 前者以该隐（Cain）杀弟（创4:8）为始，为恶所辖制；后者以亚伯（Abel）朝圣为开端，为善所引领。[②] 两者从头至尾混杂在一起，直到最后的时刻才能得以分别开来，两者的争斗构成整个历史。[③] 最后，奥古斯丁认为，这种有信仰和无信仰之间旷日持久的争斗一定是以天国的胜利为终结，但是这一切得等到历史终结，届时基督再临，对全人类及历史施以终极审判。[④] 属天之城的公义将彻底战胜属地之城的邪恶。属地之城的公民，将永堕地狱之火；而属天之城的公民，将永享恩佑福泽。

因此，在奥古斯丁看来，历史是由神意掌控的，是普世的，整个历史即上帝意志的体现。另外，历史也是线型的，它以基督为中心，却朝向一个有目的的终末，这个终末是上帝拯救意志的启示，是全部的良善。自奥古斯丁之后，这种将人类一切世俗事务置于神意支配之下的救赎史观念，一直支配着整个中世纪，从而成为所有中世纪历史思想模型。对此，卡尔·洛维特（Karl Löwith，1897－1973）甚至说，每一种历史观，如果它能被称为"基督教的"，都得以奥古斯丁的《上帝之城》为模型。[⑤] 譬如，12世纪最著名的编年史家之一弗列辛根的主教奥托（Otto Freinsing，1114－1158）就以奥古斯丁两个王国的对立为模型写了一部历史哲学著作——《论两个国家的历史》。[⑥] 他认为："存在着两个王国：一个是暂时的，另一个是永久的；一个是尘世的，另一个是天上的；一个是魔鬼的王国，而另一个是基督的王国。"[⑦] 这完全是按照奥古斯丁的模式来书写的，其思想内容也几乎与奥古斯丁同出一辙。因此，如果要总结中世纪历史观念的特点，依照奥古斯丁，无非以下几点：

---

① ［德］卡尔·洛维特：《世界历史与救赎历史——历史哲学的神学前提》，第201页。

② ［古罗马］奥古斯丁：《上帝之城》（中册），王晓朝译，香港：道风书社2004年版，第271—272页。

③ ［古罗马］奥古斯丁：《上帝之城》（下册），第93页

④ ［古罗马］奥古斯丁：《上帝之城》（中册），第275页。

⑤ ［德］卡尔·洛维特：《世界历史与救赎历史——历史哲学的神学前提》，第197—198页。

⑥ ［俄］叶·阿·科斯敏斯基：《中世纪史学史》，第34—35页。

⑦ ［俄］叶·阿·科斯敏斯基：《中世纪史学史》，第35页。

第一，神意的启示、主导与参与；第二，普世的救赎历史；第三，线性的时间和历史观以及耶稣基督在世界历史中的中心位置；第四，末世学的历史分期。[①] 由此可以看出，之后中世纪的历史书写和观念基本上都是在奥古斯丁的神学历史观念影响和支配下形成的。尽管之后很长的一段时期，中世纪经历了诸多王朝的兴替，其历史书写观念和方式均亦有所变替，但基本上都未超出奥古斯丁所开创的历史观念书写模式。在中世纪，历史一直受神权信仰的统治，世界历史即神意所启示的救赎历史，两者融为一体。但是，不可避免地，随着这种融合达至极致，历史本身所具备的批判本性就会日渐清晰。

第二节　信仰与历史关系的新处境和新难题

中世纪缔造了神权信仰与历史的高度一致，但是这种高度一致所传达的另一层信息却表示：世界历史不由人的意志推动，而是由超越于世界之外的另一种力量，即超验的上帝完全控制。整个历史都是神意计划和目的的显示，人不过是参与并实现这一计划和目的的工具。这样，在中世纪思想里，上帝的客观目的与人的主观目的之间就形成一种全盘的对立。[②] 要想弥合这种对立，唯一的方式是信仰上帝，窥测神意，以对神意客观的历史计划做出预示。但是，从根本上来讲，这里依然存在着这样一种普遍倾向，即从历史本身之外而不是历史本身之中去寻求某种历史的本质。其结果便是，人类对自身历史中的一切行为及细节失去探索真实性的旨趣，以至于根本不想对人类历史具体所发生的事情进行精确和真实的科学研究，而只想对神圣所启示的目的和属性进行学院式的探究。[③] 因此，从总体上来讲，这一时期的历史本身即缺少批评的意识和勇气。后者的获得及盛行，则不得不等待新的历史契机。

中世纪结束之际，各种实验科学及尝试早已风生水起，因此，对于此时

---

① 譬如，佛洛里斯的约阿希姆（Joachim of Floris，约 1130/35 – 1201/02）就把历史分为三个时期：圣父或道尚未成肉身的上帝统治时期、圣子即基督的统治时期和未来圣灵的统治时期。此种分法本身把历史看成是直线型，并且是末世学的，因为他预设了历史有一个末世的终结，在此之前历史是由圣灵统治的。参见 ［英］柯林武德《历史的观念》（增补版），第 55 页。

② ［英］柯林武德：《历史的观念》（增补版），第 56 页。

③ ［英］柯林武德：《历史的观念》（增补版），第 57 页。

的认识和理智而言，那种先天地决定着历史的普遍计划而提供基础的神学或哲学体系，已广泛地不为人们所认同。新的时代已经宣示它的来临，空气中人们随处可以嗅到质疑的气味。于是，借助文艺复兴和启蒙运动，人类又重新回归到自身之历史当中来，并且再次把人置于历史的中心地位。不同于中世纪，此时人们开始关注自身，并不断地对自己的事务重新拾起兴趣，对自身的力量和未来充满自信和激情。人们不再口出必称上帝，逢事必待奇迹，而是转而求助于自身之理智。不仅如此！人们还致力于将至高无上的天神从高耸云端的十字塔尖请入人间，用尽一切理性科学的手段加以考证批判，结果一时间因实证科学而兴起的各种质疑和挑战，使得上帝变得狼狈不堪。

一 历史批判方法

近代实验科学的兴起虽然对基督教超验的上帝观念形成致命的挑战，但是，之于基督教而言，这场风起云涌的质疑和挑战，在某种程度上来说，首先源于新的释经方法，即历史批判解经法的出现。当然，如果要进一步针对历史批判方法进行因果追溯，我们不得不把深层次的原因定位到近代历史意识的出现。

众所周知，近代是一个主体的时代，也是一个理性的时代，但广而言之，更是一个历史意识觉醒及其展开批判的时代。之所以称它为主体的或理性的时代，较为浅显地说，是源于一种看似明显的对比：它的对立面——中世纪完全是一个以神性为主导一切的时代，人们很容易给这一时代贴上"封建""专制""迷信""愚昧"的标签，而这些正是启蒙所代表的理性时代所要极力抵制和反对的。而从更为深刻的层面来讲，则完全是因为它自身的精神特质。在这种精神特质的引领下，作为主体的人被定义为一个理性存在。理性成为人的普遍本质。由理性而获得的知识才能够被视为人们普遍追求的永恒而确定的真理。这种真理反对类似于中世纪的一切宗教的"迷信"和"愚昧"，但也同时反对一切缺乏确定性和永恒性的领域。历史即被视为这样一个领域。出于这种缘由，启蒙时代甚至一度被误认为是一个缺乏"历史感"的时代[1]，因为从表面上来看，启蒙对本质确定性和理性必然真理的追求无论如

---

① ［德］E. 卡西尔：《启蒙哲学》，第169页。

何很难与流变的历史真正对等起来。然而，事实证明，这种简单地将二者彻底分开的看法毕竟是肤浅的，因为18世纪所代表的启蒙时代从一开始就是把两个领域紧密联系起来的。理性求助于历史，历史也求助于理性。① 它们共同组合成一个新的名词：历史理性批判，以对一切宗教的权威宣战。如此一来，历史的批判使得一切观念从宗教权威的桎梏中解脱出来，去独立地追求某一事物的历史真实性及起源。这样，正确确立的事实就成为历史批判的"阿基米德点"，利用这一点可以对任何权威发起挑战。鉴于启蒙一致反叛中世纪宗教的精神，对《圣经》权威性的批判和挑战就成为通往真理和可靠历史性知识的第一块敲门砖。

正如现象学方法要求在本质还原和先验还原的基础上"回到事情本身"，兴盛于这一时期的历史理性批判则要求在理智详尽考察的基础上"回到历史事实本身"当中去。② 因此，具体来说，《圣经》的历史批判就是要回到《圣经》文本写作的历史语境当中去，以探求《圣经》文本的历史真实性、意义及其写作形式、特点等。该方法最先始于文艺复兴和宗教改革时期，发展于启蒙运动时期，之后在19世纪德国学者把自然科学的方法应用于历史研究的过程中趋于完善和成熟，至今已有几百年的历史。其间，其合法性虽然也曾遭到诸多方面的质疑和挑战，但依然坚持被运用到今天。③ 广义的历史批判或历史批判方法（Historical Criticism/The Historical-Critical Method）主要包括文本批判④（Textual Criticism）、来源批判（Source Criticism）、形式批判（Form Criticism）、编修批判（Redaction Criticism）和叙事批判（Narrative Criticism）

---

① ［德］E. 卡西尔：《启蒙哲学》，第170页。

② 比埃尔·培尔（Pierre Bayle, 1647–1706）可以说是这一运动的主要倡导者，他的著作《历史批判词典》也是开创这一方法的代表作。培尔本人天性喜爱事实，偏重于历史中事物的一切细节，醉心于事实本身，企图通过对遥远的历史事件之细节详尽的考察发现确定的历史知识和历史真理。这种方法曾一度颠覆了把所有历史事实建基于《圣经》和教会权威的做法，因而可以称得上是历史科学领域的"哥白尼式革命"。参见［德］E. 卡西尔《启蒙哲学》，第187–194页。

③ David R. Law, *The Historical-Critical Method: A Guide for the Perplexed*, London: T&T Clark, 2012, p. 25 ff.

④ 文本批判经常被视为一种"低等批判"（Lower criticism），因而一度被排除在历史批判方法之外。但是，就其问题意识而言，文本批判重视《圣经》文本的历史形成，因而也被视为一种初级的历史批判学。参见查常平《20世纪圣经研究方法的前设——以福音书的研究为例》，载张庆熊、徐以骅主编《基督教学术》（第十六辑），上海三联书店2016年版，第80—81页。

五种方法。①

在历史批判方法之中，历史本身在很大程度上受到强调。譬如，就《旧约》文本而言，属于历史的那些书卷——《约书亚记》《士师记》《撒母耳记》《列王记》《历代志》——本身就与以色列的历史相关。同样，《新约》中的福音书（Gospels）及《使徒行传》（Acts）也反映了当时犹太人和罗马人的历史。② 另外，历史之所以受到重视，也在于像犹太教和基督教一致宣称的那样：上帝通过记载于《圣经》当中的一系列历史活动向人类启示和揭露自身。正因如此，基督教同犹太教一样，自古以来天生地被视为一个"历史的宗教"。因此，想要理解《圣经》的本质和意义，就不得不注意它的历史语境和历史特征。③ 但是，这样一来，又为我们了解《圣经》提出更多的问题。譬如，历史上流传下来的哪个文本才是真实可靠的？哪些版本才是较为肯定和权威的？（文本批判）这些书卷的作者是谁？写作时运用了哪些材料和哪种体裁？它的资料来源又是什么？（来源批判）是怎样形成的？又是以哪种形式被一步步的保存和传承下来的？（形式批判）作者写作这些文献时是如何处理这些材料的？所要传达的真实意图又是什么？（编修批判）这些写成的材料又采取了哪种叙事方式，如何反映作者的思想和动机（叙事批判）等诸如此类的问题。然而，所有这些问题最后都涉及一个核心主题：《圣经》文本及其信息本身的历史真实性和可靠性问题。

自近代以来，人类理智就不断地在接受自然科学的洗礼。因此，受其影响，人们就很难再轻易认可教会关于《圣经》完全出于上帝默示的说法，当然更不会轻易相信其中所描述的那些前后矛盾的信仰告白，更不可能理解其中记载的那些令人匪夷所思的所谓"神迹"。另外，在《圣经》解释过程中所遇到的年代混乱、内容之间的前后不一致，以及新的考古证据的发现也在不断刺激和加剧人们对《圣经》叙事真实性的质疑。因此，在现代理智面前，所有这一切似乎都有必要在历史理性的法庭面前接受进一步的审判和查验，以确保其材料来源的可靠性、形式表达的适当性、描述内容的真实性、考古

---

① ［美］R. E. V. 伏斯特：《今日如何读新约》，冷欣、杨远征译，六点校，华东师范大学出版社2011年版，第21—32页。

② David R. Law, *The Historical-Critical Method: A Guide for the Perplexed*, p. 1.

③ David R. Law, *The Historical-Critical Method: A Guide for the Perplexed*, p. 1.

佐证的有效性和诠释的客观准确性。因为在现代理智看来，只有具备以上诸多方面的条件，才有可能使得人们对所考察的事物表示完全信服。

在此种情境下，传统基督教关于《圣经》的解释的权威性论点自近代之后就不断受到冲击和考验。由此，《圣经》本身及教会解释的权威性也一落千丈。人们虽然认可《圣经》之于基督教信仰的核心地位，但同其他古典文献一样，《圣经》也被视为一种历史文献，要求放在历史语境之中接受批判审查。当然，也正是这一主张中所隐含的要求，意味着宗教思想的一场革命，因为这一问题和它的所有要求都包含着与字字照搬启示原则的有意决裂。① 实践这种决裂的第一部著作是由奥拉托利会（Oratory）的会员理查德·西蒙（Richard Simon，1638－1712）受马勒伯朗士（Nicolas de Malebranche，1638－1715）启发所写，他详尽地考察了《圣经》各篇的真实性，提出了一些有关它们形成发展过程的疑惑和假设，从而动摇了罗马正教的信仰基础。然而，理查德·西蒙对《圣经》进行的这些历史考察还严格停留在宗教领域，因为其本身是出于维护罗马正教传统的目的。② 他反对新教自认为占有《圣经》一切真理并摒弃一切权威的做法，因为在他看来，《圣经》本身并不能避免怀疑，因此需要传统作为证据来支撑。③

超出宗教领域，进一步提出对《圣经》历史批评和解释的是著名荷兰启蒙思想家斯宾诺莎。可以说，斯宾诺莎堪称《圣经》历史批评领域的先行者，他的《神学政治论》即是一部《圣经》历史批评里程碑式的著作。④ 对此，卡西尔也说："斯宾诺莎是第一个敢于提出真正尖锐的问题的人。他的《神学政治论》是为《圣经》批判提供哲学辩解和哲学基础的首次尝试。"⑤ 在斯宾诺莎看来，解释《圣经》的方法与解释自然的方法并无二致，实际上，两者几近相同。因为解释自然在于解释自然的来历，那么解释《圣经》就要考察《圣经》的来历，考察作者的原意。⑥ 换句话说，《圣经》解释必须不带任何

---

① ［德］E. 卡西尔：《启蒙哲学》，第170页。
② ［德］E. 卡西尔：《启蒙哲学》，第171页。
③ ［德］E. 卡西尔：《启蒙哲学》，第171页。
④ 田海华：《斯宾诺莎对圣经的历史批判与诠释》，《宗教学研究》2008年第4期，第85页。
⑤ ［德］E. 卡西尔：《启蒙哲学》，第171页。
⑥ ［荷兰］斯宾诺莎：《神学政治论》，第108页。

成见，不预设任何原理，只讨论《圣经》本身的内容，以《圣经》的历史研究《圣经》。① 斯宾诺莎认为，这是解释《圣经》唯一适当的方法，同时也是一条普遍的法则。在这一普遍法则的指导下，《圣经》解释必须回到原初的历史语境当中去，去考察"每编作者的生平、行为与学历，他是何许人，他著作的原因，写在什么时代，为什么人写的，用的是什么语言"②，这些语言具有哪些特点、编修文本时采用了哪种形式等诸如此类的问题。③ 因此，以斯宾诺莎之见，"如果我们把《圣经》中的每一段放到它所特有的历史背景中去考察，亦即不是把它视为永恒真理，而是依据它在发展过程中所处的特殊环境，依据它的作者的个性对它作出解释，《圣经》中所包含的疑难就会得到解决，其中的不可否认的矛盾就会被清除"④。当然，斯宾诺莎也指出，在使用这一方法的过程中必然也会遇到难以想象的困难，因为《圣经》有些书卷的成书年代已经相当久远，其具体来历靠目前的手段尚难有较为确定的论断。⑤ 另外，解释者还不得不面对语言要求的难点。⑥ 因此，面对《圣经》中那些我们无法确知其准确来历、时段和内容的段落，我们必须保持谨慎，以防轻信，也以防把自己并不准确的判断加之于其上。尽管表面上看去，斯宾诺莎在《圣经》解释方面如此谨慎，但从后人对《圣经》所做的科学批判来看，书中某些结论往往显得奇怪而又专断。但是，卡西尔认为，这些缺点并不损及历史批判方法本身，尽管斯宾诺莎这部著作出版后一再受到敌视，但他所倡导的这种方法却为人们广泛地接受和采纳。⑦

斯宾诺莎之外，伊拉斯谟（Desiderius Erasmus，1466－1536）和他的学生格劳秀斯（Hugo Grotius，1583－1645）也曾从事历史批判的事业。伊拉斯谟深信，只要恢复《圣经》的原本，就能复兴纯正的基督教学说，于是他整理出了《新约》的批判版，以期能够纯正耶稣基督的形象，显示其崇高的道德意义。格劳秀斯受同样的情感激发，甚至在对《圣经》注释时制定出了一副

---

① ［荷兰］斯宾诺莎：《神学政治论》，第108—109页。
② ［荷兰］斯宾诺莎：《神学政治论》，第111页。
③ ［荷兰］斯宾诺莎：《神学政治论》，第109页。
④ ［德］E. 卡西尔：《启蒙哲学》，第173页。引文略有改动。
⑤ ［荷兰］斯宾诺莎：《神学政治论》，第120页。
⑥ ［荷兰］斯宾诺莎：《神学政治论》，第116页。
⑦ ［德］E. 卡西尔：《启蒙哲学》，第173页。

详备的《圣经》批判计划，该计划为18世纪的《圣经》批判研究指明了方向。自此之后，法国哲学家狄德罗（Denis Diderot，1713－1784）更是在为《法国百科全书》所写的《圣经》词条中，勾画了《圣经》批判研究标准的梗概，要求认真分析《圣经》各篇章的内容，考察它们被写作时的状况，精确地确定它们的写作时间，明确其内容的真实意思表示。① 这样一来，用卡西尔的话来说，原本那种字字照搬《圣经》启示的原则便失去了它的全部力量，对《圣经》的这种历史见解已使得对基督教神学的攻击触及其体系的核心。②

二 莱辛的鸿沟

第一代主张历史批判的巨星已逐渐陨落，自此以降，则是由德国著名启蒙思想家莱辛掌管历史理性批判的大旗。莱辛是一位忠实的斯宾诺莎主义者，但与斯宾诺莎相比，他在方法论上更进了一步。譬如，同斯宾诺莎一样，莱辛也反对神迹，但他反对神迹的地方不在于神迹违背了自然法则和规律，而是因为神迹作为特殊和偶然的东西，不可能成为必然的真理。③ 因此，对于莱辛来说，他更愿意承认莱布尼茨（Gottfried Wilhelm Leibniz，1646－1716）关于"理性奇迹"的说法，把整个自然的"预定和谐"看成是神发挥作用的证据。不仅如此，莱辛也认可莱布尼茨关于单子作为个体性存在的价值和自由的学说，他肯定经验中特殊事物和个别事物之于整体存在的意义。

但是，当这一想法运用到解决宗教问题时，莱辛极度困惑。一方面，莱辛肯定宗教的历史发展之于宗教学说的价值和意义；但是另一方面他又深知，按照现代理智，属于时间和历史的东西往往都是个别的、偶然的东西，缺乏理性真理所要求的那种必然和永恒的属性。因此，摆在莱辛面前的问题是，理性的必然真理和历史的偶然性之间尖锐的对立。他一方面像其他理性主义思想家一样坚持和肯定理性真理的必然性，另一方面又不想放弃历史之于真理发展和形成的肯定意义。面对这一困惑，莱辛不得不求助于雷马鲁斯，但是，雷马鲁斯在宗教问题上一贯坚持激进立场。"他对基督教里的一些具体

---

① ［德］E. 卡西尔：《启蒙哲学》，第174页。

② ［德］E. 卡西尔：《启蒙哲学》，第174页。

③ 关于斯宾诺莎反对奇迹的论述，请参阅斯宾诺莎《神学政治论》第六章"论奇迹"及相关章节，第89—109页。另外，关于奇迹的问题，本书第三章节讨论耶稣基督复活的奇迹时也会再次涉及。

的、建立在历史基础之上的观念作了嘲讽，当然他想做的事情还不止于此。雷马鲁斯竭力表明，历史的传说，尤其是那些关于神迹的传说是不准确的。然而雷马鲁斯对基督教具体史实的抨击实质上是他依据理性主义范式对整个基督教所作的全面否定的一部分。雷马鲁斯认为，上帝能够向人类揭示的无非是形式和实质上普遍的事物。"① 这样一来，雷马鲁斯的回答使得莱辛更加为难和困惑，他在思考"宗教信仰属于哪种确定性？应把它列为必然真理，还是把它列为偶然真理？它是建基于永恒的、合乎理性的基础之上，还是建基于暂时的、历史的基础之上？"② 莱辛孜孜不倦地竭力想搞清楚这些事情。但是，面对这一问题，他又常常表现得无能为力。他无法调和理性的必然真理和历史的偶然真理之间尖锐的矛盾。他说："偶然的历史真理永远不可能成为必然的理性真理的证明。"③ 言外之意，他认为基督教信仰的合理性基础永远不能建基于历史的基础之上。但是，矛盾的是，他又不能否认宗教历史发展中所经历和遭遇的具体史实。于是，他不得不承认，这里存在着一条"丑陋而宽阔鸿沟"（the ugly, broad ditch），尽管他经常认真地想要跨越，但却始终无法跨越。④

面对这一困惑和难题，莱辛并没有因为问题的艰难就选择退缩，自提出这一问题之后，他就一直在寻求一种调和的方式，把理性所要求的必然真理和历史所主张的经验事实联结起来。在《论人类的教育》中，莱辛最终找到了解决问题的答案。这一答案让他较为满意，因为正是在这里，他"创立了历史与理性的新综合。历史不再与理性相对立；毋宁说，历史是实现理性和实在的道路，甚至是唯一可能的场所。莱布尼茨的分析头脑以无与伦比的精确和清晰分离开来的这两个因素，如今趋于调和了。因为在莱辛看来，宗教既不属于必然和永恒的范围，也不属于纯偶然和暂时的范围。它是合二而一的，是无限中的有限，是流变的时间过程中的永恒和合理性的表现"⑤。可以

---

① ［美］维塞尔：《莱辛思想再释——对启蒙运动内在问题的探讨》，贺志刚译，林和生审校，华夏出版社 2002 年版，第 58 页。引文略有改动。"莱马路斯"改为"雷马鲁斯"，以下凡引此书，不再说明。

② ［德］E. 卡西尔：《启蒙哲学》，第 180 页。

③ ［德］莱辛：《历史与启示——莱辛神学文选》，第 67 页。

④ ［德］莱辛：《历史与启示——莱辛神学文选》，第 69 页。

⑤ ［德］E. 卡西尔：《启蒙哲学》，第 181 页。

看到，在这一解决方案中莱辛既坚持了启蒙运动以来所坚持的理性必然真理的要求，又肯定了历史经验事实的地位。既然表面上的对立无法解决，不妨换种思路，从宗教本身的性质和定位中寻求答案。这是莱辛的基本思路，因此他重新考察宗教，尤其是基督教的性质，认为基督教本身即包含理性和超越理性的东西两种因素，本身即两种真理（理性真理和历史真理）的统一，拥有理性"可以解释的"（erklärbare）和理性"不可解释的"（unerklärbare）两种根据（Gründe）。① 依照莱辛，前者对应于人类理智所追求的那种合乎理性必然性的真理，而后者则指超越于理性理解而启示于历史当中的信仰真理。两种真理共同构成宗教的本质。而至于两者的关系，莱辛认为，建立在不可解释的根据之上的启示，其所要达到的目标是促进建立在"可解释的根据"之上的真理不断地完善。② "真理被启示之时，自然还并非理性真理（vernunftswahrheiten）；但真理之被启示，就是为了成为理性真理。"③ 因此，维塞尔指出，在莱辛那里，"启示真理和理性真理、'不可解释的根据'和'可解释的根据'在终极目标上面并不存在分歧。尽管两种形式的真理是不同范畴的真理，但是它们有相同的目标：完善人类的理性意识。不同之处在于两类真理达到目标采取的方式，或者说在于两类真理使用的论证材料"④。

可以看到，莱辛虽然实现了两种真理之间尖锐矛盾的调和，却最终还是倒向了启蒙理性主义的要求。他的目标仍是建立一个符合理性的自然宗教，而这也成为整个启蒙时代宗教理论的基本范式。在启蒙理性的引导下，宗教中凡是可理解的东西完全被合理化了，而那些不能为理性所认可的东西，比如神迹，则不断受到鄙夷和遗弃。另外，道德成为启蒙时代宗教发展的新方向，因为"让理性成为在实际生活中引导自己走向完善的东西，自然就会得出这样一种观点：道德活动（理性规范的生活）是人最高的追求。道德是给予人自我价值、人据以向上帝建立伙伴关系的东西"⑤。于是，在这种倾向的

---

① ［美］维塞尔：《莱辛思想再释——对启蒙运动内在问题的探讨》，第133—136页。

② ［美］维塞尔：《莱辛思想再释——对启蒙运动内在问题的探讨》，第135页。

③ ［德］莱辛：《论人类的教育——莱辛政治哲学文选》，刘小枫选编，朱雁冰译，华夏出版社2008年版，第123—124页。

④ ［美］维塞尔：《莱辛思想再释——对启蒙运动内在问题的探讨》，第136页。

⑤ ［美］维塞尔：《莱辛思想再释——对启蒙运动内在问题的探讨》，第56页。

影响下，经过康德道德神学的洗礼，整个自由主义，包括哈纳克（Adolfvon Harnack，1851 – 1930）和里敕尔（Albrecht Ritschl，1822 – 1889）之思想的神学都建立在这一教导之上。

三　黑格尔的贡献

莱辛在理性和历史之间划出了一条丑陋而宽阔的鸿沟，认为偶然的历史真理永远无法为理性必然的真理提供证明。如此一来，这对基督教信仰来说无疑构成了新的挑战，因为就实质来讲，基督教视自身为一种历史的宗教，既然历史的东西被视为个别的、偶然的，无法为理性的必然的真理提供说明，那么必然就意味着基督教信仰的真理便是奠基于这样一个偶然的基础上的。而这对于基督教来讲，显然难以容忍，因为无论如何，基督教也不会允许自己的信仰完全奠基在一个不稳定的基础之上。莱辛也意识到了这一点，所以在处理宗教的问题上，他一直寻求一种用来调和两者关系的方法或途径。就结果而言，莱辛最后提出的方案是：宗教既不属于必然和永恒的范畴，也不属于偶然和暂时的范围，而是属于二者的综合。① 所以，就基督教来说，在它之中既包含着永恒的和超自然的因素，也同时包含着自然的和理性的因素。前者对应于上帝的启示，而后者对应于人的理性。两者共同构成信仰的本质。

这是莱辛的解决方案。他通过对宗教本质进行新的解释，调和了历史和理性之间原本紧张的关系。但是我们知道，莱辛的解决方案完全是一种启蒙运动之后理性化的阐释，他虽然承认宗教当中超自然的因素，但认为一旦超自然的因素得到启示，就变成了可理解的东西。而按照这种逻辑来进行推理，我们不难得出这样的结论，即对于莱辛来说，凡是宗教的东西都是理性的，从而是可理解的。在这一点上，可以说他与黑格尔十分类似。但是，有一个地方，黑格尔自始至终与莱辛不同，这就是：对于黑格尔来说，真理本身是一个历史性的东西，它要想摆脱抽象性，获得自身的完满，就必须经过从自身出发，进至他者，再回归自身的发展过程。所以，对于黑格尔而言，真理是整体，也是过程；而过程就是发展，就是历史，它有一个终极的目的，就是绝对，一切人类精神的最后发展都要朝向它。

---

① ［德］E. 卡西尔：《启蒙哲学》，第181页。

与黑格尔相比，莱辛则不同，他一开始就宣告历史的真理和理性的必然真理之间横亘着一条丑陋而宽阔的鸿沟。但是，在黑格尔看来，两者的关系却并非莱辛所描述的那样，因为对于黑格尔而言，真理本身并非某种抽象的，从而与历史无关的东西。① 恰恰相反，真理本身有一个自身发展的历史过程。对此，黑格尔在《哲学史讲演录》第一卷涉及"哲学史的概念"时就提到了这一问题，他说：

> 一提到哲学史，我们首先就会想到，这个对象本身就包含着一个内在的矛盾。因为哲学的目的在于认识那不变的、永恒的、自在自为的。它的目的是真理。但是历史所讲述的，乃是在一个时代存在，而到另一时代就消逝了，就为别的东西所代替了的事物。如果我们以"真理是永恒的"为出发点，则真理就不会落到变化无常的范围，也就不会有历史。但如果哲学有一个历史，而且这历史只是一系列过去了的知识形态的陈述，那么在这历史里就不能够发现真理，因为真理并不是消逝了的东西。②

表面上来看，历史和真理之间似乎确如莱辛所言存在着一种无法调和的对立。但是，对于黑格尔而言，这种对立显然是一种虚假的对立，因为在他看来，人性的绝对真理就是，人没有不变的、固定的身份，恰恰相反，人要在历史当中来获得自身的规定性。那么，就此来说，以任何历史的名义来拒斥绝对真理——无论它披着的是哲学外衣还是宗教的外衣——的理由，都是似是而非的，因为就实质而言，历史本身乃是一个过程，人类正是通过这一个过程认识到自己是自由的、自我规定着的，因而也是历史性的。这便是人性的绝对真理。所以，就此来说，"历史和真理是完全密不可分的，放弃或拒斥任何一方都是不可能的"③。

---

① ［美］詹姆斯·利文斯顿：《现代基督教思想》（上），何光沪、高师宁译，译林出版社 2014 年版，第 252 页。

② ［德］黑格尔：《哲学史讲演录》（第 1 卷），贺麟、王太庆等译，上海人民出版社 2013 年版，第 15 页。

③ ［英］斯蒂芬·霍尔盖特：《黑格尔导论——自由、真理与历史》，丁三东译，商务印书馆 2013 年版，第 22 页。

　　关于这一点，在《精神现象学》中我们同样可以清楚地看到。在该书中，黑格尔细致地向我们描述了"精神"以意识最初的规定性为开端进至绝对的发展过程。对黑格尔而言，真理本身并非一个静态的、不动的东西；恰恰相反，它是一个动态的、发展的过程。意识最初的统一只是抽象的，它要想摆脱最初的抽象性，获得它具体的本质，就要从原初直接的、抽象的统一性当中出走，行进至它的对立面，进而再扬弃这种对立，最后获得新的统一。而这本身表明了它是一个历史的过程，真理只有通过这样一个过程才能获得整全。所以，黑格尔认为，真理既是一个过程，又是一个整全。^① 之所以说它是一个过程，是因为它切实地涉及"精神"的自我发展，而发展就是历史。因此，真理并非与历史无关；恰恰相反，真理即绝对的历史发展，即绝对从自身出走又回归自身，以实现更高统一的过程。之所以说它是一个整全，是因为在黑格尔看来，真理本身是一个"全体"，但这"全体"又只有通过自身发展才能达至它的完满。^② 因此，具体来说，其意思即，绝对是一个"结果"，而获得这一结果，则要经过它自身的发展，它必须经由某种"中介"，进而扬弃这种"中介"，才能达到这一结果，或者说这一"目的"。^③

　　当然，谈到整全或大全，就不能不谈到黑格尔对历史的理解。而关于这一点，则主要体现在他的《历史哲学》当中。我们知道，传统对于历史的理解，不是将它看作一连串偶然的事情，就是含糊地假定它是上帝的作品。直到 18 世纪之初，意大利历史学家维科（Giambattista Vico，1668－1744）才明确地肯定，历史乃"理性"的产物。^④ 继维科之后，黑格尔极大地发展了这一观念，以至于在他那里，整个历史变成了"精神"的运动场。因此，对于黑格尔来讲，历史并非一些杂乱事件的堆积，毋宁说其是"精神"有目的、有方向的展开。因为对于历史来说，总有一种"观念"作为它真实的核心以及作为"世界历史民族"的灵魂主宰着它的运动。^⑤ 所以，依照黑格尔，关

---

　　① ［德］黑格尔：《小逻辑》，贺麟译，商务印书馆 2012 年版，第 56 页。
　　② ［德］黑格尔：《精神现象学》（上卷），贺麟、王玖兴译，商务印书馆 1981 年版，第 12 页。
　　③ ［德］黑格尔：《精神现象学》（上卷），第 12—13 页。
　　④ ［德］黑格尔：《历史哲学》，王造时译，上海书店出版社 2006 年版，"干斯博士为原书第一版所作的序言"，第 1 页。
　　⑤ ［德］黑格尔：《历史哲学》，"查理·黑格尔博士为原书第二版所作的序言"，第 1 页。

于历史，我们首先要明确以下三点：第一，"精神"或"观念"才是历史的真实核心，所有看似杂乱的事件背后其实有着它自己运动的轨迹，是"理性"或"精神"作为历史的实质推动着它的运动和发展。① 或换言之，理性才是世界的主宰，因而世界历史必然是一个合理的过程，那些看似由激情推动的历史进步，实质上只不过是"理性的狡计"的体现。② 第二，历史的前进有它自己的终极目的，反映在哲学当中，黑格尔把这一目的称为"绝对"，反映在历史本身当中，黑格尔则把它称为"世界精神"，而"世界精神"具体的历史形态是"国家"，"国家"代表着存在于"地球"上的"神圣的观念"。③ 所以，黑格尔认为，历史最后在德意志民族所代表的国家有了一个终结，因为正是这个德意志民族所代表的国家反映了代表历史终结的"世界精神"。第三，由"精神"或"观念"主宰的世界历史其本身是一个"普遍的历史"，它整个所反映的是"精神"从最初的形态到最后的形态运动和发展的过程。

至此，似乎我们目前讨论的范围依然停留在哲学或历史的层面，其目的是想要说明黑格尔通过对历史的新理解如何来架构起沟通"莱辛的鸿沟"的桥梁。不过，这只是本节任务的一部分。谈论黑格尔的历史哲学，我们的目的还是要回到宗教，回到基督教信仰当中来。我们知道，黑格尔强调历史终结，是因为在"国家"这一具体的形态里，"精神"达到了它的普遍性阶段，从而实现了人类普遍的自由。④ 但是，在他看来，这种引导历史前进的"普遍精神"或"普遍原则"或"真正的善"，就是一种"普遍的神圣的理性"。不过，在黑格尔看来，这一"普遍的神圣理性"却并不是一个单纯的抽象观念，而是一个强有力的、能够实现它自己的原则。具体而言，这种"善"或"理性"即"上帝"。⑤ 因为正是"上帝统治着世界，而'世界历史'便是上帝的实际行

① ［德］黑格尔：《历史哲学》，"绪论"，第16—17页。

② ［德］黑格尔：《历史哲学》，"绪论"，第9、26页。

③ ［德］黑格尔：《历史哲学》，"绪论"，第41页。

④ 黑格尔根据自由的程度对历史有一个大致的划分，他认为：东方各国是只知道一个人的自由，而希腊罗马是只知道一部分人的自由，但只有"我们"，即他眼中的德意志民族和国家才知道一切人的自由。所以，他认为历史在"他们"那里得到了终结，因为自由已经从它最初的个别状态达到了普遍的状态，而精神也从它最初的直接性达到了普遍的状态。具体请参见［德］黑格尔《历史哲学》，"绪论"，第19页。

⑤ ［德］黑格尔：《历史哲学》，"绪论"，第38页。

政，便是上帝计划的见诸实行"①。由此看来，黑格尔对于世界历史是神意计划的展开这一观点和基督教信仰所宣称的不谋而合。但是，笔者认为，黑格尔对于基督教信仰的真正贡献并不在于此。他真正影响到现代神学的不是"世界历史是神意计划的展开"这一观念，而恰恰是"普遍历史"和"绝对精神"。

从"绝对精神"来讲，无论是在《精神现象学》，还是在《逻辑学》或《历史哲学》当中，黑格尔似乎都有一个描述"绝对精神"从它最初的形态，又离开它自身，并扬弃这种对立回归自身的过程。我们可以把它称为"辩证法"。但是对于黑格尔来说，这种辩证法却不是外在的，而是内在于"绝对精神"当中属于它自己的本性。因为"绝对精神"要想获得它的现实性，它就必须从自身出走，行进至它的对立面，再扬弃这种对立回到自身。而这样一来，对于黑格尔来说，"绝对精神"就有着一种绝对主体的特性，它的本质在于自我运动，它自身是自己的出发点，同时也是自己的归宿。所以，在《精神现象学》"序言"中黑格尔说："照我看来，——我的这种看法的正确性只能由体系的陈述本身来予以证明——一切问题的关键在于：不仅把真实的东西或真理理解和表述为实体，而且同样理解和表述为主体。"② 可以说，这种观念深深地影响了现代的启示观，以至于潘能伯格在追溯现代启示教义当中"启示是上帝的自我启示"这一观念时，还要把它归功于德国观念论，尤其是黑格尔哲学。③ 当然，除此之外，黑格尔"绝对精神"的观念还深刻地影响了巴特的神学观念，以至于在他对上帝的绝对主权或超自然属性的强调里，我们依然还能够看到黑格尔"绝对"的影子。当然，也正是在这一意义上，潘能伯格指责巴特的神学犯了黑格尔式"绝对主体主义"的错误。④

另外，从"普遍历史"来讲，可以说黑格尔的历史哲学正是现代著名神学家潘能伯格历史神学的重要理论来源之一，因为正是他的"普遍历史"概念深刻地影响了潘能伯格对神学当中历史的理解，以至于将它与20世纪复兴

---

① ［德］黑格尔：《历史哲学》，"绪论"，第38页。

② ［德］黑格尔：《精神现象学》（上卷），第10页。

③ Wolfhart Pannenberg ed., *Revelation as History*, trans., David Granskou, New York：The Macmillan Company，1968，pp. 4–5.

④ ［德］潘能伯格：《近代德国新教神学问题史——从施莱尔马赫到巴特和蒂利希》，李秋零译，香港：道风书社2010年版，第257—305页。

的终末论联系起来，俨然构成了潘能伯格历史神学架构基底的理论雏形。而关于这一点，我们首先得从潘能伯格对黑格尔"普遍历史"这一观念的继承说起。不过，鉴于本部分只不过是探究潘能伯格历史神学的一个引子，那么关于后一部分，则有待于我们在接下来的章节中细致地涉及。然而，这里依然要强调的是，尽管潘能伯格历史神学的出发点是巴特和布尔特曼神学在解决信仰与历史关系问题上的弊端，但可以肯定的是，他的历史神学凡是涉及历史要在终末时期才能完满的见解，无疑是受益于黑格尔历史哲学的。

四　特洛尔奇的难题

黑格尔虽然很好地解决了历史与理性分裂的难题。但是，黑格尔之后的基督教神学却并没有按照他的设想，朝着理性化解释的方向发展。恰恰相反，兴起于这一时代的自由主义神学却巧妙地避开了黑格尔式的道路，而选择了施莱尔马赫和康德的神学，从而开辟了基督教神学发展新的方向。但是，此时的自由主义神学却表现出了它对历史的过分依赖，因为他们相信，"基督教的独特性就在于它关于一种历史性启示的宣称，它的真理可以凭借诉诸于历史而显现，诉诸于历史可以使基督教摆脱一些虔诚的神秘主义者和思辨的神学家漫无边际的想象"①。他们企图通过对历史上真实耶稣的追寻来击溃神秘主义和思辨理性对基督教频繁的攻击，进而把基督教的基础建立在历史真实性的基础之上。因此，他们迫切地主张把耶稣描绘成真正的和纯粹的人，急于剥去一直装饰着他的那些光辉灿烂的长袍，给他再次穿上他曾经穿着在加利利行走的那件粗布衣。② 他们企图通过把耶稣还原为历史上真实出现过的一个人、一个道德教师来夯定基督教的基础。于是他们转而在历史当中探寻所谓真实的、历史的耶稣，然而正如史怀哲（Albert Schweitzer, 1875 – 1965）所指出的，探寻历史的耶稣是一个比他们自己想象中更加困难的任务。所以，最终探寻的结果往往是无果而终，因为"从这种探索中浮现出来的耶稣，每一个都主要是用反映历史学家本人的现代人生哲学的词语来描绘的。每一个历史学家都根据自己的特征来创造耶稣"③。于是，史怀哲在其经典著作《历

① ［美］詹姆斯·利文斯顿、弗兰西斯·费奥伦查等：《现代基督教思想》（下），第 17 页。
② ［美］詹姆斯·利文斯顿、弗兰西斯·费奥伦查等：《现代基督教思想》（下），第 17—18 页。
③ ［美］詹姆斯·利文斯顿、弗兰西斯·费奥伦查等：《现代基督教思想》（下），第 21—22 页。

史耶稣的探寻》（*The Quest of the Historical Jesus*，1906）中得出结论：

> 公然作为弥赛亚出现的拿撒勒的耶稣，宣扬上帝之国的伦理的耶稣，在地上创建了天国的耶稣，以死亡赋予其工作以最终的神圣的耶稣，从来就没有存在过。他是理性主义设计出来的一个人物，被自由主义赋予了生命，被现代神学披上了一件历史的外衣……
>
> 不论最终的解决办法是怎样的，未来的批判将对之作出描述的历史上的耶稣，将不是当今的这个宗教可以（像他曾用自己创造的耶稣所做的那样）归之于他的一个耶稣基督……他也不会是这样一个人物，即可以被通俗的历史著作弄成在广大民众看来如此合意又能被普遍理解的人物。对我们这个时代来说，历史上的耶稣将是一个陌生人，是一个谜。①

因此，以史怀哲之见，"整个自由派诉诸于历史证实之法庭，是既不可能又走错了路。之所以不可能，是因为他们所描绘的耶稣从未存在过；之所以走错了路，是因为照史怀哲的观点看来，基督教的基础是独立于任何历史根据的"②。在他看来，耶稣之于我们世界的意义不在于历史中他是否真实地出现过，而在于从他奔流而出的一股精神力量对我们这个时代巨大的影响。

通过考察，我们发现，史怀哲向耶稣的历史探寻运动发起了致命挑战，以致使信仰与历史的关系问题被重新提了出来。史怀哲对历史神学的新挑战引起了作为宗教史学家、宗教社会学家特洛尔奇（Ernst Troeltsch，1865 – 1923）对这一问题的关注，而他持续的探究则使他成为这一问题的新代言人。对于特洛尔奇来说，他的工作一开始就面临这样一个难题："当人们接受了彻底的历史和文化变化这一事实，接受了个体性和相对性之后，他们还能从哪里并且怎样得到种种标准和价值。具体说来，一个委身于历史性神学的人如何确定基督教的标准性和绝对性呢？"③ 于是，特洛尔奇看到，近代以来，基

---

① ［德］阿尔伯特·史怀哲：《历史耶稣的探寻》，转引自［美］詹姆斯·利文斯顿、弗兰西斯·费奥伦查等《现代基督教思想》（下），第22页。

② ［美］詹姆斯·利文斯顿、弗兰西斯·费奥伦查等：《现代基督教思想》（下），第22页。引文略有改动。为了前后译名一致，"史怀泽"改为"史怀哲"。

③ ［美］詹姆斯·利文斯顿、弗兰西斯·费奥伦查等：《现代基督教思想》（下），第34页。

督教信仰面临的根本难题是历史思想对基督教绝对性的冲击。对此他说道：
"目前，宗教思想遇到的一个特殊难题就是信仰与历史事件的联系问题。人们
总是把宗教理解并体验为当下的宗教，也就是对上帝以及那种当下通过内在
体验达到的永恒世界的确信。如果假定这种对上帝的体验取决于某些历史人
物或历史力量，而且还包含着对历史事件的宗教评判，那么人们就会感到困
难重重。如果人们以这种方式把问题提出来，随之出现的第一道难题就是：
应当如何在实际上确定这种历史联系，这些联系与基督教信仰各方面的本质
有何关系。"① 在特洛尔奇看来，信仰与历史之间本身有着"难以割舍的本质
联系"，现代以前，基督教一直乐于承担这种历史关联，而现代社会则首先开
始从根本上反对这种关联。② 于是，摆在特洛尔奇面前的难题就是：如何调和
现代历史方法对超自然主义的传统基督教的批判同基督教本身对普世价值的
绝对性要求之间的尖锐矛盾。

　　说到现代历史方法对传统基督教的质疑和挑战，特洛尔奇专门审查了两
种相互对立的神学方法：现代历史学的方法和传统教义学的方法。他认为：
"旧方法可以称之为教义学的方法，其出发点是固定不变的，完全脱离历史及
其相对性，并由此出发获得其绝对确定的命题，这些命题至多只是事后才被
允许与整个人类生活的认识和见解联系起来。这种方法原则上是绝对与历史
方法对立的，其本质在于具有权威性，这种权威性的依据恰恰在于它离开了
历史的总体语境，离开了与其余事变的类比，因而也离开了将所有这一切包
含于自身之内的历史批评，离开了其结果的不确定性。教义学方法意在将人
束缚在个别历史事实之上，束缚在那些证明权威具有肢解一切历史类比的品
格的事实之上。之所以造成这种束缚，是因为教义学方法的事实不同于寻常
历史的事实，因而不可能通过批评得到确认，也不可能因此而产生动摇，这
些事实是通过奇妙的传统和内在的认证牢牢地置于内心之中的。"③ 不同于传
统的教义学方法，现代历史学方法坚持历史批评、类比和相互关联的基本原
则对传统基督教神学发起了挑战，那些原本被视为不言而喻的东西不断受到

---

① ［德］特洛尔奇：《基督教理论的基本概念》，载《基督教理论与现代》，朱雁冰等译，华夏出版社 2004 年版，第 232 页。
② ［德］特洛尔奇：《基督教理论的基本概念》，载《基督教理论与现代》，第 234 页。
③ ［德］特洛尔奇：《神学中的历史学和教义学方法》，载《基督教理论与现代》，第 117 页。

来自历史批评所要求的真实性的挑战。特洛尔奇认为，新的历史学方法从根本上改变了基督教神学的整个思维方式和态度。[①] 它把个别的历史事件置于历史语境的总体关联之中，并使一切传统和权威接受批评和检验，这样一来，思想的彻底历史化就动摇了传统基督教的世界观念，基督教神学应该如何做出反应成为特洛尔奇留给现代神学的一个棘手问题。

对于这一问题，特洛尔奇自己也给出过答案。他认为，现代神学必须坚持现代历史学的方法，保留信仰的历史关联，但是必须以新的方式对此加以阐发，因为人们已经不可能再相信世界历史曾经有一个完美的开端，六千年后借助救赎仍然会回到这个开端，或者基督不久便会再度降临等。[②] 特洛尔奇承认，现代历史批评的确对传统基督教的精神原则形成挑战，动摇了传统基督教信仰的根基，因此，现代基督教神学必须平衡现代历史学与传统教义学之间的紧张关系。但是，在现代性的处境中要实现这一目的，基督教自身首先必须抛弃超自然主义的立场，与新兴的宗教哲学、历史学和社会学建立内在的联系，把现代知识引入神学，成为神学的基本结构和要素，以便使神学有能力进入现代世界，进入现代知识学领域，从而能够应付自然科学及其经验形而上学和历史主义提出的问题，对现实社会政治问题做出反应。

因此，按照特洛尔奇的构想，"神学形态的现代化转换首先当建立基督教哲学和伦理学，在此基础上重构神学论述，随之建立基督教信仰的理论和伦理思想"[③]。但是，他也认识到，要实现这一目标也必然重重困难。首先，将基督教信仰转换为一种伦理态度，将耶稣化约为一个道德模范的形象，那么传统的教义在现代世界是否还能够保持原有的模样？其次，具体应当如何处理神学与现代自然科学、历史科学和社会科学之间的关系？它们是否能够并立？就神学思想史来讲，虽然神学自诞生起就在不断融糅、协调信仰与其他人文知识学，尤其是与哲学思想的关系，采纳过新柏拉图主义、亚里士多德主义。但问题的关键在于，自文艺复兴和启蒙运动以来，神学思想自身中所包含的诸多原则均面临严峻的挑战，而这正是基督神学在现代所面临危机的

---

① ［德］特洛尔奇：《神学中的历史学和教义学方法》，载《基督教理论与现代》，第 114 页。
② ［德］特洛尔奇：《基督教理论的基本概念》，载《基督教理论与现代》，第 240 页。
③ ［德］特洛尔奇：《基督教理论与现代》，"选编者导言"，第 27 页。

实质。① 特洛尔奇认为，要化解这一危机，必须实现神学形态的现代化转化，将传统教义学所主张的教派认信转变为个体的自由认信，建构一种以宗教哲学和伦理学为主体和导向的神学百科。于是，特洛尔奇提出了"自由基督教"的概念，并对其特征进行了概括，他说："'自由基督教'的本质可以简洁地以下面两个特征来说明：首先，它通过一种由传统共同精神蕴含的力量，自由地和以个体形式构成的内在性取代教会－权威联合；其次，它将古老的基督教基本理念，即人类的罪深深玷污了奇迹和拯救这样一种理念，变成靠上帝赢得更高的个体生命（Personenleben），由此解救和解放个体人格（Persönlichkeit）。自由基督教分享现代思想论题性的和方法论上的一般前提，教会基督教则全然否认这些基本前提，以教权性认识方法取代，自由基督教因此强烈地受到现代思想的渗透，也在更多的方面与教会基督教发生冲突。"② 由此可以看出，特洛尔奇所主张的"自由基督教"从根本上符合现代自由主义神学强调的道德和个体性拯救的基本精神，开辟了现代神学的新视野。但是，要克服历史主义的挑战，却又不废黜它积极的价值和功用，如何做到这一点，这是特洛尔奇留给 20 世纪神学的一项不可逃避的遗产。③

五 现代神学的总体反应：从巴特到潘能伯格

其实，在特洛尔奇那里，自由主义神学已经发展到了它的后期。真正的开始要追溯到施莱尔马赫，是他率先开启了自由主义神学的新时代，他很早就认识到基督教神学现代化的历史任务，试图把基督教神学与现代精神结合起来。④ 哈纳克与里敕尔承袭了自由主义神学的基本精神，在处理信仰与历史的关系问题时，促使基督教神学迎合了现代理性和道德精神，在某种程度上实现了基督教神学的现代化转换。但是，自由主义神学这种一味迎合世俗精神而放弃正统教义的做法却越来越受人诟病，因此不断受到捍卫正统教义人士的批评。现代著名瑞士神学家、新正统主义神学代表卡尔·巴特即是这一

① ［德］特洛尔奇：《基督教理论与现代》，"选编者导言"，第 27 页。
② ［德］特洛尔奇：《自由基督教的可能性与现代哲学》，载《基督教理论与现代》，第 273 页。
③ ［美］詹姆斯·利文斯顿、弗兰西斯·费奥伦查等：《现代基督教思想》（下），第 59 页。
④ 施莱尔马赫因其呼吁改革正统神学思想，响应当下时代精神之功而被誉为"自由主义神学之父"。参见［美］奥尔森《基督教神学思想史》，吴瑞诚、徐成德译，周学信校订，北京大学出版社 2003 年版，第 589 页。

批评的最佳代言人。

从根本上，巴特抵制施莱尔马赫和特洛尔奇所代表的自由主义神学向现代精神妥协的神学方案，否定启蒙思想，拒绝承认基督教教义精神的现代化。为此，他专门写了一部19世纪新教神学思想史来对新教自由主义神学进行彻底清算。① 在巴特看来，启蒙精神所强调的人的理性不过是人类精神的狂傲与妄为，代表着人类中心主义的凯旋，而按照新教正统教义，这不过是罪在更深层上的沉沦。巴特指出，启蒙精神的实质是用人取代上帝在历史中的中心地位，以人的尺度来度量包括上帝在内的一切，这样一来，必然导致神学领域内的"人本主义"危机，肆意夸大人在历史和社会中的作用，以人的理性自律和骄傲取代上帝之道的法权。追溯其中因由，巴特认为，自然神学当属罪魁祸首。② 在此认识的前提下，巴特已经对现代神学的基本处境获得了较为清晰的理解。于是，他转而重申新教正统神学所主张的《圣经》上帝之启示的重要性，强调上帝所启示的"道"对于基督教神学架构的重要意义，以对自由主义神学展开彻底的批判。这一举动迅速点燃了20世纪第一场神学革命之火。③ 之后不久，这一革命之火就以欧洲大陆为中心迅速蔓延，燃烧至整个基督教世界，而这也使得巴特成为20世纪以来基督教神学界最具影响力的人物，由他所开创的上帝之道神学（或辩证神学）引领了20世纪神学的基本方向。

启蒙运动是个人独立之宣言，脱离一切桎梏，忠于自我；与此相反，巴特所代表的新正统神学则是要与启蒙所倡导的信念展开对抗，重新把上帝之道置于所有神学理论和信仰实践的中心。自由主义神学极端地以耶稣为信仰中心，却把他纯粹化约为一个历史人物、一个道德模范。他们通过对《圣经》历史研究的方法来接触耶稣，其目的却是妄图通过与他的契合达至成圣；他们想要认信基督，却想着通过文本或历史考据的证据来重构历史的耶稣。巴特认为，这种做法出卖了信心，使得基督教信仰的上帝直接沦为一个卓越的历史人物而失去了其超越人类的本性。巴特接受基尔克果（Søron Kierkeg-

---

① Karl Barth, *Die protestantische Theologie im 19. Jahrhundert: Ihre Vorgeschichte und ihre Geschichte*, Zürich: Evangelischer Verlag, 1947. 英文本请参见 Karl Barth, *Protestant Theology in the Nineteenth Century: Its Background and History*, trans., B. cozens & J. Bowden, London: SCM Press, 1972。

② ［德］特洛尔奇：《基督教理论与现代》，第37页。

③ 张旭：《卡尔·巴特神学研究》，上海人民出版社2005年版，第6页。

aard，1813 – 1855）的理论，认为神与人之间存在着绝对质的差异，从人这边没有通达神圣的天梯，神与人的和解只能是上帝启示并赐下的恩典。因此，巴特认为，世界只能是上帝荣耀的舞台，而神学只能是上帝启示自身。综观巴特的一生，他毕生都在致力于拒绝和清算特洛尔奇所代表的自由主义神学现代化的方案，在他看来，应当把上帝启示自身的"道"（Word），而非作为道德榜样的耶稣，置于一切神学理论的中心。

对于现代神学而言，巴特的辩证神学主张无疑起到了振聋发聩的功用，但是20世纪的基督教思想界对待巴特神学的态度却是有分歧的：或批评，或肯定，这最终导致辩证神学走向了分崩离析。对比这种态度，本身亦与现代神学对待特洛尔奇的遗产十分相似。比如，哈纳克极力推崇，而巴特却猛烈抨击；布尔特曼、蒂利希选择性接受，而潘能伯格和莫尔特曼却力于改造。① 这种态度的分歧本身表明了20世纪神学两条最为重要但彼此不同的思想线路。巴特的主张为巴特派所继承，而特洛尔奇的方案则很大程度上由布尔特曼所变相承接。②

布尔特曼的神学思想综合性极强。他一方面在哈纳克、龚克尔（Hermann Gunkel，1862 – 1932）、于利歇尔（Adolf Jülicher，1857 – 1938）、魏斯（Johannes Weiss，1863 – 1914）和赫尔曼（Wilhelm Herrmann，1846 – 1922）等一批自由主义神学家或历史神学家的指导下学习③；另一方面又深受巴特神学的影响④；另外他还吸收了基尔克果和海德格尔（Martin Heidegger，1889 – 1976）的存在主义哲学思想，试图在历史神学和哲理神学之间架起一座桥梁。可以说，这正是特洛尔奇想要完成却未能完成的综合。如今，这一任务又在布尔特曼这里得以接续。布尔特曼在解决特洛尔奇遗留的问题时，提出了自己"解神话"（Entmythologisierung/entmythologisieren）的纲领。所谓"解神话"，按照布尔特曼的意思是指一种解经学方式，而这种解经的方式实质上是一种"生存论

① ［德］特洛尔奇：《基督教理论与现代》，"选编者导言"，第38—39页。

② 然而，这种承接只是广义上的，在对待启蒙运动之后的现代精神方面，两者之间存在一定的连续性。特洛尔奇主张基督教信仰的现代化，布尔特曼同样主张通过"解神话"的方式实现基督教精神的现代价值和意义。在这一意义上，两者的态度是相同的。

③ 福特编：《现代神学家——二十世纪基督教神学导论》，第68页。其中赫尔曼本身是一位新康德主义者，但他却是里敕尔的忠实追随者。

④ 布尔特曼本身是巴特早期所倡导的辩证神学阵营当中的一员，只是后来辩证神学因内部差异而分崩离析，所以他们也各自走上了自己的神学道路。

的解释"①。通俗来讲，就是对《圣经》信息进行"非神话"的处理，剔除其中不为现代理智所理解的东西，挖掘其中对现代个体生存具有价值和意义的信息。在布尔特曼看来，在当今这个时代，那种对世界的"神话式"理解既不可能也不必要。之所以不可能，是因为叫人们接受这种形式的基督教信念，就等于叫人放弃成熟的理智，进而要求他们把宗教信念与日常生活经验隔离开来；而之所以不必要，是因为对基督教信息的理解和接受并不一定要与那种令人匪夷所思的神迹联系起来。② 因此，布尔特曼的要求不在于通过历史批判的考证去除《新约》中那些被视为"神话"的信息，而是要对其进行生存论的解释，找出蕴藏于其中的对于现代人生存有深层价值和意义的信息。

于布尔特曼而言，对《新约》信息的"解神话"处理即意味着从现代人自身的生存理解出发来观照信仰信息，于是他说，任何对经文的解释都加上了解经者自己关于自身生存的理解，因而根本不存在所谓"不带前提的经文解释"③。换句话说，任何对经文的解释都不可能找到历史批判方法所坚持的那种纯粹而不带任何个人见解的客观性，所以必须抛弃历史批判法所坚持的那种无理要求，着重于《新约》经文所传达的信息之于现代个体生存的意义。因此，按照这种理解，类似于历史耶稣是否真实存在这样的问题之于现代人的生存并无多大意义，《新约》信息的根本意义和价值在于刺激人们根据当下个体的生存做出信仰决断，而不是其信息具体真实与否。④ 所以，按照这种逻辑，布尔特曼虽然承认耶稣被钉死在十字架并在三天之后复活是一个历史事件，也是一个终末论事件，但是在他看来，我们要关注的既不是一个纯粹过去的历史事件，也不是一个纯粹将来的事件，而是它之于此时此地生存着的人们的意义。因此，布尔特曼接受并发挥了克勒（Martin Kähler, 1835 – 1912）的观点，重视宣道中的基督，而对历史中的耶稣并不感兴趣，但他又不否认历史耶稣的真实性，只是认为基督教所信仰的是福音宣讲的基督，而

---

① ［德］布尔特曼：《耶稣基督与神话学》，载布尔特曼等《生存神学与末世论》，李哲汇、朱雁冰等译，上海三联书店1995年版，第25页。

② ［美］詹姆斯·利文斯顿、弗兰西斯·费奥伦查等：《现代基督教思想》（下），第311页。

③ ［美］詹姆斯·利文斯顿、弗兰西斯·费奥伦查等：《现代基督教思想》（下），第313页。

④ Michael Gilbertson, *God and History in the Book of Revelation：New Testament Studies in Dialogue with Pannenberg and Moltmann*, New York：Cambridge University Press, 2003, p. 10.

不是历史中的耶稣。①

这样一来，某种程度可以说，在布尔特曼这里实现了历史神学与生存论哲理神学的某种悖论性结合。但是，这并不意味着布尔特曼就此彻底解决了特洛尔奇所留下的信仰与历史关系的尖锐问题。他对历史耶稣真实性的忽视以及对历史批判检验的消极态度表明，他仍停留在问题本身对面，而未深入其中。因此，在他这里像在巴特那里一样，信仰与历史的难题仍然是一个悬而未决的问题。只不过，巴特占据一个极端，而布尔特曼占据了另一个极端。②

与巴特和布尔特曼均不同，德国著名新教神学家潘能伯格致力于开辟出第三种神学进路或方案，以反对他们在处理这一问题上的两个极端。可以说，潘能伯格所从事的工作是自巴特以来最具雄心的尝试，他想要建立一套系统神学，以勾勒出基督教教义的全貌。③ 但是，潘能伯格的出发点既不是巴特派超越性的神，也不是布尔特曼派个体的生存，而是超越的神与现实的人的历史相遇。在这种意义上，我们可以把潘能伯格定位为"古典神学的现代传人"④。因此，一方面，他坚持新教正统（路德宗）的教义信仰；另一方面又致力于实现传统教义与现代理智，尤其与哲学思想之间的沟通。为了完成这一工作，他把工作的重心放在了对上帝的历史启示和现实的人对启示的回应这一历史相遇问题的阐释和说明上，企图以历史为枢纽实现神与人之间伟大的历史沟通，彻底解决信仰与历史关系的难题。而这正是本书主体部分所要着力探讨的主要内容。

---

① 葛伦斯、奥尔森：《二十世纪神学评介》，第102—103页。
② 在处理这一问题时，巴特因为极力强调上帝的绝对他者性（otherness）而否定了上帝及其启示的历史性，占据了超自然主义的一端。与巴特不同，布尔特曼的处理方案并不重视上帝作为信仰的开端，也不像历史批判学派那样重视经文文本信息的真实性，而只强调福音所宣讲的信息之于当下具体生存的价值和意义，因而占据了上帝彻底临在性的一端。
③ 葛伦斯、奥尔森：《二十世纪神学评介》，第268页。
④ 葛伦斯、奥尔森：《二十世纪神学评介》，第268页。

第二章　上帝的真理及启示

　　截至目前，人们还是很难给潘能伯格神学定位，而难以定位的理由在于潘能伯格神学的多面性，无论哪种划分都不能很好地总结他在多方面的贡献。然而，尝试是必须要做的，有人将其划归到"希望神学"有一定的道理①，但笔者认为予以潘能伯格神学以"历史神学"的定位相较而言更为恰当，因为其神学不仅建立在对教义传统详尽的历史考察基础之上，而且本身包含着对历史问题的重大关切和深刻思考。② 1961 年，所谓"潘能伯格圈子"③ 出版了一部总结他们长期讨论成果的著作：《作为历史的启示》（*Offenbarung als Geschichte/Revelation as History*）。作为"潘能伯格圈子"集体讨论结出的果实，"《作为历史的启示》无疑代表了以潘能伯格为首的几位神学家及其早年思想的基本成就。而这一成就对于思想家本身以至于整个神学思想界来说都不容忽视，因为它极具代表性地刻画出了这一时代神学思想发展的重要方向，尤其作为一位现代卓越神学家潘能伯格神学思想的基本进路"④。

---

　　① 葛伦斯、奥尔森：《二十世纪神学评介》，第 257 页。

　　② 请参见拙作《启示与历史——潘能伯格早期历史神学概观》，载张庆熊、徐以骅主编《基督教学术》（第十六辑），上海三联书店 2016 年版，第 366—367 页。

　　③ "潘能伯格圈子"（Pannenberg Circle），最初称为"海德堡圈子"（Heidelberg Circle），是潘能伯格就读海德堡大学时，与当时不同科系的年轻研究生自发组织起来的一个讨论团体，他们在讨论中把对历史的关注注入对《圣经》和神学基本问题的研究当中，结合历史的视野与思维来展开自己神学的研究，在 1961 年他们出版了长期讨论的集体成果：《作为历史的启示》，引起了当时神学界的一时轰动。其成员包括了当时专治《旧约》的罗尔夫·伦托尔夫（Rolf Rendtorff, 1925 – 2014）和主攻神学与历史命题的特鲁茨·伦托尔夫（Trutz Rendtorff, 1931 – 2016）以及《新约》研究专家乌尔里希·维尔肯斯（Ulrich Wilckens, 1928 – 2021）等人，但由于这个组织最初由潘能伯格牵头，故后人亦称其为"潘能伯格圈子"。参见［德］潘能伯格《潘能伯格早期著作选集》，"选编者导言"，第 xix 页。

　　④ 参见拙作《启示与历史——潘能伯格早期历史神学概观》，第 366—367 页。

对于潘能伯格来说，他所要面对并处理的正是特洛尔奇留给这个时代最为困惑的遗产。面对这一问题和遗产，20世纪神学巨擘——巴特和布尔特曼虽然均做出过回应。但是，他们的回应并不能令这位雄心勃勃的思想家感到满意。他想要另寻出路，为这一问题的解决提供一套新的神学方案。可以说，正是论集《作为历史的启示》中所传达的思想为潘能伯格神学的新方案提供了最初的思路。该论集由潘能伯格编辑出版，其中部分思想虽非潘能伯格创见，但均被其吸收借鉴，成为其神学新方案中的重要一环，这些均在其后期思想中有所体现。然而，究竟《作为历史的启示》有哪些新方案的主要构成元素，成为解决特洛尔奇所遗留的问题的关键，正是本章着力探讨的焦点。不过，在讨论潘能伯格启示论之前，必须首先对传统基督教关于上帝真理及其认识的途径有一个初步了解，在此之后，从这一基本了解出发我们再进至对潘能伯格启示论的探讨。

第一节　上帝的真理及认识：两种路径

在潘能伯格看来，神学是关于上帝真理的言说，其主体是上帝所传达的启示，但与此同时亦包含了人对上帝启示的认识和回应。在这一基本认识中，潘能伯格指出，上帝关于自身信息的宣讲才是基督教神学真正的主题，而后者最多是"附加主题"。上帝的信息才是神学认识和信仰宣讲所要处理的真正核心。这一点几乎可以在所有神学家之间达成共识，因为所有基督教神学家都不会否认，神学真理首先是上帝对自身真理（Logos）的启示。所以，在潘能伯格看来，神学首先不应当被理解为"属人的活动的产品，而是表示属神逻各斯所特有的、由它吐露的关于上帝的消息"①。这种消息要转化为人们能够接受的知识，只有通过上帝自身的启示。除此之外，别无他径。对此，潘能伯格说道："毋宁说，上帝知识因上帝自身、从而因启示而可能，这一点已经属于神学概念自身的基本条件。用其他方式根本不可能融贯地设想上帝知识的可能性，也就是说，不可能不与上帝思想本身发生矛盾。"②

---

① ［德］潘能伯格：《系统神学》（卷一），李秋零译，香港：道风书社2013年版，第6页。
② ［德］潘能伯格：《系统神学》（卷一），第6—7页。

因此，以潘能伯格之见，神学概念本身包含着两种不可或缺的因素：一种是上帝自身的启示；另一种是人对属神启示的认识和回应。后者对前者有着根本的依赖，唯有前者才能够为神学所有主题和对象提供统一性根据；但是，"实际上，基督教教义也包括关于人和创造的世界，关于耶稣基督、教会和圣礼等的诸多说法"①。所以，神学和信仰本身即包含了人对上帝真理的认识以及对这种真理做出回应的前设。不过，潘能伯格认为，如果这种关于上帝的言说只是"从人出发，从属人的需求和旨趣出发，并且作为关于一种属神现实的属人表象之表述而确立，它就不是神学，而仅仅是人的想象力的产物"②。这一点在巴特那里也有共识。巴特神学的出发点即对现代神学人化基督教教义的批判，他指责现代人把宗教纯粹视为人的需求，从而使关于上帝之道（The Word of God）的纯正信仰变得不再可能。于是，他呼吁回到信仰最为纯粹的中心，即对上帝之道的信仰和宣讲，从而掀起了20世纪神学领域最具影响力的一场革命。③

呼吁基督教神学及信仰重新回到上帝这一中心是这场革命的核心诉求，但这也恰恰从侧面说明这一时代基督教神学所患之病症：从人而不是从上帝本身出发探讨上帝的真理。这一点亦为潘能伯格所诟病，所以他强调神学的真理必须从根本上依赖于上帝之自我揭露和启示。上帝是创造天地的主，对祂的认识必须由祂自身的启示才得以可能。潘能伯格认为，如果神学所有的主题紧紧围绕于此，就不会产生任何疑难。但是，神学本身包含了人对上帝的认识和回应，包含了人自身对上帝的理解。在潘能伯格看来，正是这种主观性构成了滋生一切矛盾的根源。潘能伯格指出，虽然传统基督教还能就上帝的理解根据《圣经》启示和教会权威达成一致和共识，但共识毕竟不是真理的充足标准④，更何况这些所谓的共识在近代之后还不断受到质疑。因此，对《圣经》的诠释无论如何不能放诸诠释者的任性，而要以事实的真理为尺度，因为"没有任何诠释者是从自身从发来裁决事实的真理性的，相反，事

---

① ［德］潘能伯格：《系统神学》（卷一），第10页。
② ［德］潘能伯格：《系统神学》（卷一），第13页。
③ 张旭：《卡尔·巴特神学研究》，第6页。
④ ［德］潘能伯格：《系统神学》（卷一），第20页。

实将在讨论的过程中对诠释者的诠释作出裁决"①。

然而，何为事实的真理，其根据何在，又是摆在诠释者面前的新问题。毫无疑问，基督教会认可《圣经》作为一切真理的标准。但是，这并不意味着对《圣经》的解释就不存在歧异。更何况，《圣经》的解释本身就是一个开放的和未完成的过程，只要对它的解释还在进行，"其事实的轮廓就还不是最终确定的。对它的认识就总还处在变动中"②。在这种意义上，任何对上帝的认识都是一个"终末论概念"，"唯有上帝在历史终结时的终极启示，才造成关于他在拿撒勒人耶稣身上的行动之内容和真理性的终极认识"③。当然，即便如此，从历史的视角来看，基督教神学对上帝真理的探索就从未停止过。总结起来，这种探索基本上有两种相互对应的选择路径：自然神学和启示神学。

一　自然神学

历史以来，基督教神学及信仰就存在普遍启示和特殊启示两种关于上帝认识的路径。与此相应，亦存在着自然神学和启示神学两种神学认识的区分。所谓普遍启示，就是上帝通过自然界、人类历史和人的内心体验所作的自我揭示；所谓特殊启示，意思是上帝通过特定的方式，在特定的时间向特定的人所做的自我彰显。④ 之所以称上帝在自然中的启示为普遍启示，是因为相较于特殊启示而言，一方面它的内容具有普遍性；另一方面它可以为人们普遍获得和理解。对此，使徒保罗在《罗马书》中早有断言："自从造天地以来，上帝的永能和神性是明明可知的，虽然眼不能见，但借着所造之物就可以晓得，叫人无可推诿。"（罗 1∶20）另外，《圣经》其他部分亦有类似的宣称和表述，譬如，诗篇十九章 1—2 节就说："诸天述说上帝的荣耀，穹苍传扬他的手段。这日到那日发出言语，这夜到那夜传出知识。"由此可见，世间所有造物都是上帝大能的体现，而世界之完美秩序更是上帝荣耀的彰显。在神学上，把由此所形成的这种关于上帝的自然知识或认识，广义

---

① ［德］潘能伯格：《系统神学》（卷一），第 23 页。
② ［德］潘能伯格：《系统神学》（卷一），第 24 页。
③ ［德］潘能伯格：《系统神学》（卷一），第 24 页。
④ ［美］米拉德·J. 艾利克森：《基督教神学导论》（第二版），L. 阿诺德·休斯塔德编，陈知纲译，上海人民出版社 2012 年版，第 42 页。

上称之为"自然神学"。

　　但是，潘能伯格指出，必须在"对上帝的自然知识"和"自然神学"之间做出区分，"后者虽然可能以某种方式与前一种的知识相联系，但却不能与它视为一体"①。"在这件事上缺乏清晰的区分，是要为近代对'自然神学'这个主题的讨论中不可救药的混乱共同负责的。"② 潘能伯格认为，老派新教教义学的用语提供了近代对"自然神学"这一词乱用的诱因，"它把作为造物的人固有的对上帝的知识（cognitio insita）和作为获得的对上帝的知识（cognitio acquisita）之最重要实例的哲理上帝认识，综合在 theologia naturalis（自然神学）这个概念之下"③，从而抹杀了"自然神学"这一概念本身的历史真实状况。从历史上来看，"自然神学"这一概念最初产生于斯多亚学派，之后很长一段时间用来指一种关于"属神事物本身的本性、本质"的言说，阐明的是上帝自身的特性和真理，其中并没有关于上帝实存性的诸多证明，因为在那个时候"属神起源的此在是被预设为无争议的"。④ 早期基督教批判性地吸收了从整个创造和宇宙出发对上帝本性和真理说明的思想和方法⑤，但是，这种从哲理视角出发所做的探索和说明毕竟不同于基督教所强调的上帝在《圣经》和耶稣基督之中的自我揭露和启示，两种说明必然产生冲突，即要么后者接受前者表述的标准，要么后者指责前者未能恰当并详尽地陈明《圣经》所启示的独一上帝创造者的功能。⑥

　　尽管两种说明在探索上帝真理的层面上有所共识，但是在基督教教父学中却罕有明确关于"自然神学"概念的讨论，只是在德尔图良（Tertullian，约 160－225）和优西比乌那里偶有提及。奥古斯丁虽然接受了柏拉图主义的思想，但他本身认为，基督教的上帝教义与哲学家们"自然神学"所建构的

---

　　① ［德］潘能伯格：《系统神学》（卷一），第 100 页。
　　② ［德］潘能伯格：《系统神学》（卷一），第 100 页。
　　③ ［德］潘能伯格：《系统神学》（卷一），第 100 页。
　　④ ［德］潘能伯格：《系统神学》（卷一），第 101—103 页。
　　⑤ 早期"自然神学"对属神事物本性的探讨与基督教信仰对独一真神的宣称两者之间的相会最先体现在使徒保罗那里，他认为自己所见证和宣讲的是唯一真实的上帝，这就包含了与自然神学对属神本性探索同样的意义，两者都在试图说明属神事物的"本来面目"，不过启示的真理毕竟不同于哲理的认知，产生歧见和冲突是必然的。参见 ［德］潘能伯格《系统神学》（卷一），第 105 页。
　　⑥ ［德］潘能伯格：《系统神学》（卷一），第 105—106 页。

上帝认识有原则上的不同，因为只有前者是真正"自然的"，亦即真正符合上帝自身的，而这一真理只有在《圣经》之中才得到最为清晰的表达。① 进入中世纪后，情况变得不同。托马斯·阿奎那（Thomas Aquinas，约 1225 - 1274）以亚里士多德哲学为其神学地基，接受了关于上帝之自然真理。他清晰地区分了两种真理：由理性而来的真理和由启示的光照而来的真理。不过即使如此，两种真理本身并未彻底分离，只是在后来的托马斯主义、巴洛克经院神学和新经院神学那里才完全形成自然神学和超自然神学的两层图式。② 自此之后，自然神学作为启示神学的相反概念重新出现。而与此同时，"自然神学"亦具有了新的意涵：所谓"'自然的'如今不再意味着'符合上帝的自然的'，而毋宁说是'符合人的自然的'"③。

在此意义的转换下，近代关于上帝真理的认知达成了新的认识，具有了新的标准：人的理智。在这一时期，人们甚至开始相信，无须事先对基督教信仰委身，也无须依靠任何权威，譬如《圣经》和教会，就可以单独依靠理性获得关于上帝的真理。④ 于是，一时间各种关于上帝存在的理性证明成为自然神论的主要兴趣。当然，这种通过经验和理性反思来论证上帝实存及其意义的做法在托马斯·阿奎那那里就已经兴起⑤，之后在近代更是蔚然成风，譬如在笛卡尔、莱布尼茨和沃尔夫（Christian Wolff，1679 - 1754）那里都盛行着一种关于上帝存在的宇宙论证明，他们从世间的偶然存在和经验出发，"推论到其此在的一个为了此在不需要别的任何东西、而是通过自己本身存在、以致此在必然属于其本质概念的原因"⑥。他们认为，这一推论的结果必然导向一个"必然

① ［德］潘能伯格：《系统神学》（卷一），第 107 页。
② ［德］潘能伯格：《系统神学》（卷一），第 108 页。
③ ［德］潘能伯格：《系统神学》（卷一），第 108 页。
④ ［美］米拉德·J. 艾利克森：《基督教神学导论》（第二版），第 45 页。
⑤ 托马斯·阿奎那从经验事实的观察出发，利用因果性原理，通过无限的上溯，最终推论出一个上帝。他率先从五个不同视角开发出关于上帝存在的五路证明。当然，在这里，阿奎那并未明确使用"自然神学"这一表述，后者在近代才变得十分盛行。具体请参见圣多玛斯·阿奎那：《神学大全》（第一册），高旭东、陈家华译，高雄：中华道明会、台南：碧岳书社联合出版 2008 年版，第 22—31 页；傅乐安：《托马斯·阿奎那五种证明剖析》，《哲学研究》1982 年第 4 期。
⑥ ［德］潘能伯格：《系统神学》（卷一），第 111 页。

实存的存在者"（ens nescssarium），在近代，后者通常被称为"上帝"。①

　　在康德之前，宇宙论的证明普遍地盛行于这一时代的哲理神学当中。直到康德在《纯粹理性批判》中宣布超过感官世界再运用因果推论就是非法的，并对传统宇宙论证明和自然神学证明进行了严厉的批判之后，这一证明才不再流行。② 康德指出，纯粹理性的界限在于感官的现象界之内，永远不能达至"物自体"（Dinge an sich）本身，超出感官世界运用因果性原理必然导致二律背反和先验幻相。这样一来，就使得传统哲理神学关于上帝存在的经验证明彻底失去了说服力，因为在康德看来，传统的经验证明均事先假定了因果关系的连续性，并且设定了这一因果序列不能无限倒退，而这一点在自己的批判下显然已不再可能。而且康德指出，所有关于上帝实存的经验证明，不管是宇宙论证明还是自然神学的目的论证明，最后都得回归到安瑟伦（Anselm of Canterbury，约 1033－1109）所开创的本体论证明当中去。但是，康德认为，这并不意味着本体论证明就没有问题，他指出安瑟伦式的本体论证明本身亦有难以克服的局限，因为该证明从根本上混淆了"逻辑的必然性"和"现实的必然性"两者之间的区分，误把通过理性反思和推论得出的可能的现实等同于实际存在的现实。对此，康德还曾戏称，理念中的一百塔勒永远不可能等同于现实中的一百塔勒。③ 于是，他得出结论，本体论的证明从根本上来说亦不可能。

　　但是，人们在指出康德使得传统关于上帝证明之不可能的同时，往往容易忽视他在上帝证明这一层面的建构性。潘能伯格正确地指出，在《纯粹理性批判》中，康德虽然"解构了一个最高的存在者的此在的'思辨理性证明根据'"，却同时断言了一个"最高的存在者之理性理想的必然性"。④ 因此，康德所要努力说明的是，上帝虽然不是理论理性思考的对象，却是实践理性不可缺少的"公设"，祂可以作为一种实践理性的理想，发挥范导性的功用。

────────────

　　① 虽然这一证明的出发点和落脚点都指向一位不依赖他者，而仅因自身实存和运动的"必然存在者"，但是，他们所称之为"必然实存的存在者"和传统基督教所信仰的《圣经》的上帝有很大不同。前者在很大程度上把上帝的纯然存在看成理论推论所得出的结果，看成是理性所要证明的对象，而非信仰本身所指向的实存。

　　② 有关康德对宇宙论证明和自然神学证明的批判，请参见［德］康德《纯粹理性批判》，邓晓芒译，杨祖陶校，人民出版社 2004 年版，第 471—497 页。

　　③ ［德］康德：《纯粹理性批判》，第 476—477 页。

　　④ ［德］潘能伯格：《系统神学》（卷一），第 120 页。

这样一来，康德虽然批判了传统关于上帝的种种证明，却提供了一种完全不同的"道德证明"，为上帝在实践领域找到一个新的立足之地，而这正是他整个《实践理性批判》和《纯然理性限度内的宗教》所要从事的论证和说明工作。① 潘能伯格认为，康德凭借此举亦"完成了在笛卡尔那里开始的上帝思想的宇宙论论证到人类学论证的转变"②。黑格尔虽然对康德的本体论证明批判感到不满，并再次把上帝的证明视为绝对精神自我展开的进程，但也未能使上帝的证明重新回到这一结果之前。人类学论证的转变，已形成定局。

而所谓人类学的论证，顾名思义，是指从人类普遍的经验和理性出发对上帝实存所做的论证。人类学转向，这是整个近代自笛卡尔以来人类思想发展的基本方向。神学观念亦不例外。无论是笛卡尔、沃尔夫、康德、还是施莱尔马赫、基尔克果等，他们所做的尝试本质上都是从人这一方面出发的。但是，潘能伯格认为："这些人类学论证没有一个能够在严格的意义上证明上帝的此在。在大多数场合，也未提出这样一种要求，而只是断言人与一种超越人和世界的、此外无法探究的现实的关联，以致在人的自我经验的现实性上给宗教传承的上帝名称保证了支撑点。除此之外，由于上帝的此在必须不仅与人，而且首先与世界现实相关来证明，那么这些论证所论及的就不可能是对上帝此在的一种真正证明了。"③ 因此，真正的上帝认识只有通过属神现实的自我启示才有可能。

由此可见，足以说明像切伯里的赫伯特勋爵（Herbert von Cherbury，1583－1648）所断言的，通过一种完全的自然认识而产生的崇敬对人的救赎就已经足够，这一点完全是不充分的。这种产生自道德和理性的宗教完全把

---

① 在《实践理性批判》中，康德所要着力说明的问题是，道德法则和律令本身的绝对与自足性，而在《纯然理性限度内的宗教》中，康德则致力于一种"上帝"观念的必然性论证。然而，无论在哪里，康德始终认为，道德本身是自足的，它无须一个上帝来为道德立据，上帝不过是代表一种道德上至善的理想，发挥着范导性的功用。所以，在康德那里，宗教与道德的关系始终是，从道德到宗教，而非相反。赵林把康德这一转变巧妙地称为神学领域的"哥白尼革命"。参见赵林《神学领域中的"哥白尼革命"——从〈单纯理性限度内的宗教〉解析康德的道德神学》，《求是学刊》2014 年第 5 期，第 26—33 页。

② ［德］潘能伯格：《系统神学》（卷一），第 121 页。

③ ［德］潘能伯格：《系统神学》（卷一），第 125 页。

信仰的本质头足倒置了，在此种情况下，是人的道德情感和理性需要，而非上帝本身占据信仰的中心。人们所信仰的上帝不是成了道德的理想①，就是成了理性抽象的产物。施莱尔马赫想要改变这种现状，企图在这两种神学方案之外另辟蹊径，于是在《论宗教——对蔑视宗教的有教养者讲话》（*Über die Religion：Reden an die Gebildeten ihren Verächtern*，1799）一书中，他对近代理性神学和道德神学把信仰的基础建立在理性和道德基础之上的神学方案展开了猛烈批判，并转而把宗教的基础建立在敬虔的情感（Gefühl）基础之上，认定上帝为人类绝对依赖的对象，从而确立了一种新的神学方向。② 但是，必须指出，他对人的情感的过分强调，使得上帝完全沦为人类情感需要和依靠的对象。这种做法本身亦是另一种形式的人类学颠倒，后来亦遭到巴特神学的抗议。巴特认为，所有形式的那种"人天生所来自的神学"均不过是一种人的自我理解和自我称义的表达，从而在根本上与上帝之道的启示神学相对立。③ 于是，他毅然决然地与自由主义神学所代表的"人的宗教"决裂，重返《圣经》的陌生世界，与图尼森（Eduard Thurneysen，1888–1974）一起重新阅读《圣经》，结果发现，"这里既没有信仰的经验，也没有宗教的道德性，既没有教义，也没有宗教虔敬，这里只有全然他者的上帝"。④ 因此，巴特开始重申《圣经》里所启示的上帝之道，认为上帝的认识只有通过上帝自身，即祂的启示和恩典才有可能，除此之外，别无他途。

二　启示神学

通过宗教批判，巴特重新确定了基督教信仰的中心：《圣经》所启示的上帝之道，从而把神学和信仰的焦点与重心重新放置到上帝身上。而这意味着，关于上帝的知识唯有通过上帝自身的启示才可能获得。任何关于上帝的知识

---

　　① 这点尤其体现在康德那里，不过在康德之后，自由主义神学吸收了他的道德神学，把耶稣基督看作一个完美的道德形象而崇敬，彻底陷入了道德神论的泥潭。这一举措后来遭到巴特上帝之道神学的猛烈批判。

　　② 具体请参见［德］施莱尔马赫：《论宗教——对蔑视宗教的有教养者的讲话》，邓安庆译，人民出版社 2011 年版。相关评述请参见葛伦斯、奥尔森《二十世纪神学评介》，第 36—50 页。

　　③ ［德］潘能伯格：《系统神学》（卷一），第 135 页。

　　④ 张旭：《卡尔·巴特神学研究》，第 96—97 页。

都首先是上帝向人类的自我通传。这一点在基督教神学史上并无疑问，产生差异和争论的地方在于上帝自我启示的内容、采用的方式和媒介。[1]

传统基督教认为，《圣经》是上帝启示的话语，是上帝在历史之中自我彰显的真实记录。其本身包含《旧约》和《新约》两个部分，两者之间有所分别，亦有不可断绝的联系。从分别上来讲，《旧约》所启示的上帝是一个地方性的民族神，具有浓厚的属人特征（后悔、复仇、嫉妒等），祂与一个特定的民族并且仅仅与这个民族有盟约，祂应许给他们土地、子孙后代、王国，并作为"战神"与他们一起，为了他们的利益争战。逐渐地，在《旧约》中，这个民族神的形象才慢慢变得精神化，使得原初的民族神添加了更多的普世特征。与此相对照，《新约》的上帝，则是万有的创造者，所有民族的神，所有人的父，祂虽庄严而神圣，却情愿把救赎的恩典赐给犯过错的众人。[2] 从联系上来讲，通常意义下，《旧约》被认为是《新约》普世拯救的预告和准备，而《新约》宣告的普世拯救则是《旧约》预告和准备的实现。《新约》以《旧约》为预设，福音以律法为准备。《新约》所揭示和宣讲的上帝正是以色列人信仰的上帝，他们是同一位，即亚伯拉罕、雅各和以撒的上帝。只不过，《旧约》的上帝借着律法和应许来启示自己，而《新约》的上帝借着福音和在耶稣基督里的历史救赎终极地启示自己。两者虽有差异，但均是同一个上帝在不同历史处境下以不同的方式向人们做出的宣示。

但是，并不是所有的神学家都对此种联系表示认同，譬如布尔特曼就曾公然否认《旧约》启示与《新约》启示之间的历史联系。在他看来，《旧约》的律法作为上帝之意志表达虽然提供了一种人类对自身生存理解的模式[3]，且这种模式构成了对福音的先行理解，但是，"体现在《旧约》中的律法，不需要是具体的《旧约》。对福音的先行理解（Vorverständnis），虽然是在《旧约》中形成的，但也能够同样好地在属神律法的其他历史体现形式中形成，

---

[1] Wolfhart Pannenberg ed. , *Revelation as History*, p. 4.

[2] 奥特、奥托编：《信仰的回答——系统神学五十题》，李秋零译，香港：道风书社2005年版，第33页。

[3] 这种模式即通过律法的要求使人获得关于自身受限制的理解，以此认识到自己在面对无限的上帝时的有限和不足，从而永恒地放弃自义的妄想，把自身置于"你应该"的道德要求和律法辖制下，乞求并等待来自外面的恩典。

到处皆可，只要人们知道自己为具体的或普遍的道德要求所约束和限制，而这些要求正是在他们的彼此共存中产生的，因而必须为他们的良知所承认"①。因此，对于布尔特曼而言，《旧约》虽然是《新约》的预设，律法虽然充当着福音的准备，但是这种预设和准备却不必然从《旧约》当中获得，任何可以获得关于自身之有限并把自身置于道德和律法要求之下的理解都可以充当福音的准备，《旧约》所体现的只是诸多形式中的一种。不过，就《旧约》之律法启示把人置于"你应该"（Du sollst）的道德要求之下，从而深刻地贯穿和体现了人的软弱性而言，这一点正好成为《新约》福音的前设。它肯定了人的罪性、有限性，也就同时肯定了恩典救赎的必要。在这种意义上，启示文学所宣扬的弥赛亚盼望，正是基督救赎的恩典和福音的预告。只不过，历史证明，以色列人在等待弥赛亚救赎的这条道路上失败了，因为他们没有认出真正的弥赛亚：耶稣基督。于是，从《旧约》律法主义的失败这一层意义上来讲，《新约》所宣讲的基督福音是对《旧约》律法启示的扬弃。律法是福音的准备，但福音却是律法的终结。由此可见，之于布尔特曼而言，《旧约》与《新约》的联系只在关涉人自身之生存理解这一意义上体现，但不在一种历史关联的意义当中体现。②

潘能伯格对布尔特曼这种割裂两者之间历史联系的做法进行了尖锐的批判。在他看来，布尔特曼只强调《旧约》和《新约》对于人的生存理解联系的做法，再也找不到《旧约》与《新约》之间的历史联系，而这与他"不是从为以色列奠定历史及其结构的预告出发、因而没有把以色列历史的种种事件在其意义上理解为转换、理解为对恰恰在转变中连续的预告之内容的神圣'诠释'有关"③。对此，潘能伯格进一步批评道，布尔特曼的这种诠释，一方面使《旧约》与《新约》作为普遍历史之间的联系被割裂；另一方面使《旧约》所体现的以色列的应许历史和《新约》所体现的耶稣基督的救赎历史均失去了其意义。④ 不同于布尔特曼，潘能伯格极力强调《旧约》律法启示与《新约》福音启示之间的历史关联。在他看来，应许与实现的张力构成

---

① ［德］布尔特曼：《信仰与理解》（卷一），卢冠霖译，香港：道风书社2010年版，第390页。
② ［德］布尔特曼：《信仰与理解》（卷一），第388页。
③ 奥特、奥托编：《信仰的回答——系统神学五十题》，第36页。
④ 奥特、奥托编：《信仰的回答——系统神学五十题》，第36页。

整个历史。① 在这种意义上，《旧约》的启示正是建立在一种应许和预告之上，而《新约》的基督启示则正好是这种应许和预告的实现。两者的联合构成一部完整的普世历史。因此，以潘能伯格之见，任何割裂两者的做法都必然使二者失去其完整的意义。《旧约》的启示只有作为《新约》的预告和准备才能够被理解，而《新约》所呈现的耶稣基督的救赎也只有作为《旧约》应许的实现来看才最终可能。②

由此，潘能伯格通过一种"应许—实现"的张力结构把整个《圣经》所启示的历史统一成一个整体。在这一整体的历史当中，关于上帝的真理才得到整全的呈现。探索这种真理，一方面可以依靠自然的知识③，但更多地需要上帝在历史当中的特殊启示。前者是"自然神学"探究的主题，后者是"启示神学"寻索的对象。传统基督教认为，上帝的奥秘对于人来说是不可知的，因此，只有通过信仰才能对上帝的启示做出回应。对于他们来说，上帝的真理就像一道光，自上而下地灌入人的心灵当中。最早持此观点的神学家是殉教士查士丁（Justin Martyr，约 100 – 165），在他看来，上帝的真理就像"种子"一样遍播人间，所以，即使是非基督徒也能在某种程度上认识上帝的真理。但是，他又认为，通过这种方式获得的真理是不完全的，因为虽然异教哲学中带有神启示的"种子"，但只是"道"之模糊表达，而只有在耶稣基督身上，"道"才成了肉身，并作为一种光照，使人的心明亮起来，能够认识到上帝的真理在耶稣身上的完全显现。④ 查士丁之后，希坡的奥古斯丁亦提出一种类似的理论，他认为，耶稣基督即是那神圣的光，去除昏暗和迷茫，指引着人们认识上帝的真理。对此，在《忏悔录》中他说道："你指示我反求诸己，我在你引导下进入我的心灵，我所以能如此，是由于'你已成为我的助力'。我进入心灵后，我用我灵魂的眼睛——虽则还是很模糊的——瞻望着在我灵魂的眼睛之上的、在我思想之上的永定之光。

---

① ［德］潘能伯格：《救赎事件与历史》，载《潘能伯格早期著作选集》，第5—8页。
② 奥特、奥托编：《信仰的回答——系统神学五十题》，第38页。
③ 这里的"自然的知识"泛指一切不依赖于信仰或特殊启示，而仅凭理性或经验就能够获得的上帝知识，通常情况下，这些真理借由"普遍的启示"而获得。
④ 吴兵：《"道成肉身"与"复归元首"——爱任纽神学思想中的基督论与赎罪观》，《金陵神学杂志》2003 年第 2 期。

这光，不是肉眼可见的、普遍的光，也不是同一类型而比较强烈的、发射更清晰的光芒普照四方的光。不，这光并不是如此的，完全是另一种光明。这光在我的思想上，也不似油浮于水，天覆于地；这光在我之上，因为它创造了我，我在其下，因为我是它创造的。谁认识真理，即认识这光；谁认识这光，也就认识永恒。"① 上帝即是那光，即是那真理。作为受造物，想要认识这真理，就必须借助这光照亮人的理智和灵魂，除此之外，单凭人的理智不能获得关于上帝的终极真理。

不同于奥古斯丁，托马斯·阿奎那采取了亚里士多德主义的哲学路线，并在此基础之上建构自己的神学。在他看来，获得上帝的真理有两种途径：一种是自下而上地通过经验观察和理性推理来获得上帝知识；另一种是自上而下地通过神圣的启示来获得上帝知识。两种知识均来源于上帝，且并行不悖。不过，在他看来，有些知识，譬如基督的复活和三位一体的教义等，超出了人类理智理解的范围，单凭人的理性无法获得，必须依靠上帝的启示和恩典才能企及。因此，对于阿奎那来说，理性与启示之间的关系是：理智虽然能够获得关于上帝的知识，并对其存在加以证明，但部分的真理凭借理性依然无法获得，理性必须要以启示为指导，以避免僭越和错谬。②

阿奎那之后，教改家们，比如路德、加尔文（John Calvin, 1509 - 1564）和茨温利（Huldrych Zwingli, 1484 - 1531）等人，虽然承认通过人的理智可以获得某种关于上帝的知识，但在他们看来，这些知识仍然是有限的。因为人犯了"原罪"，从而使心智受到遮蔽，不能够认识上帝拯救的真理。要想认识上帝的真理，唯有通过祂在《圣经》和耶稣基督里的启示。于是，整个宗教改革坚持"唯独圣经"（Sola Scriptura）、"唯独恩典"（Sola Gratia）、"唯独信心"（Sola Fide）、"唯独基督"（Solus Christus）和"唯独把荣耀归给上帝"（Soli Deo Gloria）的"五个唯独"原则，并以此来反对罗马天主教的错误教导。不过，宗教改革在坚持这一口号来抵制罗马天主教的同时，自己却最终走到了自己的敌对面，因为它强调人人具有读解《圣经》的权利，使得《圣经》解释缺乏权威和标准，最终走入随意和混乱。

---

① ［古罗马］奥古斯丁：《忏悔录》，周士良译，商务印书馆 2015 年版，第 133—134 页。
② 圣多玛斯·阿奎那：《神学大全》（第一册），第 2—4 页。

启蒙运动之后，随着人类理智愈加成熟，这一问题变得更为突出。人们不仅依照自己的理智独立地解释《圣经》，而且凭靠自己的理性展开对《圣经》的批判。一时间，传统基督教的启示观念受到近代理性精神的巨大挑战。那些原本被视为绝无谬误的《圣经》文本，如今受到理智广泛的质疑。理性成为审判一切的法庭，就连上帝启示的真理也不例外，同样要受其评断。这一点在前面分析现代神学所面临的处境时已有所论及，此处不再赘言。我们只需明白，在近代，完全是理性的"自然神学"占据了上风，"启示神学"不得不退居幕后，寻求自保。

要追溯这一状况的改变，首先得诉之于人类对自身理智界限的发现，因为只有人类发现自己理智的有限性，才能把绝对的领域归还给上帝。因此，这提醒我们不得不再次回到康德，重新思考他关于理性界限的警示①；不得不回到施莱尔马赫，再思他对近代理性和道德神学的反叛；不得不回到卡尔·巴特，重新审视他那振聋发聩的提醒，因为正是他的努力，使得基督教神学重新回归正途、回归上帝的启示。在他看来，关于上帝的真理必须建基于上帝在《圣经》和耶稣基督里的自我启示，离开了这一基础，人类就不可能获得关于上帝的知识。不过，关于上帝自我启示的途径和方式，巴特始终坚持"上帝之道"这一唯一通路，因而受到诸多批评和质疑。潘能伯格正是这批评和质疑的参与者之一。

第二节　启示与历史

对于 19 世纪末到 20 世纪的神学来说，必须把实现"自然神学"向"启示神学"转向的功绩归于巴特，因为正是他使得整个基督教神学重新回到正确的方向：对上帝之道的信仰。在这一意义上来讲，也正是巴特发动了 20 世纪神学领域内最为重要的一场革命。当代天主教神学家汉斯·昆（Hans Küng, 1928 - ）在提到这一革命时说，正是巴特实现了"从主体体验和虔敬

---

① 不过，回到康德也并不能找到我们要寻找的终极答案，因为康德虽然为人类理智划定了界限，但他所谓的界限只限定在理论理性的范围内，超出这一领域，即在实践理性的领域，上帝的存在依然是理性的一个公设，一个至善形象的代表，一个实践理性的理想。这种做法并没有使基督教神学回到正统"启示神学"的方向。

感到《圣经》；从历史到上帝的启示；从宗教谈论上帝概念到上帝之道的宣道；从宗教和宗教性到基督的信仰；从人的宗教需求到全然相异的上帝和只在耶稣基督身上启示自身的上帝"①的转变。汉斯·昆的评价指明，巴特努力的方向在于对一切人类中心主义的神学展开批判。在巴特看来，整个近代基督教神学因为过分迎合世俗世界而走上了歧路，从而面临着巨大的危险。所以他认为，如果基督教要想继续发展下去而不陷入人类中心主义的泥潭，就必须重新回到上帝之道，回到《圣经》和耶稣基督，并在此基础上重新建构基督教神学的根基。

作为20世纪神学界的巨人、"20世纪基督教教父"，巴特的呼吁无疑是振聋发聩的。他提醒人们提防一切从人自身出发建构宗教和信仰的错误企图，要求把信仰的根据重新立于上帝的启示之上。作为巴特的学生②，潘能伯格坚持同样的观点。他认为，关于上帝的真理的认识必须建立在上帝自我启示的基础之上，因为"人的上帝认识唯有在它起源自神性本身的条件下才能是真正的、符合属神现实的知识"③。除此之外，任何一种从人自身的力量出发，获取神性之本质的奥秘的做法，都是人的僭妄，都会错失上帝的神性。"上帝认识唯有作为由上帝自己启示的知识才是可能的。"④几乎可以说，这一点自巴特之后已无疑问。但是，这并不意味着启示神学内部就没有差异，恰恰相反，正是这一问题本身不断引起神学家之间无休止的争论。他们之间就启示的方式、媒介等问题各陈其词，相互指责，但始终离不开一个核心主题：启示与历史的关系。本节的目的即在于对比研究巴特和潘能伯格在启示观上的差异，梳理他们争论的核心和要点。

---

① ［德］汉斯·昆：《上帝存在吗？》，转引自张旭《卡尔·巴特神学研究》，第6页。
② 1949年，潘能伯格获得普世教会协会（World Council of Churches，WCC）颁发的一份奖学金，使得他能够去当时巴特任教的巴塞尔大学跟随后者学习。届时，潘能伯格曾作为巴特的学生参加过他的研讨班，但是后来，潘能伯格对巴特神学逐渐不满，于是就离开巴塞尔大学去了海德堡大学。参见［德］潘能伯格《神学自述：我的智性追求》，载莫尔特曼编《我是如何改变的》，卢冠霖译，香港：道风书社2007年版，第147—148页。亦可参见 Wolfhart Pannenberg, "Theological Autobiography: An Intellectual Pilgrimage", *Dialog: A Journal of Theology*, Vol. 45, Number 2, 2006, pp. 186 – 187。
③ ［德］潘能伯格：《系统神学》（卷一），第247页。
④ ［德］潘能伯格：《系统神学》（卷一），第247页。

一 巴特：启示作为上帝之道

探索巴特的启示观，就不能忽视他与自由主义神学之间水乳交融的关联。巴特早年曾混迹于自由主义神学圈，却对自由主义神学向世俗妥协的做法日渐不满。① 从理论渊源上来讲，巴特的启示观正是建基于对自由主义神学观念的批判。在他看来，所有形式的自由主义神学本质上都是从人类力量，而不是从上帝本身出发的，其结果只能使上帝沦为人类经验想象的产物、沦为人们道德需要的榜样。对此，巴特越来越不满，于是他在《〈罗马书〉释义》（*Der Römerbrief*）（第二版）的"再版序言"中，明确提出了"神与人之间存在着绝对质差异"的观点。② 在他看来，于人而言，上帝是那"全然的相异者"（wholly otherness）、"隐秘者"，要想获得关于祂的知识，只有通过上帝之自我启示这一条途径，除此之外，别无他途。同时他也主张，正因上帝是那"全然相异者"，所以我们不可能获得关于上帝的完全真理，后者对于我们来说，始终是隐秘的。启示和隐秘是一对相应的概念。启示自身的上帝同时隐秘自身。"在创世中、在亚当的原罪中、在以色列民族中、在道成肉身中，在耶稣基督的十字架受难与复活中，上帝不仅启示了自身，也隐秘了自身。"③ 因此，要想认识上帝，就必须放弃从人自身出发能够获得永恒真理的妄图，完全地仰赖上帝的自我启示本身，因为依巴特之见，上帝与人的关系是绝对不对称的，永远只有从上到下的路，而没有从下到上

---

① 在早年时期，巴特曾受教于哈纳克、龚克尔、赫尔曼等一批自由主义神学家，因而完全沉浸在自由主义神学所取得的成就当中，为他们摇旗呐喊，但是随着"一战"爆发，自己的老师纷纷表示支持战争政策，使得他对自由主义神学彻底失去了幻想。通过这件事情他发现，自由主义神学虽出口必讲道德，但面对战争时，却不能坚持正义，迅速地向战争的意识形态投降，暴露了这种强调宗教的道德性的神学在道德上的彻底失败。正是这件事情，使得巴特对以前所接受的自由主义神学观念彻底动摇了。在他看来，19世纪神学已不再有前途，必须另辟蹊径，重新寻找出路。结果在基尔克果那里，他发现了足以引起革命的火种，引发了20世纪神学界最为重要的一场革命。参见［美］詹姆斯·利文斯顿、弗兰西斯·费奥伦查等：《现代基督教思想》（下），第118—119页；亦可参见张旭《卡尔·巴特神学研究》，第95—96页。

② ［瑞士］巴特：《〈罗马书〉释义》，魏育青译，香港：道风书社2003年版，第17页。针对这一点，巴特毫不隐讳地承认自己受到了基尔克果"永恒与时间之间无限质的差别"这一观念的影响。有关后者，请参阅［丹麦］索伦·克尔凯郭尔《致死的疾病——为了使受益和得醒悟而做的基督教心理学解说》，张祥龙、王建军译，商务印书馆2012年版，第121、149、154—158页。"基尔克果"即"克尔凯郭尔"，为了行文一致，本书一律用"基尔克果"，不再说明。

③ 张旭：《卡尔·巴特神学研究》，第128页。

的天梯。

"上帝就是上帝，人就是人"，这是巴特辩证神学的宣言。而这意味着，神人两者之间有着绝对的距离，上帝不会为人的观念所束缚，祂是活生生的、自由的、永恒的恩典的主。祂与人完全相异，但又不纯粹与人无关。祂向人启示自己，人对祂的启示做出回应；祂向人赐下恩典，人们接受恩典并凭借信仰获得拯救。神与人之间存在着这种永恒的互动。但是，巴特认为，这一互动关系的出发点必须是上帝，否则就会破坏神与人之间这种固有的和谐关系。必须先有上帝，后有万物及人，因为是祂创造了万物，创造了人。祂向人启示自身，却又不依赖于人。祂是独立的、外在于人和事物的、与人全然的相异者。所以，巴特认为，自由主义神学及历史主义主张从自然、历史、人的经验或理性获得上帝真理的主张都是一种僭妄，都是人自义的表现。这样一来，巴特通过对近代以来自然神学的批判，确立了与近代人类中心主义神学相对立的"上帝中心论"神学。他强调上帝及其所启示的"道"（Word）在基督教神学和信仰中的中心地位，从而在上帝本身那里找到了基督教信仰的基础，找到了启示的本源。①

不过，之于巴特而言，确立上帝启示的主权只是他神学的第一步骤，明确上帝启示的方式才是其神学真正的核心。在他看来，谈论上帝即谈论上帝之道，也就是谈论上帝的启示自身，而这在巴特看来是根本不可能的，因为能够言说上帝的只有上帝自己。面对这一困境，人们必须认识到自身能力的有限性，保持谦卑，静下心来聆听上帝之道的声音，信仰并敬畏上帝。而这之于自由主义神学来说，只能使其更加困惑，因为自由主义神学已经习惯于在神人之间设立一种直接的联结，并由此直接认识上帝。但对于巴特来说，这正是他所极力反对的主张，在他看来，面对神人之间无限距离的事实，人们根本无法在自己有限的表述中把握有关永恒上帝的真理，我们唯一能做的

---

① 在谈到上帝的独特性和祂之于基督教信仰的中心地位时，巴特在《上帝之道与人之道》中说："《圣经》只有一个唯一的神学旨趣……即对上帝本身感兴趣。我把它称为《圣经》的彼岸性、《圣经》的非历史性、《圣经》对圣化观念的反感。上帝就是那种新的、不可比较的、不可达到的旨趣……祂不是所有别的事物当中的一个事物，祂乃是那全然相异者……《圣经》所谈论的就是祂。"参见 Karl Barth, *The Word of God and the Word of Man*, translated by Douglas Horton, New York: Harper & Brothers Publishers, 1957, pp. 73 - 74。

只是为上帝的自我启示之悖论性特征做见证。对此，他说道："我已经尽我所能让你明白，不论是我的肯定，还是我的否定，都无权自称就是上帝之真理，我的肯定或否定都不过是对于那真理的一个见证，那真理乃位于每一个是（Yes）与每一个否（No）之间。"① 因此，在巴特看来，从人的角度来看，上帝是那永恒的隐匿者，全然的相异者，上帝永远不可能直接地出现在人心或自然之中。从人到神，无路可通。唯一的通途，只能是从上帝到人，从恩典到顺服。②

故此，巴特认为，要想认识上帝，必须依赖于祂在耶稣基督里的启示，依赖于上帝之道的自我显明。不过，巴特坚持，即使在耶稣基督那里，启示仍然是一个悖论，因为在耶稣身上，上帝在启示自己的同时又隐藏自己。所以巴特主张，真正的上帝认识必须仰赖从上帝而来的恩典。因为只有通过恩典"才能造成神圣的转换评价，才能使上帝的存在与作为之相异性和奥秘，成为可以理解的东西"③。于是，随着辩证神学阵营的瓦解，巴特也从对上帝认识的辩证方法，转向了对上帝永恒恩典的强调。④ 通常而言，人们会倾向于接受巴尔塔萨（Hans Urs von Balthasar, 1905–1988）的观点，认定《安瑟伦：信仰寻求理解》一书为巴特从辩证方法向恩典的类比（analogy of grace）方法转折的标志。⑤ 但是，如果仔细考察巴特神学在这一时段的发展情况，就会发

---

① Karl Barth, *The Word of God and the Word of Man*, p. 209.

② ［美］詹姆斯·利文斯顿、弗兰西斯·费奥伦查等：《现代基督教思想》（下），第142页。

③ ［美］詹姆斯·利文斯顿、弗兰西斯·费奥伦查等：《现代基督教思想》（下），第144页。

④ 自巴特出版《〈罗马书〉释义》第二版，强调神人之间的绝对距离引起基督教神学界巨大轰动以来，围绕巴特迅速形成一个"辩证神学"的阵营，这一阵营吸引了包括布尔特曼、布伦纳（Emil Brunner, 1889–1966）、葛嘉滕（Friedrich Gogarten, 1887–1967）等当时一批最伟大的神学家加入，来共同抵制自由主义神学的错谬主张。但是，随着这一运动的深入，他们在启示与历史等一些关键问题上逐渐产生了分歧，以致他们之间原本松散的同盟关系宣告瓦解。1932年，随着《教会教义学》的出版，巴特也越来越意识到自己与其他人在神学立场上的真正分歧。于是，在1933年，他在《时代之间》（*Zwisch den Zeiten*）第十一期上登载《告别》一文，正式宣告与"辩证神学"的决裂，而这一举动也标志着辩证神学阵营的最终瓦解。参见张旭《卡尔·巴特神学研究》，第145—153页；亦可参见［美］詹姆斯·利文斯顿、弗兰西斯·费奥伦查等《现代基督教思想》（下），第148—151页。

⑤ 当然也有学者反对这种观点，比如布鲁斯·麦科马克就曾反对将《安瑟伦：信仰寻求理解》看作巴特神学从辩证方法转向类比方法的标志。在他看来，该著作从未提出任何新的神学内容或方法，所以根本不存在这种所谓"转向"。具体请参见 Bruce McCormack, *Karl Barth's Critically Realistic Dialectical Theology*, Oxford: Clarendon, 1995, pp. 14–19。曾劲恺：《黑格尔与现代西方本体论》，上海三联书店2021年版，第160—165页。

现，为实现这一转折，巴特实质上经历了近 10 余年的探索，其间经过了《哥廷根教义学》①和《明斯特教义学》（1927 年）的过渡，直到 1932 年《教会教义学》第一卷第一部分的出版，巴特才真正找到了重建 20 世纪神学基础的新样式，即重新返回教会对上帝之道的信仰和宣讲。

然而，何谓上帝之道？巴特在《教会教义学》中为我们提供了解释。他说，所谓上帝之道，即上帝对自身真理的启示。共有三种存在形式：教会宣讲的上帝之道（the Word of God preached）、《圣经》见证的上帝之道（the Word of God written）和在耶稣基督里启示的上帝之道（the Word of God revealed）。前者是被宣讲的上帝之道，是以人言形式传递的上帝话语；中间是被写下来的上帝之道，是以成文形式存在的上帝之道；最后是上帝亲自启示而成的上帝之道，是以人的肉身而体现的上帝的话语和行动。② 三者的关系是："仅仅是在忠于圣经时，教会宣讲才成为宣讲的上帝之道；仅仅是在信实地为耶稣基督启示之道做见证时，圣经才能被认为是成文的上帝之道。"③ 因此，严格来说，在三种形式的上帝之道中，只有上帝在耶稣基督里的启示之道才是上帝真正的、独一的启示。其它两种上帝之道只有当它们"指向自身外的耶稣时，亦即它们不为自身声称任何权柄，却'让那他者自身作其自身权柄时，它们才变成启示'。"④ 由此可见，《圣经》中成文的上帝之道是教会宣讲的上帝之道的基础，而上帝在耶稣基督里的启示之道则是两者的基础。用巴特自己的话来说："启示是最初的、直接的上帝之道，《圣经》和教会宣讲是派生的、间接的上帝之道。"⑤ 前者是根本、标准和核心，后两者是派生。教会宣讲的权威在于忠实于《圣经》，《圣经》的权威在于它是上帝在耶稣基督里启示的见证。教会宣讲的是上帝在将来的应许，《圣经》见证的是上帝过去在耶稣基督里的独一启示。不过，上帝在耶稣里的独一启示并非一个既成

---

① 该书在巴特生前并未公开出版。

② Karl Barth, *Church Dogmatics*, Vol. 1, Part 1, G. W. Bromiley & T. F. Torrance ed., trans. by G. W. Bromiley, Edinburgh：T&T Clark, 1975, pp. 88 – 120. 以下凡引此著，皆以 *C. D.* 加卷数、页码的简引形式出现。

③ 吴国安：《启示与历史——从〈教会教义学〉卷一看巴特的历史观》，载《巴特与汉语神学 II ——巴特逝世四十周年纪念文集》，香港：道风书社 2008 年版，第 152 页。

④ *C. D.* I/1, p. 112.

⑤ *C. D.* I/1, p. 117.

事实，而毋宁说是一个在时间和历史当中持续的运动。教会所宣讲的上帝之道、《圣经》所见证的上帝之道以及上帝在耶稣基督里的启示之道，并非三个不同的上帝之道，它们是同一个上帝之启示在不同的历史时段的不同存在形式。其实质是同一个上帝启示自身的三位一体事件，它们是统一的，统一于上帝在耶稣基督里启示自身的三一性。

巴特认为，在此统一性中，上帝同时是启示者（revealer）、启示（revelation）和被启示者（revealedness）。① 换句话说，在上帝启示的合一行动中，上帝同时是启示的主体、启示的行动和启示的效果，其本身是一而三、三而一的行动。不过，巴特认为，应当根据《圣经》的历史见证对传统三一论之各位格之间的顺序做出调整，即由传统的"父—子—灵"的顺序调整为"子—父—灵"的顺序，因为无论是从《圣经》的见证还是特定的历史情景来看，都是三一上帝的第二位格，即作为圣子的上帝，耶稣基督始终处于启示主题的核心。② 作为父的上帝虽然是启示的主体和发出者，但是只有通过"道成肉身"这一历史的行动，才能真正进入历史，以人类能够接受和理解的方式把自己启示给世人，让世人认识自己。因此，也正是在这种意义上，作为父的上帝才真正进入了人类历史，使自己成为历史中具体的权柄，与人同在。不过，在巴特看来，上帝启示自身虽取了历史的样式，但这并不意味着，启示就是历史。历史只是启示的形式，上帝本身才是启示的内容和实质。当然，巴特也并不就此否定形式的意义。按照他的设想，启示之内容和形式之间始终存在着一种既相互区别又相互密不可分的联系。从区别上讲，神圣是永恒的、必然的，历史和时间是人性的、偶发的，前者是本质，后者是启示在历史中的彰显；从联系上来讲，内容始终能从形式当中抽离出来，因为若非形式，内容就不可能被理解，换句话说，若非耶稣在历史中的自我彰显，上帝本身也无法被认识为父和主。③

不过，对于巴特来讲，上帝虽然道成肉身，取了人类和历史的样式来一劳永逸地启示自己作为"客观的实在"，但在这一启示中，上帝始终保持着自

---

① C. D. I/1, p. 295.

② C. D. I/1, pp. 314 –315. 亦可参见吴国安《巴特神学中的启示与历史（1910 –1939）》，中原大学硕士学位论文，2007 年，第 74 页。

③ C. D. I/1, p. 390.

身的自由和主权。祂虽进入历史，但并不是历史，亦不为历史所同化。就此而言，作为圣父的上帝仍然是那启示的主体，是在"本性上不能被揭露予人的上帝"。祂始终具有不可理解的奥秘性，只是为了我们（for us）才取了人类的样式，进入历史。然而，虽进入历史，但祂所处的历史又与历史中其他时间有着本质上的不同。借用欧韦贝克（Franz Overbeck，1837 – 1905）的话，巴特称其为"源历史"或"史前史"（Ur-Geschichte）。① 在这种意义上，作为父的上帝仍然是那与人全然的相异者，并不因其取了人类和历史的样式启示自己而有所改变。父仍然是父，在隐藏和奥秘中保持着祂的主权。

当然，这并不意味着上帝就不可理解，祂借用圣灵的力量使人能够明白祂在耶稣基督里的永恒启示。在此意义上，圣灵作为三个位格中另外一个重要的力量在上帝的自我启示中发挥着至关重要的作用。他使特定历史时空中的人能够领受上帝启示下的恩典，获得终极的拯救。这一特定历史时空中的人，即是指那认罪者、悔改者、谦卑者，他们能够凭借圣灵的力量获得关于上帝恩典的认识。这样来说，上帝的启示就非历史的，至少不是普遍历史的，因为只有借着圣灵，上帝的启示才能够被接受和理解。而那些未接受灵洗礼的人，按照巴特的意思，则永远地被排除在启示和恩典之外了。所以总结而言，圣子上帝作为启示，作为上帝的自我彰显，是在历史当中切实发生的具体历史事实。就这层意义上来讲，上帝的启示是历史的，因为它涉及一种上帝的历史行动；但圣灵上帝作为启示，作为上帝的自我分授，此一启示工作非中立观察者皆可得知，更不是现代历史方法可以分辨，甚至可通过历史批判加以查验的，故在此意义上来讲，启示又并非历史的。②

二　潘能伯格：启示作为历史

所谓"誉满天下，谤亦随之"。巴特作为上帝之道的启示神学在 20 世纪神学界引起巨大反响的同时，亦遭到诸多指责和批评。有两个比较典型例子：朋霍费尔对巴特"启示实证主义"（positivism of revelation）的指责和潘能伯格对巴特"反历史"（ahistorical）倾向的批评。前者认为，巴特神学虽有与

---

① ［瑞士］巴特：《〈罗马书〉释义》，第 43 页。

② 吴国安：《启示与历史——从〈教会教义学〉卷一看巴特的历史观》，载《巴特与汉语神学 II——巴特逝世四十周年纪念文集》，第 152 页。

自由主义神学那种"宗教化"的福音决裂的功绩，但同时也犯了"启示实证主义"的错误。① 而所谓"启示实证主义"，巴特认为其意指十分模糊，但根据朋霍费尔自己的描述，基本有两种内涵：一是指巴特在未澄清某些信念前，就要求人们对基督教信仰的教义"照单全收"，以致这些教义纯粹变成由启示而来的信息、材料；二是指巴特神学未把基督教与"此世"联结起来，以至于其完全不符合"及龄世界"（world come of age）的需要②，无法介入现世的教会斗争和政治斗争。笔者认为，其实两种内涵在本质上是相通的，实质都在指责巴特作为上帝之道的启示神学过于强调上帝的主体性和超越性，以至于脱离了与历史以及此世世界的联系。

不可否认，这种指责放在巴特神学的早期无疑是中肯的。可惜朋霍费尔过早死于纳粹的迫害，未对自己的指责做出进一步的解释，也未能看到巴特后期为弥合两者关系所做的努力。③ 且不论此，我们首先来看朋霍费尔自己对这一问题的解释。不同于巴特强调上帝启示的超越性，朋霍费尔在《行动与存有》（Act and Being）中认为，"启示的问题并非在于上帝有自由远离我们，即是他的外在孤立性和独立性；而是他的趋近性，他所赐下的道，他规范自己自由的链结，就是他自由地规范自己于一历史人物所表明的，把自己置身于人的位置上。上帝不是脱离人而自由，却是为人而自由，基督就是上帝自由之道。上帝在那里意指：不是在永恒的非客观性中，却是（在寻找一刻）'可被拥有'（haveble），能在教会里被掌握于他的道中"④。由此可见，朋霍费尔在关于启示的问题上与巴特既有相同，又有殊异。相同的地方在于二者

---

① 在论及自己对"非宗教性的基督教"的见解时，朋霍费尔曾在1944年4月30日、5月5日以及6月8日的书信中三次提出对巴特启示神学的批评，指责他犯了"启示实证主义"的错误。具体请参阅［德］迪特里希·朋霍费尔《狱中书简》，高师宁译，何光沪校，四川人民出版社1997年版，第129、133、158页。

② 林子淳：《巴特：启示实证论者？——从潘霍华看巴特的启示观》，载邓绍光、赖品超编《巴特与汉语神学》，香港：道风书社2000年版，第242—243页。注：此处"潘霍华"即"朋霍费尔"。

③ 1945年4月9日，朋霍费尔于佛洛森堡集中营被希特勒下令处以绞刑，自此，一位伟大先知、牧师的宝贵生命就此陨落。不过，就像他自己所说的，结束只是新生命的开始，也许他只是去了他一直向往的天堂。参见［德］温德《力阻狂轮：朋霍费尔传》，陈慧雅译，四川人民出版社2006年版，第206—208页。

④ ［德］朋霍费尔：《行动与存有》，转引自林子淳《巴特：启示实证论者？——从潘霍华看巴特的启示观》，载邓绍光、赖品超编《巴特与汉语神学》，第254—255页。引文略有改动。

均强调上帝在耶稣基督里的启示，不同的地方在于朋霍费尔更重视上帝的启示与历史及此世的紧密关系。某种程度上来讲，这一主张明显与潘能伯格有十分类似的地方。①

与朋霍费尔类似，潘能伯格十分强调上帝的启示与历史之间的紧密关系。早在1961年，他就牵头组织了一个圈子专门针对此问题做出了详细讨论。他们讨论的成果，即《作为历史的启示》由潘能伯格编辑出版。在收录于该著的经典文章《关于启示论的教义学论题》（"Dogmatic Theses on the Doctrine of Revelation"，1961）中，潘能伯格提出了"启示作为历史"的七个教义命题：

1. 在《圣经》的见证当中，上帝的自我启示并非以神显（theophany）的方式直接呈现的，而是通过上帝在历史中的行动间接地启示和带来的；

2. 启示并不能在历史的开端，而只能在启示历史的终结处获得完全的理解；

3. 不同于特殊的神性显现，神性的历史启示向每一个有眼可见的人开放，它具有普遍性的特征；

4. 上帝神性的普遍启示并未在以色列的历史当中实现，而是首先呈现于拿撒勒人耶稣的命途之中，并预示着所有事件的终结；

5. 基督事件并未启示以色列上帝的神性作为一个孤立的事件，而是启示上帝为父，在这种情况下，它是与以色列相关的上帝历史的一部分；

6. 在外邦基督教会的非犹太人启示观念形成和发展过程中，上帝在耶稣命途里的终末论自我证明的普遍性得到了真实的表达；

7. 上帝之言（Word）揭露自身为作为预示（foretelling）、宣告（forthtelling）和报道（report）的启示。②

在这些命题及论证中，潘能伯格初步阐释了自己作为历史的启示观，奠

---

① 当然，朋霍费尔神学与潘能伯格神学之间既相通又有差别，鉴于其并非本书核心主题，此处不作赘述。

② Wolfhart Pannenberg ed.，*Revelation as History*，pp. 125 – 155.

定了其神学的基本论调。

　　首先，在潘能伯格看来，启示是上帝通过其历史行动而展开的间接的自我启示。在《作为历史的启示》开篇序言中，潘能伯格便指出，就当代教义学中启示这一概念来说，人们的理解和诠释既有差异，又有一致。一致的地方在于，人们普遍承认启示是作为上帝的自我启示；① 差异的地方在于，人们就启示的媒介和方式还存在着诸多争议。有些神学家在谈到启示时，认为启示是上帝的显现（manifestation）、圣灵的默示（inspiration）、上帝的行动（act）和上帝之道（Word），可分为原初的启示（primal revelation）和拯救的启示（revelation of salvation）。而有些神学家发现，启示不仅仅在与以色列相关的历史当中，而且在所有宗教经验现象潜在的本质当中。甚至，有神学家只承认上帝在耶稣基督位格里的独一启示。② 潘能伯格认为，巴特即属于这后一类。他只承认上帝在耶稣基督位格里作为上帝之道的启示，从而否定了上帝通过其他历史活动启示其自身的可能性。潘能伯格指出，这一主张从一开始就面临着一个难题，即如果上帝的启示只通过耶稣基督被启示出来，那么必然会排斥上帝通过其他事件、其他处境以及其他人，比如在《旧约》以色列民及其历史当中启示自身的可能。这样一来，不仅割裂了《旧约》启示与《新约》启示之间的历史联系，而且从根本上也不符合《圣经》的历史见证。与巴特不同，潘能伯格主张，启示是上帝通过其历史行动展开的间接的自我启示。以他之见，这一主张的合法性并非来自人类理性任意的推测，而是出自《圣经》的历史见证。从《旧约》来讲，上帝（雅威）即是通过祂对古以色列民的应许，参与以色列人的生活，启示自身作为一个信实的上帝。祂拣选亚伯拉罕、摩西，与他们立约，带领他的后代子孙逃离埃及，过红海，与埃及法老斗争，在西奈山向摩西赐下律法，参与与亚摩利人（the Amorites）的争战等等，都是上帝通过其历史活动揭露自身的见证。这一见证表明，雅威的荣耀总是与祂的行动，尤其是与以色列相连的祂的历史行动固定在一

---

　　① 潘能伯格认为，基督教神学很早就认识到，启示主要是上帝的自我揭露，但是把启示看作上帝隐藏真理的自我显现，从而去除其神秘性，变得可为人的理性理解却是德国观念论，尤其是黑格尔哲学留给我们时代最为有益的遗产。参见 Wolfhart Pannenberg ed. , *Revelation as History*, p. 4。
　　② Wolfhart Pannenberg ed. , *Revelation as History*, pp. 3 – 4.

起。① 从《新约》来讲，出于大爱和世人的拯救，上帝道成肉身，进入人类历史，却被人类亲自绑送，并钉死在十字架。三日后，祂从死里复活并向门徒显现，终成就了众人得拯救的福音。这样一来，上帝通过祂在耶稣基督命运里的启示，揭露了自身为所有人的主。② 在这一揭示中，上帝的启示超越了单一民族的界限而扩展至所有人、所有民族，预示了所有人在历史终结时的命运。③

其次，潘能伯格认为，上帝作为历史的启示并不能在历史的开端，而只能在历史的终结处获得整全的理解。④ 根据《圣经》的见证，启示作为历史，是以古以色列人的上帝，即雅威的自我显现为开端的。对于以色列人来说，他们所信奉的上帝是历史中的一位，祂"又真又活"，显现自身为历史行动。⑤ 潘能伯格认为，《旧约》为将启示建立在普遍的历史之上提供了一个决定性的视野：应许与实现的张力结构。在这一结构中，上帝不断通过施以应许并成全这些应许来对人类社会产生影响，从而产生了所谓历史。就此，历史不再简单地指向过去，而是被视为紧绷在应许与成全之间的事件，因为正是通过应许，这事件才拥有了一个不可逆的目的方向，并朝向未来的实现。⑥在潘能伯格看来，这种历史意识结构普遍地反映在《旧约》文本和以色列子民的救恩史经验当中，且在一定程度上被犹太启示文学和《新约》所继承。可以说，正是犹太启示文学构成了《旧约》信息与《新约》福音之间的过渡，因为正是犹太启示文学延伸了这一历史，使之涵盖了从创世到世界终结的整个世界进程。⑦ 这样一来，这一进程并未因以色列民应许的失丧而宣告终结，反而因此得到延续，并使之具有了终末论的特征和内涵，因为应许的失丧完全是以色列民违背上帝，不听从教导，不遵从律法产生的后果，他们应当为此承担全部责任。因此，从根本上来讲，以色列应许的失丧和未能兑现并未破坏原本历史结构的合理性，反而以此为过渡，将上帝的历史引向了

---

① Wolfhart Pannenberg ed. , *Revelation as History*, pp. 125 – 127.
② Wolfhart Pannenberg ed. , *Revelation as History*, p. 134.
③ Wolfhart Pannenberg ed. , *Revelation as History*, p. 129.
④ Wolfhart Pannenberg ed. , *Revelation as History*, p. 131.
⑤ 这一历史行动不仅体现为祂的创世义举，更体现为祂在历史中的救赎。
⑥ ［德］潘能伯格：《救赎事件与历史》，载《潘能伯格早期著作选集》，第6页。
⑦ ［德］潘能伯格：《救赎事件与历史》，载《潘能伯格早期著作选集》，第8页。

《新约》福音所宣告的耶稣基督的普遍救赎。在《新约》中，这种普世的救赎，一方面不再局限于以色列这一单一民族；另一方面从其内在的历史经验当中出走，面向未来，面向历史的终结。而这在另一层面恰恰又决定了上帝的神圣启示不可能通过一个单一的历史事件就能完全显明，本质上，它涉及了一系列的事件，因为历史作为整全，本身即表明了它能容纳上帝启示自身的所有事件。① 所以，就此来说，上帝作为历史的启示永远不可能在历史的开端处就获得整全的理解，而只能在历史的终结处才可获得。②

最后，潘能伯格认为，即使上帝作为历史的启示并不能在有限的历史事件当中获得整全的理解，但是上帝在终末时刻拯救世人的计划却在拿撒勒人耶稣身上预先发生了，他的命运，尤其是从死里复活预表性地揭示了整个人类命运的终局。③ 众所周知，在以色列的历史当中，雅威只显示自身为以色列人及其民族的上帝，而并没有证明自身为所有人的上帝。④ 但是，通过耶稣基督从死里复活，以色列人的上帝已经以一种终极的方式证实自身的神性，并同时显明自身为所有人的上帝。⑤ 在这种意义上，正是他的命运，即从死里复活已经以一种终极的方式使上帝的救赎计划得到昭示。不过，需要注意，这并不意味着，在基督事件之后就没有任何启示发生，在历史当中上帝仍然是活跃的，并且仍以不同的方式揭露自身。但是，在潘能伯格看来，已经没有任何一种新的方式能够像耶稣的命运那样终极地揭示上帝自身。因此，在这种意义上，如果说耶稣基督的命运是历史终末的预示，并且因此是上帝的启示，那么就没有任何新的、进一步的启示发生。此后历史当中的任何揭示，在本质上来说都已经被耶稣基督启示里的宣告所决定了。⑥ 当然，潘能伯格认为，没有人能够理解所有事情，或者穷尽上帝自我显现当中的具体内容。我们可以谈论耶稣基督的复活，但是我们不能够穷尽这一术语所有的内涵。⑦ 就此来说，在基督事件之后，仍有历史事件在不断地揭示着上帝自身，但是这

---

① Wolfhart Pannenberg ed. , *Revelation as History*, p. 131.

② Wolfhart Pannenberg ed. , *Revelation as History*, p. 134.

③ Wolfhart Pannenberg ed. , *Revelation as History*, p. 141.

④ Wolfhart Pannenberg ed. , *Revelation as History*, pp. 139 – 140.

⑤ Wolfhart Pannenberg ed. , *Revelation as History*, p. 142.

⑥ Wolfhart Pannenberg ed. , *Revelation as History*, pp. 143 – 144.

⑦ Wolfhart Pannenberg ed. , *Revelation as History*, p. 143.

些事件只能作为耶稣基督复活事件的补充。因为，从根本上来说，已经没有任何事件能像耶稣基督从死里复活那样终极启示上帝自身，并作为历史终结时的预表预示着人类普遍从死里复活的命运。不过，在潘能伯格看来，即使耶稣基督复活的事件具有终极启示的含义，但从根本上来说，它并不是一个孤立的事件，毋宁说它是与以色列相关的上帝启示历史的一部分。[1] 因此，对于潘能伯格来说，作为启示的历史与其说是一个单一的事件，不如说是一个整体。这一整体把《旧约》所启示的以色列的救恩经验和《新约》福音所启示的上帝在耶稣基督里的救赎联系起来。按照潘能伯格，犹太启示文学承担了《旧约》启示与《新约》启示之间的过渡，使得雅威的救赎启示能够超越单一民族的界限而扩展至所有人，能够超越过去和当下而获得终末论的视角和向度。这样一来，上帝的启示就只能等待历史终结的到来才能够获得完全的理解。[2] 不过，以潘能伯格之见，虽是如此，但这终末的启示却已经在拿撒勒人耶稣的命运中得到了普遍的预示。在这种意义上来说，上帝在耶稣基督命运里启示自身的历史事件不同于其他事件而获得了终极、普遍的意义。

由此，比较巴特和潘能伯格的启示观可以发现，两者既有相通的地方又有差异。相通的地方在于，潘能伯格同意巴特所强调的，启示是上帝的自我启示；差异的地方在于，潘能伯格反对巴特所主张的上帝通过其圣言直接启示自身的方式。[3] 对此，他言道：

> 然而，把上帝的启示归结到属神言说的观点，并没有正确对待《圣经》启示见证的复杂多层次性，特别是没有正确对待如下情况，即与《旧约》的启示观念中上帝的一种终极自我启示的思想最为接近的，是根据先知的证言，上帝的神性借着其历史行动的间接自我证明。而在《出埃及记》三章的叙述中，上帝之名的传达则只具有暂时的品性，因为对于上帝之名的意义来说，这叙述指向了上帝未来的历史行动。就连《旧约》关于上帝之启示与耶稣基督的位格和历史有关的陈述也显得是以犹

---

① Wolfhart Pannenberg ed. , *Revelation as History*, p. 145.
② Wolfhart Pannenberg ed. , *Revelation as History*, pp. 145 – 147.
③ 福特编：《现代神学家——二十世纪基督教神学导论》，第178—179页。

太启示文学为中介，无一例外地打上了上帝的神性借着其历史行动启示、一种最终才能以终末论的方式在历史的终结点发生的启示之基本观点的烙印，并且唯有在这个基础上才可以被理解，即作为对耶稣基督的出现和命运中的终极启示的预先推定。[①]

因此，不同于巴特作为上帝之道的独一启示，潘能伯格认为，无论是从《旧约》的见证还是从《新约》的宣告来看，上帝都并非直接地启示自身，而是透过其历史中的行动和作为间接地启示自身，并且这启示不是作为单一的事件而呈现，而是作为一连串事件、作为历史的整体而呈现。这样一来，整个上帝的启示就不可能在历史的开端处获得整全的理解，因为后者只有在历史的终结处才能达成。不过，在潘能伯格看来，虽然如此，但这终极的启示却已经在拿撒勒人耶稣的命途里预先地（in advance）实现。

至此，我们可以进一步看到巴特的启示观念与潘能伯格启示观念之根本不同：前者是作为上帝之道的启示，而后者是作为历史的启示。相较于前者，后者明显更重视历史之于启示的意义。不过，必须指出，潘能伯格亦未能对自己的立场做到一以贯之，这一点尤其体现在他的《系统神学》第一卷第4章第4节对其早期启示观念的修正：他不再坚持上帝唯独通过历史启示自己的观点，而是在一定程度上同意了上帝通过他的话语启示自身的看法。而这样一来，他明显又和巴特达成了某种程度上的一致或妥协。关于这种转变，我们将在下一节具体地论述。

第三节　争议与转变：潘能伯格和他的批评者

20世纪60年代，美国信义宗神学家卡尔·布拉滕（Carl E. Braaten，1929 - ）曾言，如今的罗马天主教神学似乎一直在追赶新教神学的发展。[②] 以启示教义为例，当新教神学就启示来源、方式等问题争持不定的时候，罗

---

① ［德］潘能伯格：《系统神学》（卷一），第299页。

② Carl E. Braaten, *New Directions in Theology Today*, *Volume II*: *History and Hermeneutics*, Philadelphia: The Westminster Press, 1966, p. 11.

马天主教却依然固守着原来的教义传统。不过，这并不意味着罗马天主教关于启示教义的理解没有受到近代以来文化氛围以及新教革新的影响；恰恰相反，面对近代以来兴起的历史批判解经，罗马天主教关于启示教义的传统理解也受到了巨大挑战。当然，新教内部的情况也不例外，自从新教正统神学衰落之后，他们就一直围绕《圣经》及教义解释的问题争论不休。面对内忧外患，基督教神学一直在探寻启示教义的具体内涵，甚至直到今天，这一探寻仍在继续。

为何启示教义一再受到基督教神学如此普遍的重视？这是因为，近代之后任何关于上帝真理的知识或信仰实践都必须经受理性法庭的检验。关于上帝真理的知识，首先得追问"你是如何知道的？"就这一问题而言，其实质已经包含了关于上帝真理的认识论前提，即上帝真理的来源及其认识方式问题。毫无疑问，当代神学界大多数思想家都会承认，任何关于上帝的知识和言说都必须首先以"上帝之自我启示"为预设。无论是按照《圣经》的指示还是教会传统的教导，关于上帝的知识都必然以上帝之自我揭示为前提，否则人们根本无法获得任何关于上帝的消息。然而，即使基督教神学能够就上帝自我启示达成共识，但这并不意味着，关于上帝启示的教义及其问题就一劳永逸地得到了解决。恰恰相反，近代以降，正是这一问题成为基督教神学内部日益广泛关注和争论的焦点。

面对这一问题，罗马天主教似乎终于走在了基督新教的前面。随着1965年"梵蒂冈第二届大公会议"的结束以及《天主的启示教义宪章》的颁布，天主教内部有关启示教义问题的争议似乎就得到了有效解决。① 然而，对比之下，基督新教却在这一问题上显得十分错乱和纠结。故而出现了大量的文献，就这一问题进行专门讨论，但是，问题却并没有随着参与讨论人数的增多而得到解决；相反，其变得更加扑朔迷离。众所周知，现代神学进入20世纪之

---

① 起码从表面上看，自从1965年11月18日《天主的启示教义宪章》公布以来，天主教神学关于"启示"的本质和内涵有了较为一致的认识，一些一直以来争论不休的问题，比如启示的来源、性质和对象等问题也一并得到了澄清。然而，这并不是说，有关启示的争议就得到了完备的说明，事实上，有些问题，比如关于"公共启示"和"私有启示"的区分以及《新约》之后再没有公共启示的论断，在神学界依然是有争议的。有关天主教神学关于启示教义的具体规定，因不是本书主要论述范围，具体请参见《天主的启示教义宪章》，另外还可参阅张庆熊《基督教神学范畴——历史和文化比较的考察》，上海人民出版社2003年版，第130—135页。

后，就一直由所谓的"辩证神学"阵营所把持，几乎可以说，活跃在这一时期的著名德国新教神学家，不是巴特的弟子，就是布尔特曼的继承人。虽然这一阵营随着内部差异最后走向了分化，但也基本形成了由巴特派和布尔特曼派共同把持德国新教神学的轮廓和格局。就启示教义来说，他们的观念也深刻地影响着这一时期人们有关启示问题的看法。然而，正如"辩证神学"本身是一个神学同盟，其内部存在诸多差异一样，他们有关启示教义的观念其实也并不统一，比如，在针对启示与历史问题的态度上，他们就走向了两个不同的极端，其中一端以巴特为首，坚持系统的教义学的研究方法，逐渐转向了救赎史（Heilsgeschichte）神学；另一端以布尔特曼为首，坚持历史的解释学的方法，逐渐转向了对个体生存历史意义的探讨。① 这一分歧使得年轻一代的德国神学家十分困惑，而这一局面直到潘能伯格及其圈子成员发表《作为历史的启示》这一论文集，有关启示与历史的问题才出现了人们企盼已久的"第三种声音"②。

不过，在詹姆斯·罗宾逊（James M. Robinson, 1924–2016）看来，反映这"第三种声音"的神学立场早在 1959 年潘能伯格发表的论文《救赎事件与历史》当中就已经初现端倪，因为该论文同时"包含了一种对当下德国神学选择的批判性评价和不同于他们的另一种方案的主要线索"③。翻阅文本，该批判性评价和新神学方案的线索赫然就呈现在文章的开篇：

> 历史是基督教神学最广阔的天地。一切神学问题及其答案，只有在历史处境中才有意义，而历史是上帝与人类并借着人类同他的整个创造共用的，这一历史指向未来，这未来在世人面前仍然隐而未显，在耶稣

---

① Carl E. Braaten, "The Current Controversy on Revelation: Pannenberg and His Critics", *The Journal of Religion*, Vol. 45, No. 3, Jul. 1965, p. 225; Carl E. Braaten, *New Directions in Theology Today*, Volume II: *History and Hermeneutics*, p. 21.

② 针对这"第三种声音"，美国神学家罗宾逊在他和约翰·科布共同编著的《作为历史的神学》中激动地说："一个新的学派业已兴起。这一新的通常被称为'潘能伯格圈子'的运动首先出现在两次世界大战之后的德国一代人当中，并且同样是第一个最近几年内出现的不是以一种或另外一种形式作为 20 世纪辩证神学发展分支而出现的神学学派。"参见 James M. Robinson & John B. Cobb, Jr., eds., *Theology as History*, New York: Harper & Row, 1967, pp. 12–13。

③ James M. Robinson & John B. Cobb, Jr., eds., *Theology as History*, pp. 13–14.

基督身上却已经启明。基督教神学的这一前提，在神学内部今天得从两方面加以捍卫：一方面，要针对布尔特曼和葛嘉滕的存在神学，因其将历史消解于存在的历史性中；另一方面，要反对克勒在救赎史传统中发展出的一种论点，认为本真的信仰内容应当是超历史的（übergeschichtlich）。这种关于历史的超历史内核的见解，其实早见于霍夫曼（J. C. K. von Hofmann, 1810–1877）那种同普通历史（Historie）分清界限的救赎史神学，至今仍有市场，尤其反映在巴特将道成肉身作为"源初史"（Urgeschichte）的解释中。这种见解，必然会像将历史还原为历史性的做法一样，贬低本真的历史。主张纯历史性也好，主张超历史的信仰根基也罢，两者神学立场不同，却有相同的神学之外的动机。两者共同的起点在于，历史考证研究（historisch-kritische Forschung）作为对历史事件的科学核准，似乎就没再为救赎事件留下空间。因此，救赎史神学急忙逃向好像能免受历史考证浪潮冲击的超历史——或者巴特所谓的原初历史——的避风港。出于同样的原因，存在神学抽身退出毫无意义、没有救赎的"客观的"事件流水账，转向在个体的"历史性"中对历史重要意义的体认。今天，面临存在神学、救赎史神学和历史考证研究方法论原理的挑战，救赎事件的历史内涵尤应予以强调。①

作为不同于"救赎史神学"和"宣道神学"的第三种神学方案，潘能伯格的独特之处在于，他对"历史"这一范畴重要性的强调。在他看来，两种截然不同的旧神学方案在面对历史考证的时候均不能建立启示事件的历史性。前者与巴特一道遁入了超历史的领域，而后者则以布尔特曼为代表完全将历史的客观意义消融进了个体生存的历史性当中。两者的共同点在于，均不能正视本真的历史，亦不能接受历史考证方法的查验。然而，潘能伯格却主张，如果启示是历史的，那么它就必须接受历史科学及其考证方法的核准。并且，在他看来，神学的出发点既不是上帝之道，也不是

① ［德］潘能伯格：《救赎事件与历史》，载《潘能伯格早期著作选集》，第3—4页。德文版：Wolfhart Pannenberg, *Grundfragen Systematischer Theologie*, Göttingen：Vandenhoeck & Ruprecht, 1967, S. 22–23；英文版：Wolfhart Pannenberg, *Basic Question in Theology*, *Collected Essays*, Vol. 1, Trans., George H. Kehm, Philadelphia：Fotress Press, 1971, pp. 15–16.

宣讲，而是上帝的作为和祂在历史中并作为历史的启示。并非话语，而是历史才是启示的焦点。①

当然，《救赎事件与历史》只是为这种新的神学方案提供了线索，真正有关启示教义比较成熟且系统的阐述是在《关于启示论的教义学论题》一文当中，而该文即收入潘能伯格所编《作为历史的启示》一书当中。作为"潘能伯格圈子"集体讨论的成果，《作为历史的启示》"收录了他们从各自相关领域的角度出发，对启示概念的讨论。他们阐述了历史与启示之关系的独特进路，与新正统主义对诸如圣言、福音宣道（kerygma）以及宣告等观念的强调拉开了明显的距离，并且指向一种新的、对历史在神学中之角色的强调"②。潘能伯格更是在这本宣言式的著作中，以"七个论题"的形式总结并概括了此次讨论的成果，比较系统地阐述了自己对启示教义的基本看法。③ 总体来看，这些论题不仅断言了为许多人所认可的观点，比如除非与发生在历史中的事件相关，否则上帝之言的宣告便是无意义的等，但也同时提出了一些颇具争议性的问题。这些问题主要包括上帝通过历史并作为历史启示自己的非直接性，启示对一切人的开放性，以及启示作为普遍历史的整体性的理解等。④ 这些问题不断引起人们的讨论，甚至遭到了诸多批评。

一　直接启示还是间接启示

首先，关于启示的非直接性及方式问题的争议。根据潘能伯格，自近代之后基督教神学关于上帝之自我启示的问题取得了高度一致，只不过在启示的具体中介和方式上还存在较大的分歧。⑤ 上帝向人揭露自己必然要通过某种中介，一般而言，这些中介可以是自然、救赎，也可以是世界历史、个体的宗教经验、先知或牧师布道的话语、耶稣基督的位格，等等。然而，中介或方式可能不同，但本质上，启示是上帝的自我揭露，这基本上是近现代神学家的共识。潘能伯格认为，把启示定义为上帝之本质的自我揭露这一观念的

---

① Carl E. Braaten, "The Current Controversy on Revelation: Pannenberg and His Critics", p. 226.

② ［美］詹姆斯·利文斯顿、弗兰西斯·费奥伦查等：《现代基督教思想》（下），第626页。

③ 事实上，这本著作不仅较为系统地阐释了潘能伯格关于启示教义的基本看法，而且涉及了他早期关于基督论、终末论，甚至人类学等问题的基本观点，可以说是他整个历史神学的奠基之作。

④ ［美］詹姆斯·利文斯顿、弗兰西斯·费奥伦查等：《现代基督教思想》（下），第627页。

⑤ Wolfhart Pannenberg ed., *Revelation as History*, pp. 3 – 4.

革新是德国观念论，尤其是黑格尔哲学留给我们的遗产，是黑格尔第一次使得上帝完全自我显现的观念变得清晰。① 但是，争论的焦点不在于自我揭露或启示的观念，而在于这一启示是直接地还是间接地进行的。潘能伯格指出，新教正统神学一直坚持上帝通过圣灵默示及其话语与人直接交通的自我揭露方式。在现代神学，这一观念为以巴特为代表的诸多神学家所坚持，比如巴特和福格尔（Heinrich Vogel, 1902 - 1989）强调《圣经》的上帝的名，布伦纳和葛嘉滕强调上帝的话语，艾尔莱特（Werner Elert, 1885 - 1954）把律法和福音视为上帝自我双重的直接的启示。② 但是，潘能伯格及其圈子成员在其相关论文中已经指出，《圣经》中并无上帝直接启示自身的观念。任何强调上帝在其话语里直接启示自身的观念，都只可能是诺斯替主义的上帝之道和启示观念入侵的结果。③ 不同于强调直接启示的诸种主张，潘能伯格认为，必须用间接的启示观念来取代直接启示的观念。在他看来，上帝只能通过祂在历史中的活动来间接地揭露自身，而且，每次揭示只是部分显明上帝的本质，因为上帝作为历史的自我启示只有在历史的整体现实中才能获得整全的理解，而历史的整体只有等到历史的终结才能够言说。不过，依照潘能伯格，历史的终结虽尚未来临，但上帝终极的自我启示却已经在拿撒勒人耶稣的复活里得到了预先启明。

通过以上宣称，潘能伯格申明了自己在启示教义方面的基本立场。但是，正如之前就已经指出的，潘能伯格新的启示观念不仅断言了一些为人们认可的东西，同时也提出了一些颇具争议的论题。比如，针对启示是上帝通过历史并作为历史启示的观点，英国《旧约》学者詹姆斯·巴尔（James Barr, 1924 - 2006）就曾明确提出过不同的意见。在巴尔看来，并非所有的《圣经》证据都支持"上帝通过历史来启示自身"这一观念。为了论证这一说法，巴尔提供了两个看似不容驳斥的证据和事实：第一，在整个智慧文学当中，上帝并不是通过具体的历史事件与人进行交通的。他以《箴言》《传道书》和《诗篇》为例，说明并非所有的《圣经》内容都支持通过历史启示的观念。

---

① Wolfhart Pannenberg ed. , *Revelation as History*, pp. 4 - 5.

② Wolfhart Pannenberg ed. , *Revelation as History*, pp. 9 - 13.

③ Carl E. Braaten, "The Current Controversy on Revelation: Pannenberg and His Critics", pp. 226 - 227.

第二，根据出埃及事件叙述者的自我理解，上帝并非通过这一事件本身，而是在这之前（before）、之中（during）和之后（after）通过与其先知摩西直接对话的形式来向祂的子民揭示祂的意志。由此，巴尔得出结论，很明显上帝是通过多种复杂的方式来启示自己，故而不能将这种复杂的行为简化为某一种类似于"通过历史启示"这样的公式。① 笔者认为，某种程度上来说，巴尔的批评不可谓没有道理，但是这并非表明上帝通过历史启示自身的观念就是错误的、无效的。从总体上来看，《圣经》中的上帝就是通过其历史活动来向人揭示自己，祂的话语、行为本身即是祂的历史行动。

二 启示作为历史整体

潘能伯格启示观引起争议的地方还不止于此，他有关启示作为历史整体才能够获得整全理解的说法曾一度受到批评，甚至有人直接指责潘能伯格堕落成了一个黑格尔主义者。② 事实上，潘能伯格并不否认自己曾经受到黑格尔的影响，甚至坦白承认自己有关"普遍历史"的观念的确受到德国观念论，尤其黑格尔历史哲学的启发，因为正是黑格尔首次系统地表达了普遍历史作为上帝之间接自我启示的观念。但潘能伯格认为，这不应当成为人们否定上帝通过历史并作为历史整体启示自己这一正确观念的理由。对此，他不无讽刺地说，人们不能因为一个正确的神学观念源于德国观念论就有足够充分的理由拒绝它，在这一方面，人们必须克服由来已久的对德国观念论所形成的偏见。无论从《旧约》还是《新约》的视角来看，上帝确是通过祂的历史活动向人类揭示自己的，并且这一活动仍在继续，在这种意义上来说，此前以

---

① Carl E. Braaten, *New Directions in Theology Today* (*Volume II*): *History and Hermeneutics*, p. 17; James Barr, "Revelation through History in the Old Testament and in Modern Theology", *Interpretation*, 1963 (17), pp. 193 –205.

② Lothar Steiger, "Offenbarunggeschichte und theologiche Vernunft", *Zeitschrift für Theoligie und Kirche*, 1962 (59), S. 93. 不仅 Lothar Steiger, Allan. D. Galloway, Ronald D. Pasquariello 以及 Roger E. Olson 等人都从不同层面在潘能伯格的著作中发现了黑格尔的元素。具体请参见 Allan. D. Galloway, *Wolfhart Pannenberg*, Contemporary Religion Thinker Series, H. D. Lewis ed., London: George Allen & Unwin Ltd., 1973, pp. 25ff., 37, 113ff.. 也可参见 Allan. D. Galloway, "The New Hegelians", *Religions Studies*, 1972 (8), pp. 367 –371; Ronald D. Pasquariello, "Pannenberg's Philosophical Foundation", *Journal of Religion*, 1976 (56), pp. 338 –347; Roger E. Olson, "The Self-Realization of God: Hegelian Element in Pannenberg's Christology", *Perspective in Religions Studies*, 1986 (13), pp. 207 –223.

及当下，包括将来所有的启示都是对上帝对自己本质的一部分或一方面的揭示，而整体的启示只有等到历史的终结才能够完满。因此，从这个视角来看，的确就只有作为整体的普遍历史才有资格称为上帝整全的启示。不过，这样一来，另一个问题就随之产生了：既然只有作为整体的普遍历史才能有资格称为上帝的启示，那么一个具体的历史事件，比如耶稣基督的复活何以能够拥有作为启示的绝对意义呢？它作为历史过程中的一个单一事件，难道不会为将来其他的历史事件所取代吗？① 潘能伯格指出，这一问题不过是施特劳斯在他的著作《耶稣传》中提出来以刻意反对黑格尔和施莱尔马赫的，因为在施特劳斯看来，神与人的统一应该在人类发展的过程中而不是只在一个人——耶稣那里得到实现。于是，施特劳斯抓住"道成肉身"的概念使得启示的观念彻底融入了人类发展的观念之中去了。在施特劳斯看来，不是启示的观念源于道成肉身；而是相反。而这样一来，就彻底误解了黑格尔的真正意思，而且使得不仅基尔克果，而是整个神学都遵循超自然主义的传统，把耶稣的拯救事件和普遍历史划分开来了。② 不过，笔者认为，这一问题所造成的后果也不能单方面地归咎于施特劳斯对黑格尔的误读，因为在黑格尔那里，他自身也并没有处理好这个问题。一方面，他因强调上帝与人的统一而过分强调了道成肉身作为启示的重要性，却忽视了耶稣复活作为独一事件对整个人类历史及其命运的预表性意义；另一方面，他也未能正确对待人类经验和理性的有限性、未来的开放性以及个体的独特性等问题。更有甚者，我们从黑格尔的历史哲学中也从未发现我们已经从《旧约》、从后犹太天启主义、从耶稣的信息以及原始基督教传统那里所获得的终末论的知识。③ 所以，在黑格尔那里，根本就缺少一个从终末论来理解基督复活事件作为上帝之终极启示的视角，而这一点正是潘能伯格历史神学向我们提供的。在潘能伯格那里，耶稣基督从死里复活，并作为上帝启示自身的终末论事件提前发生在历史当中，构成他对黑格尔普遍历史作为上帝之间接自我启示观念最有意义的修正。从这一意义上来讲，无论如何我们也不应当像德国新教神学家洛塔尔·斯泰格

① Wolfhart Pannenberg ed., *Revelation as History*, pp. 16 – 19.
② Wolfhart Pannenberg ed., *Revelation as History*, p. 17.
③ Carl E. Braaten, "The Current Controversy on Revelation: Pannenberg and His Critics", pp. 227 – 228.

尔（Lothar Steiger，1935 — ）那样简单地把潘能伯格的启示观及历史观视为黑格尔主义的再现。[1] 不过，终末论只是理解耶稣基督复活事件的一个视角，因为在潘能伯格看来，基督事件的终末论特征也只能在犹太天启主义的背景下来理解，否则我们根本无法获得上帝在耶稣基督里终极地启示自身的知识。

三　信仰与知识

有关信仰与知识的关系问题，是潘能伯格启示观引起争议的另一个层面。也许初看之下，信仰与知识的关系并不与启示问题相关联。但是，正是这样一个看似并无关联的问题，在潘能伯格这里却是一个极富争议性的话题，因为与大多数反对理性知识的神学家不同，潘能伯格视启示的知识为信仰的逻辑前提。而这相对于并不看重启示知识历史性的神学家，比如巴特和布尔特曼而言，潘能伯格就显得对启示事件及其知识的历史真实性有些过分苛求。正因于此，潘能伯格也才受到来自各个方面的批评和质疑。比如，卡尔·亨利（Carl F. H. Henry，1913 — 2003）就认为，潘能伯格的教义学过于依赖历史编纂学了；[2] 而劳伦斯·伍德（Laurence W. Wood，1941 — ）则直接宣称，并非所有的知识都是历史的；[3] 艾弗利·杜莱斯（Avery Dulles，1918 — 2008)）也认为，神与人在诸事件中的交通最好通过神圣位格与人之间的恩典关系，而不是从技术的历史学层面来理解。[4] 某种程度上来说，以上诸种批评的确看到了潘能伯格神学较为看重历史的一面，但从深层次来讲，他们均未正确且全面地理解潘能伯格神学强调启示知识历史真实性的内涵。笔者认为，要想理解这一点，就必须回到潘能伯格早期神学出发的历史背景，回到他对救赎史神学超历史主义的批评。

在潘能伯格看来，这种所谓救赎史神学的超历史主义实质上是超自然主

---

[1]　Carl E. Braaten, "The Current Controversy on Revelation: Pannenberg and His Critics", p. 228.

[2]　Carl F. H. Henry, *God, Revelation and Authority II*, Waco: Word, 1976, p. 304.

[3]　Laurence Wood, "History and Hermeneutics: A Pannenbergian Perspective", *Wesleyan Theological Journal*, Vol. 16, No. 1, spring, 1981, p. 18.

[4]　Avery Dulles, *Model of Revelation*, Garden City, New York: Doubleday, 1983, pp. 64 – 66; Carl E. Braaten & Philip Clayton eds., *The Theology of Wolfhart Panenberg: Twelve American Critiques with an Autobiographical Essay and Response*, Minneapolis: Augsburg Publishing House, 1988, pp. 24 – 25.

义的残余，它在超历史宣称的伪装下匍匐前行，从根本上抵制启示的历史及其可证实性。潘能伯格认为，像这种在超历史主义伪装下仍继续存留的超自然主义残余在现代哲学中必须被清除，因为从根本上来说，它已不再符合现代人的精神特质，从而也不能仅凭口头的宣称就获得信众。真正能够说服人并让人信靠的，不是那些空口无凭的说辞，而是客观真实的历史事实。所以，那些假定事实不能说明问题，而需要先知布道者加以补充解释，那些把启示定义为事实加解释（蒂利希）、行动加话语、显现加默示或者历史加宣讲（马丁·克勒）的主张，统统遭到了潘能伯格的拒斥，因为它们把那种主观不确定的因素引入了信仰的客观基础和内容。[1] 在潘能伯格看来，所有启示都是历史的，从而也是客观的，信仰即以这种客观的启示知识为前提。不过，潘能伯格强调，这种客观的历史知识绝非实证历史主义意义上赤裸裸的事实（brute facts），而毋宁是历史传统的传承。然而，这种强调并没有使潘能伯格免于责难，在保罗·阿尔特豪斯（Paul Althaus, 1888－1966）看来，他过分对历史事实及历史理性的强调仍然有使信仰、宣道及圣灵显得多余的嫌疑。[2] 阿尔特豪斯指出，虽然潘能伯格在反对布尔特曼宣道主义神学方面取得了蔚为可观的成就，但是难免有些矫枉过正了，以至于人们彻底误解了启示真实的本质。[3] 不同于潘能伯格，阿尔特豪斯认为，信仰虽包含启示的知识，但并不以后者为前提，启示虽涉及历史事实，但视这些事实为启示仍有赖于信仰。所以，只有通过圣灵和信仰恩典的内在验证，以色列及耶稣的历史才能被视为启示和拯救的历史。在阿尔特豪斯看来，潘能伯格似乎使信仰和圣灵的角色脱离于启示的观念之外了。[4]

作为对这种批评的回应，潘能伯格在《理解与信仰：对阿尔特豪斯的答复》一文中承认启示的知识与信仰及圣灵的关系的确是他神学方案中的主要问题，并且他也坦承信仰的确是上帝的恩赐。不过，在他看来，唯一的问题

---

[1]　Carl E. Braaten, "The Current Controversy on Revelation: Pannenberg and His Critics", p. 229.

[2]　Carl E. Braaten, "The Current Controversy on Revelation: Pannenberg and His Critics", p. 229.

[3]　Paul Althaus, "Offenbarung als Geschichte und Glaube, Bemerkungen zu Wolfart Pannenberg Begriff der Offenbarung", *ThLZ*, LXXXVII, 1962, SS. 321－330; James M. Robinson & John B. Cobb, Jr., eds., *Theology as History*, pp. 12－13.

[4]　Carl E. Braaten, "The Current Controversy on Revelation: Pannenberg and His Critics", p. 230.

是，是否这一切均是以在耶稣那里所发生的事件的知识及其意义为中介的，或者说是否圣灵的工作只是作为一种主观的确证?① 潘能伯格认为，其实阿尔特豪斯从根本上误解了自己，因为他并没有质疑圣灵在信者中的角色，只是在他看来，真正的问题不在于此，而在于信仰中介的问题，即到底是信仰以启示的历史知识为中介还是以个体遭遇的生存决断为中介? 在潘能伯格看来，现代神学家中多数人选择了后者，以致他们根本无法针对这一问题做出回应，即为什么我们在还未确定一件事情为真之前就要相信它? 针对这一追问，潘能伯格的另一个批评者，恩斯特·福克斯（Ernst Fuchs，1903 – 1983）针锋相对地提出："如果我们对过去的历史的理性知识那么信任，为什么我们还需要信仰?"② 福克斯是布尔特曼的学生，因此在某种程度上他也代表了存在主义神学的基本立场，即信仰并非通过历史的知识并以其为前提和中介，而毋宁说是神圣与个体遭遇过程中依凭宣讲所做出的信仰决断。不过，潘能伯格对布尔特曼派的这一观点并不以为然，在他看来，信仰并不能放松我们的知识，而且圣灵也不应当成为保证基督教信息客观真实并普遍有效的"无知的避难所"（asylum ignorantiae）。③ 存在主义神学将客观的知识抛入黑暗的光影当中，并且通过抽象的手法错误地运用信仰和圣灵来为自己辩护。在潘能伯格看来，他们所宣称的信仰的决断根本不能为现实以及启示历史真理的确定性贡献任何东西。④ 如果是这样，信仰也就只能立于主观确信的不确定性之上，摇摇欲坠。不同于存在主义神学的观念，潘能伯格极力主张启示的历史知识之于信仰的逻辑优先性。他承认，信仰包括知识（notitia）、认信（assensus）和信靠（fiducia）三种元素，且在三种元素中，知识在逻辑上先于认信和信仰。⑤ 但是，这一主张又遭到了戈尔维策（Helmut Gollwitzer，1908 – 1993）的指责，在他看来，潘能伯格过于陷入新教正统神学对知识、认信和

① Wolfart Pannenberg, "Einsicht und Glaube. Antwort an Paul Althaus", *ThLZ*, LXXXVIII, 1963, SS. 81 –92.

② Ernst Fuchs, "Theologie oder Ideologie? " *Theologisch Literaturzeitung*, LXXXVIII, 1963, S. 260.

③ Wolfart Pannenberg, "Einsicht und Glaube. Antwort an Paul Althaus", *ThLZ*, LXXXVIII, 1963, S. 90.

④ Carl E. Braaten, "The Current Controversy on Revelation: Pannenberg and His Critics", p. 231.

⑤ 正是基于这一主张，潘能伯格极力强调耶稣基督从死里复活的历史真实性及其对于基督教信仰的奠基性作用。该观点提出之后遂遭诸多方面的批评。

信仰三个概念的区分，以至于带有道德判断色彩地裁定不信者都是肤浅并且盲目的。① 对此，阿尔特豪斯认为，从《新约》来看，信仰对于信者和不信者来说都是神秘的，因此它不能从人类学或撒旦学（sataologically）的视角来解释。圣灵无时无刻地都在按照它的意愿在吹动，人类根本没有理性能够控制圣灵来访的时间。②

　　与阿尔特豪斯强调潘能伯格忽视圣灵在信仰中的作用类似，另有来自不同学派的神学家也普遍指责潘能伯格忽视了圣灵在理解上帝在历史启示中认识论的角色。③ 比如，丹尼尔·富勒（Daniel Fuller, 1925－2023）就指出，潘能伯格的神学系统根本没有为任何超自然主义的因素——像圣灵——留下任何用武之地。类似地，汉密尔顿指责潘能伯格用一种适当的方法论代替了圣灵的作用。超越简单消极的批判，麦克德莫特为圣灵在认知过程中的作用提供了一种神学上的理由。在他看来，潘能伯格过分低估了信仰对象的模糊性，因此忽视了神性本身是神秘的这一维度。在麦克德莫特看来，上帝对人来说是奥秘，不仅因为人犯了原罪，更因为上帝自身不为人所知的无限本质。因此，圣灵不仅对于克服原罪来说是必要的，而且对于协调神人之间的关系亦是必不可少的。④

　　在笔者看来，以上诸种批评只是看到了潘能伯格启示神学的一面，却没有充分考虑他神学的出发点，即对救赎史神学超历史主义和存在主义神学个人主观主义的批判。从后一角度来讲，潘能伯格的重心在于通过神学和历史结合的方式重塑基督教信仰的根基。换句话说，潘能伯格启示神学的目的不在于确立"三位一体"关系中三个位格各自的作用，而在于使基督教信仰建立在上帝的启示，建立在耶稣基督从死里复活的客观历史知识这一基础之上。这样一来，一方面避免了救赎史神学和巴特神学超验的主体性；另一方面也

---

① Carl E. Braaten, "The Current Controversy on Revelation: Pannenberg and His Critics", p. 231.

② Carl E. Braaten, "The Current Controversy on Revelation: Pannenberg and His Critics", p. 232.

③ 这些神学家包括福音派的富勒、霍尔威达（David Holwerda）、伍德、贝格尔（Dewey Beegle）、罗马天主教的麦克德莫特（Brain McDermott）以及新教神学家汉密尔顿（William Hamilton）等，具体请参见 Carl E. Braaten & Philip Clayton eds., *The Theology of Wolfhart Panenberg: Twelve American Critiques with an Autobiographical Essay and Response*, p. 25.

④ Carl E. Braaten & Philip Clayton eds., *The Theology of Wolfhart Panenberg: Twelve American Critiques with an Autobiographical Essay and Response*, pp. 25－26.

避免了布尔特曼学派使信仰服膺于个体的主观主义倾向。

四 莫尔特曼的质疑

作为曾经一起共事三年的同事，莫尔特曼不仅对潘能伯格神学的进路十分了解，而且对其神学方案及其取得的成就大加赞赏。[①] 作为德国神学界新生的一代，他们均对自己的神学方案超越巴特派和布尔特曼派有着充分的自信。不过，莫尔特曼虽对潘能伯格启示神学方案所做的尝试表示赞赏，但有些部分也并不十分认同。于是，在《作为历史的启示》出版后的第三年，莫尔特曼就呈上了自己的成名作：《盼望神学——基督教终末论的基础与意涵》（*Theologie der Hoffnung：Untersuchungen zur Begrundung und zu den Konsequenzen einer chrislichen Eschatologie*）。在该著中，莫尔特曼不仅对潘能伯格的启示观和历史观进行了肯定，而且就其问题提出了较为全面的批评。总结起来，主要有以下几个层面：第一，莫尔特曼认为，潘能伯格启示即普遍历史的神学进路更多地受到希腊宇宙论而非《圣经》思想的影响。在莫尔特曼看来，潘能伯格这种普世历史的神学是希腊宇宙论神学的延伸和超越，两者在认识论方法上是一致的，只是前者以具有目的趋向的、向未来敞开的宇宙代替了后者封闭的宇宙，以历史的终末目标点和统一点代替了宇宙论形而上学的统一性的顶端，所以，在方法上，关于上帝的知识只能以一种"事后的（postum）和后验的（aposteriori）方式去回顾历史中已完成的事实和已发生的预言"，而这根本不符合《旧约》有关历史是发生在应许与实现之间的事件这一基本见解，而且在某种程度上也对人的现实感知能力的界限未加慎重考虑。[②] 第二，潘能伯格启示的历史神学所强调的"传统历史"的概念及"事实的语言"过分依赖于历史批判方法的验证。如此一来，史学的角度和方法是否能够确证诸如耶稣复活这样的神学问题是一个方面，从史学角度来确证耶稣复活本身就已经预设了一种只能从历史的终结和死人的普遍复活角度来理解的历史观又是另外一个方面，而莫尔特曼认为，这无疑形成了一种历史概念与

---

① Jürgen Moltmann, "Personal Recollections of Wolfhart Pannenberg", *Theology Today*, Vol. 72（I），2015, pp. 11 – 14.

② ［德］莫尔特曼：《盼望神学——基督教的终末论的基础与意涵》，第76—81页。

复活之间的理解循环。① 第三，潘能伯格天启终末论的启示与历史观因极力主
张耶稣复活命途的实现，从而使教会和信徒等待的不过是同等命运的重复，
而不是"复活者的将来"，更不是"复活和生命本身"。莫尔特曼认为，这样
只会使"复活的耶稣本身就没有任何将来性可言"，而如果复活的耶稣本身没
有将来，那么教会的使命就很难被理解。② 最后，莫尔特曼认为，潘能伯格
单方面对基督复活事件及其终末论意义的强调，就神学角度而言，只能使
十字架的神学意义退居其后。而在莫尔特曼看来，"所有基督教的复活终末
论都带有十字架终末论的印记。这不仅是天启末日论期盼的传统历史脉络
中的一种重大事件。十字架的矛盾也贯穿了教会在世界中的存在、路向与
神学思想"③。

　　总结以上各方面的批评，有些问题的确触及了潘能伯格启示论的核心。
但是，正如他们只是立足于某一视角和出发点，他们针对潘能伯格神学所做
的某些批评也就难免有失公允。④ 比如，洛塔尔·斯泰格尔针对潘能伯格完全
是一个黑格尔主义的指责就只看到了潘能伯格作为普遍历史的启示观念比较
亲和于黑格尔历史哲学的一面，却没有看到他对后者极大的修正和改造，因
此只能是管中窥豹、一隅之见。不过，综合起来，有些问题的提出，譬如，
是否上帝只通过历史并作为历史来启示自己的疑问的确对潘能伯格产生了影
响，以致他在撰写《系统神学》第一卷时就明显修正了自己以前的观点。他
不再坚持上帝只通过历史并作为历史启示自身的观念，而是既强调上帝通过
历史，又通过他的话语启示自身的观念。⑤ 这一点在其后期《系统神学》卷

---

① ［德］莫尔特曼：《盼望神学——基督教的终末论的基础与意涵》，第81—83页。
② ［德］莫尔特曼：《盼望神学——基督教的终末论的基础与意涵》，第83页。
③ ［德］莫尔特曼：《盼望神学——基督教的终末论的基础与意涵》，第84页。
④ 当然，除了这种视角的差异所造成的偏颇之外，潘能伯格自己的神学在当时也仍处在发展
之中，因此大多批评还是集中在他早期所阐述的观点，而尚未看到其神学思想的整个全貌。而这也
正应了他在神学上的见解：只要历史尚未终结，我们针对上帝的认识和理解就是不全面的，因而也就
有可能是错误的，因此，全面正确的理解只有等待历史的终结。
⑤ 有关这种前后的变化，如果仔细阅读并对照潘能伯格《作为历史的启示》与《系统神学》第
一卷中有关启示问题的论述，就会发现，原本在《作为历史的启示》中极力反对的观点，比如上帝是
通过他的话语向人启示，在《系统神学》第一卷当中就得到了承认。当然，并不能说这种转变完全都
是因为别人批评的结果，但不可否认的是，针对他早期启示观所做的众多批评的确是促成他启示观念
转变的因素之一。

一第 4 章第 4 节的标题"启示即历史和上帝之言"当中就可以看到。① 针对这
种前后差别，潘能伯格自己的解释是，前期虽然对上帝通过直接的或间接的
方式启示自身的观念做出了区分，但尚未明确就上帝通过其圣言和通过历史
启示自身两者之间的关系做出裁定。② 而此时，他也承认，《作为历史的启
示》一书所展示的某些观点在某种程度上来说是不充分的，有待补充和修正
的，而这尤其表现为要迫切地对以上两者之关系做出新的规定。③ 因此，在
《系统神学》卷一第 4 章第 4 节的内容中，潘能伯格重新对启示问题展开了详
尽的考察，得出了作为上帝之言的启示不必然与作为历史的启示相矛盾的结
论，从而又承认了作为上帝之言启示的合法性。④ 于此来说，在某种程度上他
又与巴特走到一起去了，只不过潘能伯格对作为上帝之言的启示做出了自己
的限定，即只有当上帝之言涉及一种切实的上帝作为⑤，或者使上帝的本质实
在得以在世界和人类的现实整体中"在场"又或使属神的现实及其拯救计划
得到预先宣告而言，它才能被看作一种启示。⑥ 这样一来，"启示概念就自己
这方面来说，在上帝借着其历史行动而自我证明的思想中整合了《圣经》的
上帝之言观念的不同视角，特别是先知对言的理解，但上帝的历史行动的结
果是预先显露给先知或启示文学先知的。另一方面，启示事件自身预先推定
地将属神的历史计划之实现和在历史终结点与此相结合的上帝荣耀之证明显
露出来，它就成为关于上帝之言的一个全面的观念的内容：正是这个启示事
件，而且唯有这个启示事件，才能在这种情况下以完全的意义叫做'上帝之
言'。这样，耶稣基督就是'上帝之言'：作为属神的创造计划和历史计划及
其终极时刻的、但也已经预先推定的启示的总和。这里，可以在上帝的这个
言与上帝的神性本为一的条件下谈论上帝借着这个言及其启示的自我启示。
上帝借着他的言自我启示，这个思想的内涵通过三一论得到阐明。但不仅是
三一论，而是基督教教义的一切部分都可以理解和展开为上帝在耶稣基督里

① ［德］潘能伯格：《系统神学》（卷一），第 302 页。
② ［德］潘能伯格：《系统神学》（卷一），第 300 页。
③ ［德］潘能伯格：《系统神学》（卷一），第 300 页。
④ ［德］潘能伯格：《系统神学》（卷一），第 302—338 页。
⑤ ［德］潘能伯格：《系统神学》（卷一），第 320 页。
⑥ ［德］潘能伯格：《系统神学》（卷一），第 332—334 页。

面的自我启示的阐明，就像反过来启示思想成为上帝行动的总括性描述，并这样取得在其他宗教中神话所占据的地位一样"①。由此可见，通过新的解释，潘能伯格又把上帝之言纳入了上帝启示这一范围当中，而这明显与其早期坚决反对上帝通过圣言直接启示自身的立场有所不同。

---

① ［德］潘能伯格：《系统神学》（卷一），第337—338页。

第三章　耶稣基督：历史与救赎

　　基督教是一个历史的宗教。其意指，信徒们所信仰的上帝是曾经在历史中真实地出现的那一位，是主耶稣基督，他曾为了世人的拯救和福祉而道成肉身，降格在历史之中，却被世人亲自绑送，并钉死在十字架上，出于神的大能、荣耀、权柄和爱，第三日他从死里复活并向门徒显现，终成就了福音，即在那基督复临时，所有人罪得赦免并从死里复活的"好消息"。① 由此可见，历史是基督教信仰的基础。"基督教信仰就是建基在这历史的耶稣上，基督教神学就是对这历史的诠释和回应。耶稣的历史实在为基督教提供了独有的诠释架构，决定其信仰内涵，也界定其上帝观与人观，宇宙观与救赎观，历史观与终末观，以及神人关系的真确性。基督教不但以基督为中心，更以历史的耶稣为中心，正如使徒们所见证的：'这位耶稣就是基督'。"② 在启蒙运动之前，这似乎是多数神学家的基本共识，因为该事件本身显明是出自《圣经》真实的见证，是上帝在历史当中的自我启示。然而在启蒙运动之后，却正是这一看似无可厚非的问题成为引起争议的焦点。启蒙运动标志着人的理性日益成熟。"敢于认识、敢于运用自己的理智"是启蒙运动最为响亮的口号。③ 不同于传统教会对基督教的理解，启蒙理性所理解的基督教不再是一个

---

　　① 参见《使徒信经》。
　　② 江丕盛：《从基督论看根植于历史的救赎》，《道风：基督教文化评论》2003 年第 19 期，第 70 页。
　　③ 对此康德开宗明义地说，所谓"启蒙运动就是人类脱离自己所加之于自己的不成熟状态。不成熟状态就是不经别人的引导，就对运用自己的理智无能为力。当其原因不在于缺乏理智，而在于不经别人的引导就缺乏勇气与决心加以运用时，那么这种状态就是自己所加之于自己的了。Sapere aude！要有勇气运用自己的理智！这就是启蒙运动的口号。"由此可见，启蒙的实质在于确立理性至上的地位，因此，"敢于运用自己的理智"就不只是作为一种口号，而且作为一种思维方式和准则而被扩展运用到包括信仰在内的一切领域。有关康德对启蒙的定义和论述请参见［德］康德《历史理性批判文集》，第 23—32 页。

历史的宗教，因为自从莱辛提出历史的真理和信仰的真理之间横亘着一条"宽阔而又令人厌恶的鸿沟"之后，启蒙理性对历史和信仰关系的理解就陷入了一种二元分立的局面。在这种局面的影响下，早期现代神学普遍接受了启蒙理性的基本议程，前后开始了两种不同的对历史的耶稣诠释的尝试：其一是强调历史的耶稣所呈现的道德价值；其二是把信仰的基督完全从历史的耶稣中分割出来。① 前者以自由主义神学为代表，以哈纳克和里敕尔为典型；后者以"辩证神学"阵营为核心，主要以巴特和布尔特曼为其主张的代言人。

不同于新教正统教义对人罪性的理解，自由主义神学受近代启蒙理性的深刻影响，对人的理性和道德能力深信不疑，认为即使像信仰一类的事件，不经过历史批判方法的查验，也是不真实的。于是，以哈纳克为代表，曾掀起了一场关于历史耶稣的探寻运动。这场运动的目的在于以历史净化教义，从而摆脱信经、教会信仰等对真实耶稣的掩盖和扭曲，还原历史耶稣的真相。不过，在哈纳克看来，基督教的本质也并非历史，福音信仰的核心在于神人之间的关系，这种关系本质上是历史的，而非神学的。就耶稣而言，这一关系并不特殊，他同上帝的关系就如同他与《旧约》众先知的关系，也如同他与《新约》众使徒和门徒的关系。耶稣唯一特别的地方在于，他是无罪的，且具有代替众人受罪的自我牺牲精神和崇高道德，他的伟大即在于他的伦理教导和道德示范。于是，历史的耶稣作为一个道德楷模的形象出现，而基督教所信仰的上帝——耶稣基督——也不过是一个道德上没有任何瑕疵的模范。②

自由主义神学这一观点，率先遭到了巴特猛烈的批判。作为哈纳克的弟子，巴特对自己的老师将基督教所信仰的耶稣基督道德化的做法十分不满。在他看来，神人之间存在着绝对质的差异③，自由主义神学将耶稣形象道德化的做法无疑是在摧毁这一基本信条，其背后暗藏的是通过人自身来达到与神

---

① 江丕盛：《从基督论看根植于历史的救赎》，第72—73页。

② 在某种程度上来讲，自由主义神学受到了康德道德哲学的极大影响，因为在康德那里，上帝不过是一个为了维持至善目标得以实现的道德设准，一个伦理上的"范导性原则"。不过，不同于康德的是，自由主义神学偏向于历史上真实耶稣的存在，这样一来，他们所信仰的上帝、耶稣基督就是曾经在历史上真实出现的那一位，而不是康德笔下的抽象的道德原则。

③ 这一观念最先由基尔克果提出，后为巴特所继承。具体请参见［丹麦］索伦·克尔凯郭尔《致死的疾病：为了使人受教益和得醒悟而做的基督教心理解说》，第121、149、154—158页；［瑞士］巴特：《〈罗马书〉释义》，第17页。

和解的妄图，不过是人自义的表现。不同于自由主义神学，巴特极力强调上帝的他者性。在他看来，从人到神，根本无路可通。人所能做的只能是凭借信仰聆听上帝之道的启示，被动地接受上帝所赐下的救赎恩典。客观来讲，巴特强调上帝绝对他者性的做法在这一时代引起了振聋发聩的效果，从而掀起了 20 世纪神学界的一场革命。但问题是，他和布尔特曼以及"辩证神学"阵营的多数神学家一样，在面对信仰和历史的问题时显得极为极端。他们一方面不承认或不在乎历史耶稣的真实性；另一方面极力否定基督复活事件的历史真实性和可检验性，以至于使"历史的耶稣"和"信仰的基督"最终分离。潘能伯格对两种神学方案均表示不满，他想另辟蹊径，在论证基督教信仰历史基础的同时，弥合辩证神学在"历史的耶稣"与"信仰的基督"之间造成的裂隙。

第一节　历史耶稣的形象

耶稣是谁？他是否在历史上真实地存在过？类似的问题在近代之后不断被提及。近代以降，人们普遍在理性精神的指引下，对原本未曾深入考究的问题展开深切追问和怀疑。回到刚开始的问题，似乎绝大多数学者——不论是严谨公正的历史学者（假设他们是严谨且公正的!），还是才思广博的《圣经》学者——都会同意：耶稣确实存在过![1] 但是，他到底是谁，看似简单的问题，却众说纷纭、莫衷一是。可以说，在这个时代，我们从来没有对他这么深入地了解过，但也从来没有对他这么不了解过。随着新的研究方法和研究工具的使用，人们不断地能从各个方面或角度——神学的、历史的、文学的、社会学的、地理考古的等——获得关于耶稣形象不同的表述，但是，也正是这些从不同角度对耶稣图像的描绘使得我们对他缺乏一个统一且可信的理解。每个学者都是按照自己的角度来为耶稣画像，结果最后出现无数个"耶稣"。然而，历史上真正的耶稣到底是个什么样子，仍然是一个悬而未决

---

① 这即是说，耶稣在一定的时间段，或许是三年，或许是三十三年，的确在某些地方生活过，它是在时间和空间中发生过的一个事件，而不是纯粹的主观虚构。当然，也并不是所有学者同意以上观点，有些学者，比如施特劳斯就明确提出耶稣及其神迹不过是神话式的虚构。

的问题，而这恰恰又深切地关涉到现代神学基督论的基本课题。本节的任务即是从福音书叙事、典外文献以及近代关于历史耶稣三次追寻入手，来澄清这一问题的来龙去脉，以使我们更加了解现代基督论，尤其是潘能伯格基督论的出场背景。

一 基督教内部的形象：福音书叙事

一般而言，人们都是凭借《圣经》，尤其是四卷福音书来了解耶稣的生平事迹和教训。换句话说，也正是《圣经》，尤其是四卷福音书从不同角度为我们提供了耶稣的图像。可以说，自此以后，人们所形成的有关耶稣的观念或多或少都与福音书叙事有紧密的关联。作为基督教内部的正典文献，四卷福音书最早向我们提供了关于耶稣形象最为权威、最为系统也最为普及的表述。四卷福音书中，前三卷因其所使用语言、引用材料以及内在结构和内容等方面的一致性或相似性，被称为"同观福音"（Synoptic Gospels）。[①] 而最后一卷福音，即《约翰福音》，相比于前三卷福音书，似乎无论是在内容上还是在写作形式都与前三卷福音书有很大区别，故而也被称为"第四福音书"，以示这种区别。然而，无论是同观福音还是第四福音，它们都分别从不同角度向我们揭示了有关耶稣的基本图像。比如，《马可福音》表明耶稣是神的儿子（可1:1），是以色列受苦的弥赛亚，是世界的救主基督；《马太福音》开头便说耶稣是"亚伯拉罕的后裔、大卫的子孙"（太1:1）；而《路加福音》称耶稣为"至高者的儿子""雅各家的王"（路1:32-33）、"神的儿子"（路1:35）、"救主"和"基督"（路2:11）；《约翰福音》视耶稣为为了人的生命道成肉身、受难死亡并复活的永生神的儿子。[②] 总之，四卷福音书的焦点都在一个人耶稣身上，他被描绘为"神的儿子""亚伯拉罕的后裔""大卫王的子孙""受苦的弥赛亚""救主""基督""上帝的仆人"等，他因圣灵感孕，由童贞女所生，为了人的生命和救赎道成肉身，降格于历史当中，却遭人毁谤，被钉十字架而死，死后他复活，升至至高者——父的右边。

---

① 又译为"对观福音""共观福音""合参福音"或"符类福音"。

② ［美］R. E. V. 伏斯特：《今日如何读新约》，第9页；赵敦华：《圣经历史哲学》（下卷），江苏人民出版社2016年版，第13页。

通常而言，传统基督教信仰的正是福音书所描绘的耶稣。而用于描绘耶稣形象的一些用词，比如弥赛亚、基督等其实早已在《旧约》各处出现，只是在此之前，这些词汇并非集于一人身上。《新约》率先突破了这种限制，将所有这些称呼集中到了耶稣身上，并视他为集神性和人性为一体的世界救主。在当时的语境下，这种突破无疑是令许多人，尤其是传统犹太教信徒不可思议的。但是，从《圣经》文本来看，耶稣的确这样教导过自己的信众，他自称是神的儿子，称那至高者为"阿爸"（可14∶36、罗8∶15、加4∶6）。并且，他的门徒也的确做出了这种宣告，他们称他为"基督"（太16∶16、可8∶29、路9∶20）。那么，这些集于一身的崇高称号难道是耶稣的自我夸张和门徒的吹嘘吗？或者说是富有想象力的福音书作者的发明和创造吗？如果是这样，那么福音书所描绘的耶稣形象又有几分可信度？历史耶稣的真相又是什么？这是自近代历史批判解经方法产生之后人们普遍开始关注的问题。

出于这种疑问，人们首先对福音书本身的历史可靠性展开追问。虽然一直以来，《圣经》学者坚持认为，是《圣经》，尤其是四卷福音书提供了关于耶稣最为详尽也最为可靠的材料。在他们看来，《圣经》各卷的作者都是"被圣灵感动从而说出神的话来"（彼后1∶21），因而他们所写出来的文字必定是真实而准确的，他们所描绘的耶稣形象在某种程度上也是他们所亲历并见证，因而也最为可靠。但是，这种宣称忘记了一个事实，那就是，他们的认识已经包含了一种信仰的前提在内。而如果有人不认可这种前提，那么这种宣称本身就是无效的。另外，换个角度讲，默示的教义也并不能保证所述情况的真实性，因为从总体来看，《圣经》中耶稣的教导大量采用了隐喻或类比的手法，而隐喻或类比表明所述情况本身与真实情况存在一定差距。[1] 所以，面对这种情形，近代之后不断有学者针对福音书及其叙事的历史可靠性提出质疑，从而掀起了一场《圣经》评鉴学（Bible criticism）的浪潮，而这其中就包括对福音书的来源、写作意图、文体类型、叙述方式等问题的考察。

---

① ［英］马素尔：《我信历史上的耶稣》，黄浩仪译，香港：天道书楼有限公司1988年版，第13—16页。

就福音书的来源来说，学者们之间也普遍存在差异。① 主要观点有以下几种：（1）马太居先论。持该观点的学者，比如格利斯巴赫（J. J. Griesbach，1745－1812）认为，最早出现的福音书是《马太福音》，《路加福音》只不过是对《马太福音》的改写，而《马可福音》则更是直接综合了《马太福音》和《路加福音》的部分内容。②（2）马可居先论。此观点则认为，《马可福音》最先成书，并被《马太福音》和《路加福音》作为来源加以引用。③（3）两源说。这种观点认为，《马太福音》和《路加福音》参照了《马可福音》和另外一卷已经失传的 Q 文献④。该文献囊括了《马太福音》和《路加福音》所拥有的共同材料，而《马可福音》中则不包括这些材料。⑤（4）四源说。该主张主要由斯特里特（B. H. Streeter，1874－1937）最先提出⑥，他认为除了《马可福音》和 Q 底本以外，《马太福音》主要引用了只能在《马太福音》中找到的 M 底本，而《路加福音》则引用了仅可在《路加福音》中找到的 L 底本。⑦ 初看之下，四种主张似乎都有理据，但是细究之下又各有不足。持"马太居先论"的人始终无法解释为何在《马可福音》100 多处的重复中，《马太福音》只重复了 17 处，而《路加福音》使用了其余的重复部分这一难题；⑧而"马可居先论"则无法说明《马太福音》和《路加福音》中除了取自《马可福音》之外其余部分的来源问题，⑨而针对后一问题，则有人提出了 Q 底本的假设以解决这一难题，但是，对于目前来说，无论是"两源说"中的 Q 底本，还是"四源说"中的 M、L 底本，都不过是一种假设而已，其猜测成分远大于事实成分，更何况这种做法就好像亚里士多德在讽刺自己的老师柏拉图的做法那样：一个理念不能解释自己，非得援引另外一个理念来解释一样，不过

---

① 当然这里主要指同观福音内部的关系问题，因为就四卷福音书来说，前三卷在很大程度上有着极大的相似性，因而其资料来源问题真假难辨，学界则称其为"同观福音问题"。而第四卷福音，因其与前三卷福音书的内在差异，则被认为另有来源。

② ［美］R. E. V. 伏斯特：《今日如何读新约》，第103—104页。

③ ［美］R. E. V. 伏斯特：《今日如何读新约》，第105—107页。

④ Q 为德语词"Quelle"（来源）的首字母简写，学界通常称之为"Q 底本"。

⑤ ［美］R. E. V. 伏斯特：《今日如何读新约》，第107—108页。

⑥ B. H. Streeter, *The Four Gospels: A Study of Origins*, London: Macmillan, 1924.

⑦ ［美］R. E. V. 伏斯特：《今日如何读新约》，第109页。

⑧ ［美］R. E. V. 伏斯特：《今日如何读新约》，第104页。

⑨ 不过，即使如此，"马可居先论"还是在学界获得了诸多支持，甚至成为一种不证自明的结论。

是徒增烦恼。在这种情况下，关于福音书的来源问题就依然是一个谜。

当然，除了来源批评，"文本批评""形式批评""编修批评"以及"叙事批评"等均对福音书描绘的耶稣形象的历史真实性进行了深入探讨。这些方法通过对《圣经》成书过程、编修过程以及叙事方式的考察最终指向"历史耶稣之存在以及如何存在的历史问题"。[①] 然而遗憾的是，多种方法并用也并未解决历史耶稣的形象及其真实性问题，这一问题在学界依然争持不定。比如，就文本类型来说，传统基督教认为，福音书是上帝默示的作品，是上帝假借人之手传达的真实启示，是绝对真实无误的。然而，《新约》学者格雷哈姆·斯坦顿（Graham Stanton，1940－2009）却认为，福音书的叙事不过是古代文学传记中的一种，其中充满了文学想象的成分。[②]查尔斯·塔尔伯特（Charles H. Talbert，1934－2021）的观点与此类似，他指出，这样的传记本身包含着一些神话元素。[③] 但是，桑德斯（E. P. Sanders，1937－2022）却又认为，福音书的写作本身包含着美化耶稣的意图，因而严格来说，其并不属于传记类型。[④] 故此，爱拉斯谟·莱瓦－莫利卡基斯（Erasmo Leiva-Merikakis，1946－ ）得出结论：福音书的类型既不是纯粹的历史，也不是神话、童话或传记，事实上，福音书自身包含了所有这些类型，这在古代世界文学中是极为新颖的。[⑤] 由此可见，有人视福音书叙事为神话，有人视其为传记，也有人认为它是这所有类型的综合。但是，不管是哪一类型都并没有使我们关于历史耶稣形象的认识更加清晰，反而蒙上了一层厚厚的灰尘，根本无法廓清其真实面目。而这就好像一副古代名画，被盖上了一层层用来粉饰、修补的油彩和灰尘，于是，渐渐面目全非。学者便要负责仔细地把外层逐一除去，以使其恢复本来的面目。但是，就像马素尔说的，这个比喻把原来复杂的情况完全简单化了，因为原来那幅画的颜料其实已经与后来加上去的东西混在

① 查常平：《20 世纪圣经研究方法的前设——以福音书的研究为例》，第 80 页。
② Graham Stanton, *Jesus and Gospel*, Cambridge：Cambridge University Press, 2004, p. 192.
③ Charles H. Talbert, *What Is a Gospel? The Genre of Canonical Gospels*, Philadelphia：Fortress Press, 1977, p. 42.
④ E. P. Sanders, *The Historical Figure of Jesus*, Reprint edition, London：Penguin Books, 1996.
⑤ Erasmo Leiva-Merikakis, *Fire of Mercy, Heart of the Word：Meditations on the Gospel According to Saint Matthew*, Vol. 2, San Francisco：Ignatius Press, 2004, p. 27.

了一起。① 因此，基于以上分析，我们可以大胆得出一个结论：福音书并不能成为我们认识历史耶稣形象最为可靠的历史材料。② 那么，是否典外文献和历史学家的观点会对这一问题有所帮助呢？

二　典外文献及历史学家的观点

除《新约》正典，尤其是四卷福音书向我们提供有关耶稣形象最详尽、最系统也最为普及的描绘之外，一些非基督教文献也零星地记载了耶稣的生平和行迹。虽然这些记载并不系统，而且往往用词模糊，但是，它们内部之间往往是相互独立的，因而在某种程度上来说，可以与基督教来源相提并论，并且也能够以其独特性与《新约》正典形成相互印证。故而，对于我们探索历史耶稣的真实面目具有十分重要的意义。这类文献主要包括以下几种：

1. 犹太资料。犹太历史学家约瑟夫被认为是关于耶稣历史形象最早的非基督教见证人。他所著《犹太古史》，约成书于公元93—94 年左右，曾在第18—20 篇两次提到过拿撒勒人耶稣。其中第一次出现在第18 篇第3 章3 节，书中有这样的描述：

> 关于曾活在这一时代的耶稣，他乃是一位智者，——假如确实要将他称为"人"的话。因为他行了许多超乎寻常的奇事，并且他是那些凡乐意接受真理之人的教师。他赢得了许多犹太人及希腊人的尊重。他是那位弥赛亚。当他被我们中间的重要人物控告并被彼拉多定罪钉死在十字架上后，从前热爱他的人之所以没有止息对他的爱，乃是因为他在第三天复活之后曾向他们显现，因为神的先知已对这些事及有关他的无数奇事做了预言。那些因他而得名的基督徒，直到现在还仍未消失。③

另一处出现在第20 篇9 章1 节，在该段文字中，耶稣被视为雅各的兄弟，同时代人称他为"基督"（Christos）。一般而言，学者通常用第20 篇中的"雅各段落"来论证耶稣存在的历史性，而用第18 篇中的"弗拉维斯的证词"

---

① ［英］马素尔：《我信历史上的耶稣》，第157 页。
② ［英］马素尔：《我信历史上的耶稣》，第76 页。
③ ［美］保罗·梅尔编译：《约瑟夫著作精选——〈犹太古史〉与〈犹太战记〉节本》，第279 页。

（Testimonium Flavianum）来证明耶稣被本丢·彼拉多处死。前者表明耶稣是一个真实的历史人物，是雅各的兄弟，同时代人称他为弥赛亚、基督；而后者表明耶稣曾在罗马当局手中被钉十字架，三日之后又复活显现的事迹。从表面上来看，两段文字的用语似乎都十分清晰，但有些学者并不就此认定约瑟夫描述的就一定是历史事实，因为他们长期怀疑，现在所流传的《犹太古史》版本很可能是后来经基督教篡改的作品。但是，也有学者，比如约瑟夫作品的研究权威路易斯·费尔德曼（Louis Feldman, 1926 – 2017）认为，即使约瑟夫的作品很可能曾被基督教篡改，但是这也不能否认《犹太古史》第20篇第9章第1节所描述内容的真实性。[1] 何况，也有人认为，虽然约瑟夫的描述可能并非全然的事实，但是，他毕竟是从一个真实的核心，即耶稣被本丢·彼拉多处死这一事实出发的，这一点和《新约》正典文献的记载是相通的。因此，就算是基督教对其作品有所篡改，也是在这一核心基础之上进行的。[2] 这样来看的话，抛去历史学家固有的成见，约瑟夫毕竟为我们了解历史上真实的耶稣提供了一个极为重要的视角。

犹太资料中，除约瑟夫的作品之外，巴比伦的《塔木德》（The Talmud）也曾隐约提到过耶稣。该作品虽成书较晚（约公元5世纪才被记录下来），但其中也包括了一些较早的材料，有些甚至可以追随至公元1世纪。[3] 遍览文本，其中约有6次提到"耶稣"，其用词通常为 Yeshu，或 Yeshu ha-Notzri，ben Stada 和 ben Pandera。其对耶稣形象的描绘，大致记录如下：（1）耶稣名为班·潘底拉（ben Pandera，意为潘底拉之子），是他母亲为情夫潘底拉诱惑所生的私生子；（2）他逃到埃及，并在那里学过法术，因此他能行许多奇事，欺骗百姓；（3）他自称为神；（4）他受公会审判，控以行骗及教人背叛之罪；（5）他是在逾越节前夕被钉十字架，或（根据另一种传说）先被判石打，然后再吊死；（6）他有五个门徒，名为马泰（Matthai）、尼凯（Neqai）、尼哲尔（Netzer）、布尼（Buni）及妥达（Thodah）。[4] 从这些描述来看，巴比

---

① ［美］保罗·梅尔编译：《约瑟夫著作精选——〈犹太古史〉与〈犹太战记〉节本》，第299页。

② Andreas J. Köstenberger, L. Scott Kellum, Charles L Quarles, *The Cradle, the Cross, and the Crown: An Introduction to the New Testament*, Nashville: B&H Publishing Group, 2009, pp. 104 – 105.

③ ［美］麦资基：《新约导论》，苏蕙卿译，香港：基督教文艺出版社1976年版，第55页。

④ ［美］麦资基：《新约导论》，第55—56页。

伦《塔木德》描绘的耶稣形象虽然与《新约》正典有很大出入，甚至来说是遭到极大歪曲，但是有一点不可否认，即正是这种差异本身表明耶稣确实曾在历史之中真实地存在过。基督教极力宣扬这一点，犹太教也并不否认，尽管后者是站在对立面并极力加以诽谤和歪曲来呈现耶稣形象的。由此，我们可以得出一个并不草率的结论：虽然巴比伦《塔木德》对我们了解历史上真实的耶稣并没有添加什么新材料，但毕竟从相反的对立面表明耶稣这个人确实在历史当中存在过，而至于其是否像他所自称的是神或神子，最起码从该文献我们难下判断。因此，还尚需更多的材料来为我们提供佐证。

2. 罗马文献。罗马历史学家塔西佗在他的著作《编年史》（Annals）第15卷44章中提到了基督（Christus），并记载了他被罗马巡抚处决以及此后早期基督教在罗马悲惨的生存状况。① 一般而言，学者们普遍承认塔西佗《编年史》作为一个与早期基督教相独立的罗马文献来源，其本身的重要性。另外，人们也倾向于认为塔西佗关于耶稣被彼拉多处决的记载是真实的，因为一方面从记载情况来看，作为一个罗马历史学家，他所记载的相关事情未表现出对基督徒任何的同情；另一方面从对照的视角来看，塔西佗有关耶稣的记载与约瑟夫以及稍后我们即将提到的小普林尼给图拉真皇帝的信中所记载的内容几乎是一致的。不过，这种一致并没有打消个别学者的怀疑，在他们看来，塔西佗毕竟是在耶稣受难多年之后才出生，那么他所记载的事情也就并非自己所亲历见证，而且更糟糕的是，塔西佗并没有在自己的作品中进一步交代他所记载信息的来源。这样一来，有关该记载的真实性也就不能说是已成定论的。

除塔西佗的记载外，罗马历史学家苏维托尼乌斯（Suetonius，约69 - 122）在他的《罗马十二帝王传》（The Lives of the Twelve Caesar，又译《十二恺撒传》）第五卷"神圣的克劳狄传"第 XXV 节和第六卷"尼禄传"第 XVI 节中也曾提到早期基督徒和他们的领袖：基督（Chrestus）。其中前者在提到耶稣时，将耶稣基督看作蛊惑犹太人制造骚乱的领袖；② 而后者提到基督教

---

① ［古罗马］塔西佗：《编年史》（下册），王以铸、崔妙因译，商务印书馆2013年版，第598—560页。

② ［古罗马］苏维托尼乌斯：《罗马十二帝王传》，张竹明、王乃新、蒋平等译，商务印书馆2000年版，第209、232页。

时，则将他们描绘为一群"新的和为非作歹的宗教信徒"①。从用语来看，两处描述均像塔西佗以及小普林尼的描绘一样，充满了对基督徒的蔑视。当然，这也成为部分学者认定其描述内容真实性的重要论据。不过，这一点并不能保证免除多方面的怀疑，因为谁也无法保证苏维托尼乌斯所称述的"Chrestus"和拿撒勒人耶稣就是同一个人。

3. 其他来源。除约瑟夫斯、塔西佗、苏维托尼乌斯以及巴比伦《塔木德》等主要文献曾提及耶稣之外，一些其他文献或作品也曾隐约地提到过耶稣及早期基督徒的情况，而这其中就包括小普林尼（Pliny the Younger，约62–113）写给时任皇帝图拉真的信和马拉·巴·谢拉皮翁（Mara Bar-Serapion）写给他儿子的家书。前者谈及的是如何处理日益增多的基督徒的问题，因为他们拒绝敬拜皇帝而崇拜基督（Christus）；② 而后者则只是可能地谈到了耶稣，因为他提到耶稣时并没有明确的称呼，而只是称他为犹太"智慧之王"。③ 由此可见，这里所提及的信息也都还是充满了模糊性，以致人们很难得出一个确切的结论。当然，也许有人觉得是因为我们目前掌握的资料不够，但是，可以肯定地说，如果没有决定性的材料进一步被发觉，任何零星半点的提及也就只能是可能的推测。那么，我们自然会问，从以上诸多典外文献和历史学家的记载中我们到底能得出什么有益的结论呢？答案或许比我们想象得更加糟糕，关于历史的耶稣我们仍然得不出任何可靠的结论，探索仍需进行，在此之前，恐怕我们尚不能轻下定论。

三 三次有关历史耶稣的探索

从以上的探讨来看，福音书和历史学家有关历史耶稣形象的问题虽然达成了一些积极的结论，比如耶稣是真实地出现在历史当中的一个人，他被罗马当时的执政官处死等，但是总体来说，各种文献中的相关记载充满了矛盾和模糊之处，因而我们很难得出一个有关历史耶稣清晰的图像。针对这种现象，近代

---

① ［古罗马］苏维托尼乌斯：《罗马十二帝王传》，第232页。

② ［美］麦资基：《新约导论》，第56页。

③ 或者根本不是指耶稣，因为这里根本没有涉及任何与基督教相关的主题，将此处的"犹太智慧之王"看作耶稣，也不过是后人的猜测，并没有切实的证据表明这里指的就是拿撒勒人耶稣，因此，学界对此颇有争议。参见［美］麦道卫：《新铁证待判》，尹妙珍等译，宗教文化出版社2006年版，第166—167页。

之后曾出现过三次有关历史耶稣问题的学术研究，意图通过新材料的挖掘和新研究方法的使用在学术上廓清历史耶稣的基本图像。原来三次探索并没有一个统一的名称，在德国神学家阿尔伯特·史怀哲于 1906 年发表《历史耶稣的探索》①之后才有了一个较为固定的表达，并且一直沿用至今。在该著中，史怀哲回顾并总结了自启蒙运动之后一百多年间有关历史耶稣研究的基本状况，②得出了既悲观又乐观的结论。悲观的结论认为如今人们已经很难真正知道历史上的耶稣，而乐观的结论却说福音书已经为信徒提供了足够多的启示，历史耶稣的真相其实无关紧要。③距离第一次探索几乎又过去了一个百年，而这之间又进行了"新的探索"和"第三次探索"，但是关于历史耶稣的探究依然没有一个令人信服的结论，基督教神学思想家依然在"历史的耶稣"和"信仰的基督"的分立中争持不定，而这恰恰又成为现代基督论必须面临的出发点。因此，在开始讨论潘能伯格基督论之前，我们必须尝试厘清这一相关背景。

根据史怀哲的提示，人们普遍倾向于将第一次探索的开端与雷马鲁斯的著作《片段》（*Fragments*）④ 的出版联系起来。在该著中，雷马鲁斯将耶稣描述为一个不成功的政治人物，他因向人们布道和传教而被钉死在十字架，其实当时人们并不视他为神或神子，只是他的死使他的门徒们形成了关于他是受难的救赎者的观念。同样，雷马鲁斯也不承认复活是一个真实的历史事件，在他看来，所谓复活不过是他的门徒把耶稣的尸体从坟墓里偷出来，再编造出复活和复临的教义以用来骗人的把戏。⑤ 所以，他主张"历史上真正的耶稣

---

① 该著作最先于 1906 年以德文在图宾根出版，其德文书名为 *Von Reimarus zu Wrede*：*Geschichte der Leben-Jesu-Forschung*（《从雷马鲁斯到弗雷德：耶稣生平研究的历史》），但是，据麦格拉斯（Alister E. McGrath，1953－ ）推测，该书在英文翻译中可能鉴于其书名的沉闷从而改变了书名，更改后的翻译书名为 *The Quest of the Historical Jesus*：*A Critical Study of its Progress from Reimarus to Wrede*（《历史耶稣的探寻：从雷马鲁斯到弗雷德过程的一种批判性研究》）。也许，正应了麦格拉斯的推测，该书以英文更名出版后名声大噪，从而也使得这一系列研究有了一个固定的名称。参见［英］麦格夫《历史神学：基督教思想历史导论》，赵崇明译，香港：天道书楼有限公司 2002 年版，第 336 页。注：麦格拉斯，又译"麦格拉思""麦葛福""麦格夫"等。

② 学界普遍称这一阶段的探索为"原始探索"或"第一次探索"。

③ 赵敦华：《圣经历史哲学》（下卷），第 5 页。

④ 该著原为揭示基督教和犹太教真实情况而写，但雷马鲁斯怕惹起事端，故在生前并未发表，而是后来由莱辛负责出版。

⑤ Darrell L. Bock, *Studying the Historical Jesus*：*A Guide to Source and Methods*, Leicester：Baker Academic & Apollos, 2002, p. 143.

被使徒时代的教会掩藏了，教会用虚构的信仰的基督、拯救罪人的救赎主代替了历史上真正的耶稣"①。由此可见，在雷马鲁斯的笔下，耶稣不仅完全沦为一个历史的人物，而且他那些所谓超自然的神迹也不过是门徒的杜撰和虚构而已。对于当时的学界来说，这种观点并不新颖，但是马素尔认为，雷马鲁斯所使用的方法象征性地开启了现代自觉批判工作的新纪元。②自此之后，"人们开始真正相信有可能重构历史上真正的耶稣，并将耶稣从使徒为他所穿上的教义外衣解脱出来"③。

　　雷马鲁斯之后，大卫·施特劳斯写了《耶稣传》，以继承这项历史研究工作。在该书中，他企图通过一种不偏不倚的历史研究方法对耶稣的生平事迹加以分析。但通过分析得出的结论却表明，福音书中记载的那些所谓超自然事件，不过是想象和虚构的神话而已，历史中不可能有像从死里复活这类事件的发生。因此，在他看来，福音书里许多有关耶稣的记载不过是神话式的描述而已，没有任何历史根据。另外，他还特别考察了《约翰福音》的历史特征，对此他有一种近乎激进的表述：耶稣的价值并不在福音书所描述的历史当中，而在于教会归于他的价值当中。④施特劳斯之后，威廉·弗雷德（William Wrede，1859－1906）在1901年出版了《福音书中的马可福音》（*Das Messiasgeheimnis in den Evangelien*）一书，使人们进一步注意到了福音书中的历史耶稣问题。在该书中，弗雷德讨论了《马可福音》中弥赛亚这一主题。在他看来，马可所强加的秘密也掩盖不了耶稣的职分并非弥赛亚这一事实，因此耶稣在《马可福音》中对门徒和其他人的教导，即不要称他为弥赛亚，不过是早期基督教的一种神学建构。但是，弗雷德认为，如果《马可福音》不能帮助我们找到历史的耶稣，那么福音书中所描绘的诸种历史形象也将随之崩塌。对于许多学者来说，而这正是20世纪神学一开始就面临的难题，比如布尔特曼就曾消极地宣称，除了知道他曾经生活过之外，关于历史上的耶稣我们几乎一无所知。⑤

　　自弗雷德之后，所谓第一次的探索也就基本宣告结束了。这次探索由于

---

①　［英］麦格夫：《历史神学：基督教思想历史导论》，第338页。

②　［英］马素尔：《我信历史上的耶稣》，第121页。

③　［英］麦格夫：《历史神学：基督教思想历史导论》，第339页。

④　Darrell L. Bock, *Studying the Historical Jesus: A Guide to Source and Methods*, p. 143.

⑤　Darrell L. Bock, *Studying the Historical Jesus: A Guide to Source and Methods*, p. 144.

选择了理性主义历史研究的道路最后走入了死胡同，"历史的耶稣"和"信仰的基督"之间仍然横亘着一条宽大的鸿沟，除此之外，别无其他。① 因此，在此后的半个世纪之内，几乎再没有关于耶稣生平研究的著作出版，因而这一段时期也被称为"无探索期"（no quest period）。②

相比于第一次和第三次探索起始时间备受争议，第二次也即"新探索"（New Quest）却有一个比较确切的时间。一般认为，这次探索始于 1953 年 10 月 23 日恩斯特·凯泽曼在马堡大学年度校友聚餐会上做的题为"历史耶稣的问题"（The Problem of the Historical Jesus）的著名演讲。在该演讲中，凯泽曼认为，第一次探索的结果和布尔特曼关于历史耶稣的不可知论都被过分放大了，以致走入了一个极端。因此，为了纠正这种悲观消极的倾向，凯泽曼呼吁通过系统运用历史分析的工具来进一步展开对历史耶稣富有成果的新探索。这一呼吁最先得到博恩卡姆的回应。在 1956 年出版的《拿撒勒人耶稣》（Jesus of Nazareth）当中，博恩卡姆斩钉截铁地说："十分清晰的是，福音书关于耶稣的信息、行为和历史记载的真实性是尤为突出的……这些特征直接将我们带到耶稣在世的形象上。"③ 可以说，正是博恩卡姆的这个宣言为此后的探索提供了动力。于是，詹姆斯·罗宾逊也在 1959 年出版了《历史耶稣的新探索》（A New Quest for the Historical Jesus）表达了美国学者对该问题的关切。④ 但是，这一热切并没有持续多久，到 60 年代的时候，第二次探索的最初动力

---

① 这种消极的结论也常见于史怀哲对第一次探索批评性的总结回顾，在他看来，所有 19 世纪对耶稣的描述不是简化了就是忽略了耶稣的末世论信息，而他认为，对历史耶稣的研究必须回到耶稣的犹太背景当中去，认真考虑他的犹太性。所以，在第一次探索结束后，他得出结论说，所有对历史耶稣的探索终究也是徒劳的，于是他放弃了《圣经》学术研究，到非洲做了一名医疗传教士。当然，也并不是所有人都对这第一次探索持消极态度，约翰内斯·魏斯（Johannes Weiss，1863－1914）就曾在 1892 年出版的《耶稣的上帝国宣讲》（Jesus's Proclamation of the Kingdom of God）中，通过强调耶稣信息的犹太背景而为福音书中所描绘的耶稣形象辩护，在他看来，耶稣在他的教导中宣告了上帝国的将临。几乎与此同时，马丁·克勒在 1896 年出版了《所谓历史的耶稣和历史的、圣经的基督》。在该书中，克勒认为，历史的耶稣和《圣经》的基督交织于福音书的信息当中，因此人们不能轻易地将两者分开。关于克勒，请参看 Martin Kähler, The So-called Historical Jesus and the Historic, Biblical Christ, tans., Carl E. Braaten, Philadelphia: Fortress Press, 1964。

② Darrell L. Bock, Studying the Historical Jesus: A Guide to Source and Methods, p. 144.

③ Günther Bornkamm, Jesus of Nazareth, translated by Irene and Fraser McLuskey with James M. Robinson, London: Hodder and Stoughton, 1973, p. 24.

④ James M. Robinson, A New Quest for the Historical Jesus, London: SCM Press, 1963.

便已渐渐消失。不过，虽然新探索持续时间较短，但总体来说还是澄清了一些问题。比如，不像第一次探索那样激进，凯泽曼主张，福音书纵然是一个神学作品，但毕竟向我们传达了一些了解历史耶稣有用的资料，因此，福音书绝非单纯的宗教作品，它同时包含了福音宣告和历史记载两种要素在内。福音书宣告的"信仰的基督"和在世的"历史的耶稣"本质上是相关的，因为它们共同建基于历史中拿撒勒人耶稣的宣讲和行动。由此可见，新的探索与旧的探索（Old Quest）之间本身存在着根本差别，后者的目的在于使人们对《新约》所描绘的耶稣形象产生怀疑，而前者却企图通过强调耶稣的宣讲和早期教会关于耶稣的宣讲之间的连续性来确立《新约》关于耶稣形象描绘的可信性。① 而这与布尔特曼贬低耶稣历史性的做法有根本不同，因而也在某种程度上揭示了其弟子与他在该问题上的决裂。

　　新的探索在20世纪60年代后基本衰落，自此之后，圈内又出现了一批著作企图重新描绘历史的耶稣。第三次探索通常就指这些作品。但是，与第二次探索不同，第三次探索没有明确的开始时间，也没有共同的主题以供归类。② 人们只是围绕历史耶稣的问题从不同层面使用不同的方法展开追问，是英国《新约》学者尼古拉·托马斯·怀特（N. T. Wright, 1948－）在1992年创造了"第三次探索"（The Third Quest）一词，用来指代这些新方法，并且在学界越来越通行。不过，虽然第三次探索卷帙浩繁，且之间往往缺乏一定的共通性，但是，在某些方面却可以总结出一些一致的特征：（1）大体上来说，参与第三次探索的作者较之前的探索者更重视理解福音的历史性；③（2）随着考古学在历史耶稣研究中扮演越来越重要的角色，人们也更倾向于去考察耶稣生平和行迹的犹太背景或希腊背景；（3）相比于前两次探索，第三次探索呈现出了跨学科和跨区域的综合性特点，从这一时期研究历史耶稣的文献可以看出，这次探索的参与者绝非来自一国一地，而是有全球多个学科的大量学者参与。

---

① ［英］麦格夫：《历史神学：基督教思想历史导论》，第348—349页。
② ［英］麦格夫：《历史神学：基督教思想历史导论》，第349页。
③ Darrell L. Bock, *Studying the Historical Jesus: A Guide to Source and Methods*, p. 147.

总的来说，尽管第三次探索对历史耶稣的真实性表现出了极大兴趣，但是不同学者重构的历史耶稣形象也大为不同，因而也很难得出一个统一的历史耶稣形象。面对这一处境，现代神学，尤其是涉及基督论问题时便会不自觉追问，到底是"历史的耶稣"还是"信仰的基督"，抑或两者的结合才是现代基督论真正的出发点？

第二节　基督论的基本问题

之所以花大量的篇幅来讨论历史耶稣形象的问题，一方面是想努力把问题讨论的方向从上帝及其历史启示转入具体的耶稣问题；另一方面则是想交代清楚潘能伯格基督论的出发背景。因为只有厘清这些内容，我们才能理解潘能伯格处理的基督论问题既不是空穴来风，亦不是无本之木。然而，就目前的讨论情况来看，不论是基督教正典文献的描述，还是与之相独立的典外文献的记载，抑或是浩浩荡荡的三次关于历史耶稣的探索运动，最后都未能向我们提供一个统一的历史耶稣形象，甚至更糟糕的是，这些探索反而加剧了历史耶稣与信仰基督之间的分立。当然，如果这算是消极结果的话，那么积极的结论便是，基本上可以确定耶稣确实曾在历史上存在过，但至于他是否像基督教所宣讲的那样，抑或像历史学家所记载的那样，这一问题依然是个谜。既然局面如此，现代基督论又如何重塑自己的根基呢？这便是潘能伯格基督论所有问题的核心。

一　基督论的论题、方法和类型

顾名思义，基督论要讨论的是作为认信与信仰基础的耶稣基督。[①] 但是，潘能伯格指出，这一看似理所当然的问题，却可以有不同理解，即基督论所讨论的到底是提比略（Tiberius）皇帝时期在罗马总督本丢·彼拉多手下被钉

---

① Wolfhart Pannenberg, *Jesus—God and Man*, trans. , Lewis L. Wilkins and Duane A. Priebe, Philadelphia: The Westminster Press, 1968, p. 21. 该英文本由 1964 年在居特斯洛出版的德文本《基督论的基本问题》（*Grundzüge der Christologie*）更名翻译而成。另外，该书的前一小部分由朱雁冰译出，曾刊于 2000 年 12 月的《道风：汉语基督教文化评论》中（第 89—126 页），后收录于《潘能伯格早期著作选集》。

十字架受难的耶稣，还是通过教会宣讲而在今天临在的基督?[1] 前者是当时的、历史的耶稣，而后者是复活并被高升和宣讲的信仰的基督。启蒙运动之后，随着历史批判解经方法和探索历史耶稣运动的盛行，两者之间的分立变得愈加严重，以至于成为现代神学无可逃避的议题。针对这一问题，潘能伯格的基本见解是："两者绝不应当相互排斥，今日所宣讲的基督正是当时生活于巴勒斯坦、在彼拉多手下被钉十字架的耶稣，反之亦然。"[2]

初看之下，得出这样的结论似乎并不困难，但是这里蕴含着一个深刻的差别，即到底是从耶稣本身还是从信徒对他的宣讲来开始讨论耶稣的问题。从教义历史的层面来看，自克勒出版《所谓历史的耶稣和历史的、圣经的基督》之后，从宣讲的基督出发来建构基督论日渐占据主导地位。[3] 在前面讨论第一次历史耶稣探索时我们就已经提到过，克勒从根本上反对这种盛行的耶稣生平研究，在他看来，"历史的耶稣"与"信仰的基督"交织存在于福音书当中，不能轻易地将二者分开。在这一点上，克勒的立场似乎与潘能伯格一致，但在之后进一步的解释中二者却产生了极大的分歧。对于克勒来说，"历史的耶稣"和"信仰的基督"统一于教会的宣讲，现实的基督便是被宣讲的基督，其历史真实性不能依赖历史研究方法来挖掘，而应诉诸其留给后世的真实影响。显然，这一路径和布尔特曼所强调的宣讲的基督对于个体生存的影响的说法走到一起去了。但是，潘能伯格指出，这种做法同时犯了两种错误：第一，毫无批判地就把福音记载和教会宣讲的基督与历史上真正的耶稣等同起来了；第二，这种把耶稣的历史现实性等同于他"个人影响"的做法最后只能将耶稣沦为个体主观信仰的衍生品，而后者是随个体生存处境的变化而变化的，所以并不能保证信仰基础本身不受怀疑，何况，从另一层面来讲，对于那些不信者来说，这种"个体影响"根本无从谈起。[4]

与克勒以及布尔特曼不同，潘能伯格主张基督论的研究必须回到使徒宣

① Wolfhart Pannenberg, *Jesus—God and Man*, p. 21.

② Wolfhart Pannenberg, *Jesus—God and Man*, p. 21.

③ 具体请参见 Martin Kähler, *The So-called Historical Jesus and the Historic*, *Biblical Christ*, trans., Carl E. Braaten, Philadelphia：Fortress Press, 1964。

④ Wolfhart Pannenberg, *Jesus—God and Man*, pp. 22 – 23.

讲之前的耶稣，回到历史耶稣本身，这是可能的，也是必要的。① 之所以说是可能的，是因为在这方面做出过杰出贡献的一些神学家，包括赫尔曼、凯泽曼、福克斯、博恩卡姆等人已经为我们从事这一工作扫清了部分障碍；而之所以说是必要的，一方面的理由在反对克勒的观点中我们就已经看到；另一方面的理由则是，《圣经》的统一性在对《新约》见证人自己的陈述比较中是把握不到的，因为它只存在于所有陈说以之为根据的唯一的耶稣身上。而这就是说，只有返归到使徒宣讲的背后，把《新约》中使徒的见证当作历史资料来源而不是宣讲或布道经文的时候，它才可以为人认识，因为作为历史资料来源，它们不仅说明"从前曾经为人所信的东西"，而且还要让人对基督徒所信仰的耶稣本身有所认识。② 其实，不止潘能伯格，艾伯林（Gerhard Ebeling，1912 - 2001）早在 1962 年出版的《神学与宣讲》（*Theologie und Verkündigung*）一书中就针对布尔特曼派所主张的宣道神学提出过批评。他说："如果宣道所关涉的人我们无法具体地确定其历史真实性，那么耶稣与宣道的关系就只存在于一系列对耶稣作为无足轻重的、偶然的且毫无意义的密码的理解的宣称之中。在这种意义上，那么宣道——如果它还能称为宣道的话——就只是一种纯然的神话。"③ 所以，依照艾伯林，如果宣讲没有历史上的耶稣本身作为根据，那么它就只是信仰的产物。潘能伯格十分认同这一观点，并做出了与之类似的陈述："基督事件的启示特征必须符合当时的事件本身，否则它就只会是我们解释中之主观臆断而已"，而信仰最先所关涉的也是"耶稣曾经之所是"，在此之后，我们才能了解他今天对我们之所是以及今天对他的宣讲何以可能。④

由此可见，潘能伯格强调的重点是，基督论的课题必须回到使徒宣讲之前的真实的、历史的耶稣，而后由此出发进一步去探讨耶稣的神性及其之于我们今天的意义等相关问题，而不是相反。要做到这一点，潘能伯格提醒我

---

①　Wolfhart Pannenberg, *Jesus—God and Man*, p. 23.

②　Wolfhart Pannenberg, *Jesus—God and Man*, pp. 23 - 25. ［德］潘能伯格：《潘能伯格早期著作选集》，第 60—62 页。

③　Gerhard Ebeling, *Theology and Proclamation: A Discussion with Rudolf Bultmann*, trans., John Riches, London: Collins, 1966, p. 64.

④　Wolfhart Pannenberg, *Jesus—God and Man*, p. 28.

们必须注意两种倾向：第一，传统教义学有关神性先存、道成肉身、三位一体的论述，该种倾向把结果当成发展之理所当然的前提和基础，事先预设了耶稣的神性；第二，宗教情感，该种倾向同样事先预设了有关耶稣复活并升天的事实，并容易把这种倾向带到对耶稣进一步的体认当中。潘能伯格认为，两种倾向和做法都预设了教会或教义学所宣称的耶稣的神性作为前提，从而忽略了隐藏在这些宣称背后真正的耶稣。要避免这一点，就必须使教义学关于基督论的探讨重新"回到《新约》基督论之前，回到他应返归的、承载着耶稣信仰的基础，即耶稣的历史本身"①。所以，潘能伯格总结说："基督论的任务便是，从历史耶稣论证对他的意义的真正认识，这种认识可以概括为：在这个人身上，上帝被完全揭示出来了。"②

早期潘能伯格认为，要完成这一任务，在方法上必须遵循"自下而上的基督论"（Christology from below），而不是"自上而下的基督论"（Christology from above）。根据潘能伯格，两者的区分是：所谓"自上而下"，即从耶稣的神性出发的基督而言，道成肉身的概念居于中心地位；而"自下而上"，即从作为历史的人的耶稣上升以达到对其神性的认识的基督论则相反，首先关涉的是耶稣的信息和他的命运，最后才触及道成肉身的思想。③ 从教义史的角度来看，"自上而下"基督论自伊格纳修（Ignatius of Antioch，约 35 – 107）④ 和阿他那修（Athanasius of Alexandria，约 298 – 373）⑤ 之后，就一直是传统基督论的主流。甚至到现代，我们在巴特那里依然可以看到他对这种道路的坚持。⑥ 相比而言，"自下而上"的基督论虽早已有之，但在传统基督教有关耶稣基督问题的讨论中一直未占主流，只是到了近代之后，在施莱尔马赫、里敕尔那里才渐渐盛行，以至于在当代新教教义学圈子里，我们仍能看到在艾尔莱特、阿尔特豪斯、布伦纳、葛嘉滕以及艾伯林等人那里以不同形式采取

---

① Wolfhart Pannenberg, *Jesus—God and Man*, p. 29.

② Wolfhart Pannenberg, *Jesus—God and Man*, p. 30.

③ Wolfhart Pannenberg, *Jesus—God and Man*, p. 33.

④ 有关伊格纳修的基督论思想，请参见［美］胡斯都·L. 冈萨雷斯《基督教思想史》（第一卷），陈泽民等译，陈泽民等校，译林出版社 2008 年版，第62—72 页。

⑤ ［美］胡斯都·L. 冈萨雷斯：《基督教思想史》（第一卷），第 75—85 页；也可参见［古罗马］阿塔那修《论道成肉身》，石敏敏译，生活·读书·新知 三联书店 2009 年版，第 75—155 页。

⑥ Wolfhart Pannenberg, *Jesus—God and Man*, p. 33.

了这一道路。①

　　早期潘能伯格支持第二种进路。在他看来，"自上而下的基督论"从根本上存在以下三点缺陷：第一，"自上而下的基督论"事先预设了耶稣的神性为前提，以至于有关基督的认信都是在此基础上做出的，从而缺乏足够能说服人的理由；第二，从逻各斯的神性出发，并且只能在上帝与人在耶稣身上的结合中发现其问题的基督论，很难达到对拿撒勒人耶稣——这个现实的、历史的人——的独特特征的决定性认识；第三，为了追随上帝之子进入世界的道路，人们可能必须站在上帝本身的立场，然而，事实上我们总是从一种历史的、决定性的人类处境的语境下思考（这一问题），我们永远不可能径直地跨越这一界限。因此，我们的出发点只能是探索作为人的耶稣，只有这样我们才能探求他的神性问题。② 由此可见，早期的潘能伯格在基督论的方法问题上十分坚决，不过，必须指出，晚年的潘能伯格却并没有将这一主张坚持到底。在系统神学时期，潘能伯格就一改此前激进的立场，转而强调"自上而下的基督论"与"自下而上的基督论"两种路径的结合与互补。③ 至于这种转变的理由，潘能伯格在《系统神学》第二卷的相关文本中似乎已有暗示，他说："拿撒勒人耶稣的人类历史现实性唯有在他出自上帝的起源的光照下才能得到合适的理解。"④ 换句话说，要想确立历史耶稣神性的根据，就不仅要从他与人类的救赎论观念出发，而且要从上帝在耶稣里的神性启示这一视角来思考。这样的话，两种路径的正确关系就应当被理解为互补，而不是绝对排他。⑤

二　历史耶稣的神性根据

　　从方法论的视角来看，论述耶稣基督的神性一般而言有两条路径："自上

---

　　① Wolfhart Pannenberg, *Jesus—God and Man*, pp. 36 – 37.

　　② Wolfhart Pannenberg, *Jesus—God and Man*, pp. 34 – 35. 亦可参见［德］潘能伯格《潘能伯格早期著作选集》，第 74—75 页。

　　③ 请参见［德］潘能伯格《系统神学》（卷二），李秋零译，香港：道风书社 2017 年版，第 376—400 页。

　　④ ［德］潘能伯格：《系统神学》（卷二），第 389 页。

　　⑤ ［德］潘能伯格：《系统神学》（卷二），第 390 页。所以在潘能伯格看来，他前期和后期的思想之间本身并没有根本性的断裂，只不过是对同一问题阐释的视角转变而已。当然，这也是他对那些错误理解两种方法和路径关系以及自己思想的人的最有力的批评。

而下"和"自下而上"。不过，对于早期的潘能伯格来说，他更倾向于"自下而上"的路径。对他来说，"自上而下"并非通途。在述及基督论的方法时，他就郑重提醒人们："我们的出发点必然在于探求作为人的耶稣，只有通过这条途径才可能探求他的神性问题。神性的逻各斯，即三位一体中的第二位格怎么可以除开道成肉身、除开作为人的耶稣而加以思考，这完全是我们所无法想象的。"① 不过，尽管这一观点有些极端，但潘能伯格并非没有为自己留下后路。在拒绝一种"自上而下的基督论"之后，他也不忘在一定程度上承认这一问题提法的"相对合理性"。② 而这在某种程度上为他系统神学时期转变态度埋下了伏笔。所以，综合来看，讨论拿撒勒人耶稣的神性根据依然是"自下而上"和"自上而下"两种路径的结合。不过，鉴于潘能伯格这种前后态度的差异，此处我们依照他自身思想发展的逻辑，先看他在早期有关耶稣神性根基的论述，再着力探讨系统神学时期他对两种方法和路径的融通。

从早期来看，潘能伯格对基督论的主题定位是"讨论作为认信与信仰基础的耶稣：他是上帝的基督"③。从表述来看，这一定位为我们提供了两条关键信息：第一，基督论讨论的是作为认信与信仰基础的历史的耶稣，而不是使徒和教会的宣讲；第二，作为认信与信仰基础的耶稣，他是上帝的基督，上帝从他当中显示出来，并通过他与人在历史中"相遇"。由此可见，对于早期的潘能伯格来说，基督论及其相关问题首先是从拿撒勒人耶稣及其历史开始。但是，他也强调："尽管基督论必须从作为人的耶稣开始，它的首要问题也一定关涉他与上帝的一体性"，"如果每种有关耶稣的陈述都以独立于上帝的关系来进行，那么结果只能粗鲁地扭曲他的历史现实性"。④ 这一点早在现代有关历史耶稣的探索那里就已经显示了出来。所以，潘能伯格纠正说："在任何情况下，如果我们关心的不仅仅是有关耶稣生平外在环境的描述，而且是他显现之总体特征的话，

---

① ［德］潘能伯格：《潘能伯格早期著作选集》，第 75 页。Wolfhart Pannenberg, *Jesus—God and Man*, 1968, p. 35.

② ［德］潘能伯格：《潘能伯格早期著作选集》，第 76 页。

③ Wolfhart Pannenberg, *Jesus—God and Man*, p. 21.

④ Wolfhart Pannenberg, *Jesus—God and Man*, p. 36.

那么关键就在于他与上帝，或者更精确地说，在于他同以色列上帝的关系。"①

溯及拿撒勒人耶稣与上帝的关系，首先触及的便是上帝在拿撒勒人耶稣中临在的方式。而这不仅关涉上帝神性的基础问题，而且也关涉上帝如何通过耶稣向人显现，并把拯救的大爱与福音传达给世人的问题。总结传统基督教有关上帝在耶稣里临在的讨论，潘能伯格区分了五种不同的形式：（1）通过圣灵而临在。这种形式表明，通过圣灵，耶稣不仅与犹太人的盼望、与最后的先知、与人子、与上帝的仆人、与弥赛亚等形象联系了起来，而且直接地与上帝自身同一。潘能伯格指出，这种观念显然是犹太传统与希腊化思想在早期基督教里的融合，其理论形态便是《约翰福音》一章 14 节中最早呈现的"道成肉身"观念，以及此后在安提阿的伊格纳修、伊里奈乌（Irenaeus of Lyons，约130 – 202）以及德尔图良那里的发展。不过，与这些所谓正统教义对立，同时也形成了嗣子论（adoptionism）的异端。②（2）实质性的临在（substantial presence）。这种观念主张上帝在耶稣里充分及完全临在，并视耶稣基督不仅仅是人，而且是一个神圣位格。潘能伯格认为，这种观念本身与上帝通过圣灵而临在的观念很难区分，因为圣灵本身也被构想为一个神圣的实体，其本质上是神圣的。③（3）中保的基督论（mediator Christology）。该种基督论对所有上帝直接在耶稣里临在的方式不感兴趣，它关注的是耶稣在神人之间的中保地位，视耶稣为联结神人的桥梁。潘能伯格指出，这种观念表明，它在做出认信之前就已经毫无批判地事先肯定了神人在耶稣基督里的同一。④（4）作为显现的临在（presence as appearance）。此种观念认为上帝在耶稣基督里作为一种显现，或者更恰当地说，作为独一的显现而临在，不过，人们虽然可以在耶稣基督身上发现上帝的神显，却并不接受耶稣与上帝本质的同一。与这种观念相应，历史上形成了与之相关的几种异端：幻影说（Docetism）、形态论（Modalism）和象征说（Symbolism）。⑤（5）启示性的临在（revelational presence）。这一观念表明上帝通过启示和显现而临在，它并不反对耶稣与上

---

①　Wolfhart Pannenberg, *Jesus—God and Man*, p. 36.

②　Wolfhart Pannenberg, *Jesus—God and Man*, pp. 116 – 121.

③　Wolfhart Pannenberg, *Jesus—God and Man*, pp. 121 – 123.

④　Wolfhart Pannenberg, *Jesus—God and Man*, pp. 123 – 125.

⑤　Wolfhart Pannenberg, *Jesus—God and Man*, pp. 125 – 126.

帝本质的同一，而毋宁包含了实质性的临在、包含了耶稣与上帝本质性同一的观念在内。①

通过对教义史的梳理，潘能伯格阐明了传统基督教有关上帝与耶稣之间关联的基本认知。在他看来，前四种临在形式虽均有自己的立论基础，且在一定程度上的确说明了耶稣与上帝之间在不同层面的关联，但在它们那里仍有一个根本的逻辑缺陷，即在未澄清耶稣神性的来源和基础之前就已经率先预设了耶稣基督的神性先存（preexistence），预设了他与上帝神性的统一。与前四种临在方式不同，启示性的临在表达并未事先预设耶稣与上帝的神性统一，而是将其看成上帝在耶稣的历史中启示自身最后所表明的结果。不是神性先存，而是上帝启示自己的过程。潘能伯格认为，这一启示过程最终在耶稣从死里复活的事件中达到顶点，从而不仅回溯性地证明了他前复活时期（pre-Easter）的宣告而且以预表的形式预示了未来终末论的拯救，进而终极地证明了他与上帝的神性的统一。②

综合而言，早期的潘能伯格从根本上抵制一种从"道成肉身"观念出发所形成的"逻各斯基督论"（Logos Christology）③，因为该主张事先把要说明的东西毫无批判地引为前提。与这种观念相反，潘能伯格主张，必须从耶稣及其历史活动、从上帝在他里面的启示出发来论证拿撒勒人耶稣的神性。潘能伯格把耶稣在历史中的属世活动区分为前复活时期向权威的宣告（the claim to authority）以及复活事件本身。在他看来，前者并不能从根本上保证耶稣的神性，因为他在前复活时期有关拯救以及上帝之国信息的宣告是预表（proleptic）性质的，须待上帝之国在终末时期的达成才能够证实，因此在这之前它永远无法自我确证，也无法充当耶稣与上帝神性统一的基础，更不能充当整个基督论的根基。④ 不过，潘能伯格认为，耶稣复活前的自我宣告虽未成为

① Wolfhart Pannenberg, *Jesus—God and Man*, pp. 127 – 132.

② Wolfhart Pannenberg, *Jesus—God and Man*, pp. 134 – 137.

③ 有关潘能伯格对"逻各斯基督论"更为细致的分析，请参见 Wolfhart Pannenberg, *Jesus—God and Man*, pp. 163 – 166。

④ Wolfhart Pannenberg, *Jesus—God and Man*, p. 66. 与潘能伯格不同，艾尔莱特、阿尔特豪斯、葛嘉滕以及赫尔曼·迪姆（Hermann Diem, 1900 – 1975）等均提出了与前者意见相左的主张，在他们看来，耶稣前复活时期向权威的宣告才是他与上帝神性统一的基础，亦是整个基督论的基础，不过这种观点遭到了潘能伯格的驳斥。具体请参见此书第53—66页。

他与上帝神性统一的基础，却在耶稣从死里复活的事件中回溯性地得到了证实。因此，他总结性地说道："耶稣与上帝的神性统一尚未通过暗含在他前复活时期的显现的宣告来建立，而是唯有通过他从死里复活才得以建立。"①由此可见，潘能伯格主张，只有耶稣基督的复活事件才是上帝自身对祂终末拯救的启示，也是他与上帝神性统一的根基。

一直以来，传统教义学有关耶稣神性的认识都奠基在"道成肉身"及其救赎历史的观念之下②，直至潘能伯格复活基督论的提出，该问题的理解才有了一个新的视角。但是，这一主张的提出也随之面临一个棘手的难题，即如何确证耶稣复活的历史真实性及其意义。而这也成为近代之后整个基督教神学争论的焦点，因为对于近代经过启蒙的理性主体来说，一个不真实的事件无论如何也无法为理性的知识奠基，当然更不可能为信仰提供基础。有关该问题的讨论，我们将在下一部分详细展开。在此之前，让我们先回到系统神学时期潘能伯格有关耶稣基督神性问题的讨论。

与早期不同，系统神学时期的潘能伯格不再坚持"自下而上"——从耶稣的尘世历史及其活动出发来论证耶稣神性基础的道路，而是主张将"自上而下"与"自下而上"两种基督论方法相结合。于是，在《系统神学》第二卷讨论耶稣的神性问题时，他明显不再拒斥"道成肉身""三位一体"及"神性先存"等教义和概念，反而强调耶稣的神性必须与他和上帝之关系结合起来，并在上帝的永恒存在中找到根据。所以，在第十章开篇引言中他便说：

> 对于耶稣基督的神性问题来说，关涉耶稣这个人的神性。因此，它与一种孤立地看的"属神本性"无关。毋宁说，这里要做的是在耶稣的属人的现实性中揭示出他的属神的子的身份的轮廓，这种子的身份也作为永恒的子的身份先行于他的历史尘世的此在，甚至可以被设想为他的这种属人的此在的创造性根据。如果耶稣的属人的历史就是他的永恒的子的身份的

① Wolfhart Pannenberg, *Jesus—God and Man*, p. 53.
② Stanley J. Grenz, *Reason for Hope: The Systematic Theology of Wolfhart Pannenberg*, Oxford: Oxford Universtity Press, 1990, p. 114.

启示，那么，后者就必须在他的属人的生命现实性中可以察觉到。他的神性在这种情况下就不是某种附加给这种属人的生命现实性的东西，而是从耶稣与父上帝的属人的关系落到他自己的此在上，就像当然也落到上帝的永恒存在之上的反射。反过来，永恒的子对属人此在的接受不可以被表现为再接受一种与他的神性本质相异的本性，而是应表现为他永恒地是子的实施形式，这恰恰是因为他在这种形式中走出了神性的领域，以便以受造此在为媒介通过他与作为独一上帝的父的自我区分而与这种此在结合在一起，并由此同时完成作为造物的人的规定，使人如此从自己的罪的歧途解救出来。①

由此可见，系统神学时期的潘能伯格已不再从耶稣的尘世此在及其活动一极出发，而是结合了耶稣尘世的此在及活动和他先验的永恒子的身份，以一种综合的方式阐释了有关耶稣神性问题的主张。具体而言，其论证可分为以下几个步骤：

首先，指明耶稣与父在其公开活动中有一种结合。这种结合集中表现为耶稣关于上帝终末统治临近的宣告。潘能伯格指出，正是在这种宣告中，使得"上帝统治临近的福音为各人开启了对终末论救赎的分享"②。在这一分享中，"谁接受上帝统治的宣告，就不再是被排除者，而是对它的救赎有份"③。由此，从整个过程来看，正是耶稣的宣告代表着上帝终末救赎和统治的全权，提前进入了历史。在这种意义上，耶稣"不仅与上帝一致，而且简直是上帝的统治开始及其宽恕的爱的中保"④。其次，竭力证明耶稣所有的宣告及活动均不是出于自己的荣耀，而是因为父的差遣，其本质是求上帝的荣耀。⑤ 再次，通过耶稣从死里复活并被上帝高举来论证他与父神性的统一。在这里，潘能伯格不仅论述了耶稣复活的历史真实性，而且表明了复活本身所具有的回溯性效力，

---

① ［德］潘能伯格：《系统神学》（卷二），第437页。
② ［德］潘能伯格：《系统神学》（卷二），第445页。
③ ［德］潘能伯格：《系统神学》（卷二），第446页。
④ ［德］潘能伯格：《系统神学》（卷二），第448页。
⑤ ［德］潘能伯格：《系统神学》（卷二），第452页。

即该事件对前复活时期耶稣宣告的证实以及它对未来终末论拯救的预表。[①] 复次，将耶稣与父的自我区分看作他上帝之子身份的内在根据。[②] 在这种区分中，耶稣通过他的死和完全顺服使得他与父的区分极度尖锐化，以至于只有复活才最后表明他与永恒上帝神性的共联。所以，最后的结论是，永恒的父只有在他与子耶稣的关系中并通过耶稣的历史才显明他是父，而子反过来只有永恒地属于父，并在他的完全顺服中才表明自己是子。不过，二者神性的统一却表现在耶稣复活的事件当中，因为只有后者才能将先在的子的身份与上帝虚己进入历史的尘世活动统一起来。最后，将子成为人看作上帝在世上的自我实现。[③] 通过这一宣称，基本上可以说，潘能伯格又把早期自己所极力抵制的"道成肉身"和"三位一体"等观念纳入了基督论的讨论范围，不过与传统基督论不同的是，他并未事先预设耶稣的神性，而毋宁说其是通过"内在三一"与"经世三一"的统一说明耶稣与上帝神性的共联。

第三节　复活是一个历史事件？

从教义历史来看，传统教义学大多将基督论的基础奠立在"道成肉身""三位一体"等概念之上，并视其为耶稣与上帝神性统一的根基。这一观念虽统治基督教神学多年，但经过考察，潘能伯格发现，其本身并不能视为对该问题有效的说明，因为从根本上来说，该种观念在还未澄清耶稣如何与上帝统一之前就已经率先预设了他的神性先存，因而是把要说明的结果毫无批判地引为前提了。近代之后，受历史批判方法的影响，大多数神学家，譬如艾莱尔特、阿尔特豪斯、布伦纳、葛嘉滕、迪姆等人均对这种观念有所反思，他们开始从历史耶稣的视角自下而上地来建构耶稣神性的基础，但是耶稣与上帝的统一却往往被奠立在他前复活时期的事工以及向权威的宣告，而不是

---

① ［德］潘能伯格：《系统神学》（卷二），第461—485页。

② ［德］潘能伯格：《系统神学》（卷二），第497页。其实，在早期《基督论的基本特征》，即英文翻译本《耶稣——神与人》当中，潘能伯格就对父与子的内在关系有过区分。不过，与后期不同的是，其早期的论述基本上只是从把耶稣及其历史活动当作上帝自身的启示这一意义上来说的，并没有太多论及两者关系的交互性，尤其没有从教义学的角度来论证这一点。具体请参见 Wolfhart Pannenberg, *Jesus—God and Man*, pp. 158 – 160.

③ ［德］潘能伯格：《系统神学》（卷二），第519页。

他的复活这一决定性的事件之上。① 与此观念相反，潘能伯格认为，耶稣向权威的宣告本质上并不能证明他与上帝神性的统一，作为他宣告的内容，上帝之国的建立和永恒救赎的实现充满了预表性的因素，本身需要在历史终结时才能得到证实。不过，在他看来，前复活时期耶稣的宣告虽不能证明耶稣自身的神性，但他的受难，尤其是复活却回溯性地使这一结果得到了证实。正是耶稣基督的复活作为上帝终极的启示，使得他前复活时期的宣告得到了证实，也使终末论的救赎和上帝国的达成预先在历史中实现。在这一意义上，耶稣复活事件就成为论证耶稣与上帝神性统一的关键，也成为整个基督论乃至基督教信仰的关键。

不过，虽然耶稣基督的复活事件在基督教信仰中扮演着如此重要的角色，但是有关该问题的争议却从未停止过。正如之前就已经反复提到过的那样，近代之后，由于理性的日益成熟以及历史批判方法在解经方面的运用，《圣经》内容的真实性以及教会权威的可信性就一直受到挑战。在某种意义上，甚至可以说对有些问题，比如耶稣基督复活是不是一个真实的历史事件的争论已经关乎基督教信仰的根本是否稳固。回到潘能伯格，我们可以看出，这个问题对于他来说尤为关键，因为他整个基督论的根基，无论是早期还是晚期，都建立在对耶稣复活信仰的意义强调之上，一旦这个观念在历史实在性的论证中被否决，那么他的整个基督论体系就要崩塌，因为使徒保罗就曾明确教导："若基督没有复活，我们所传的便是枉然，你们所信的也是枉然。"②

既然问题如此关键，那就让我们"回到事情本身"，从近代之后有关耶稣复活的争论中来阐明潘能伯格神学关于该问题的主张。众所周知，启蒙运动之后，理性成为一切问题的汇聚点和中心，它既是一切可靠知识的基础，也是检验知识甚至裁判一切的法庭。对于基督教而言，理性检验用于《圣经》及教义的后果就是，原本不曾受疑的东西统统都受到了挑战。具体到复活事件，传统基督教并不对其真实性存疑，因为在他们看来，复活是《圣经》的记载，《圣经》是上帝默示的作品，因而绝对无误，不容置疑！可以说，

① Wolfhart Pannenberg, *Jesus—God and Man*, p. 53.
② 《哥林多前书》十五章 14 节。

这一认知统治基督教信仰一千多年，但在启蒙运动之后，情势就不一样了。宗教改革对教会权威发起挑战，使得人人都具有《圣经》解释的权利，而自然科学的发展和人类理智的日益成熟也促使人们对类似神迹的真实性问题更加怀疑。比如，著名荷兰哲学家斯宾诺莎在其《神学政治论》当中就针对奇迹的真实性问题提出过怀疑。当然不只斯宾诺莎，英国经验论哲学家大卫·休谟，德国启蒙思想家雷马鲁斯、莱辛以及耶稣传记的作者大卫·施特劳斯等人都曾对神迹的真实性提出过不同程度的怀疑。[1] 法国思想家狄德罗甚至宣称，即使全巴黎的人都相信有人从死里复活，他还是不会相信。针对这些质疑和挑战，当代英国著名学者麦格拉斯总结说："这种对《新约》'神迹性的证据'所不断冒起的怀疑主义，驱使传统基督教要在神迹以外另觅基督神性的教义基础，因为那些神迹在启蒙运动时期已被证实为不能再作理据了。"[2] 因此，整个 20 世纪神学的任务即在理性批判的废墟上重新审视复活作为一个事件对基督教信仰的重要性，并在此基础上重新确立基督教信仰的教义基础。当然，这一任务对于潘能伯格来说更为迫切，因为相比于巴特和布尔特曼等人来说，他的基督论，甚至说整个神学对复活事件的依赖性更强。不过，为了更清晰地理解潘能伯格神学在该问题上的创见，我们选择将他与巴特以及布尔特曼对待复活问题的态度做一对比性的研究。[3]

一　巴特：复活作为上帝的行动

巴特神学虽孕育并脱胎于自由主义神学土壤，但他对自由主义神学将耶

---

① 有关斯宾诺莎对神迹的批评，请参见［荷兰］斯宾诺莎《神学政治论》，第 89—106 页；有关休谟对神迹真实性的质疑，请参见［英］大卫·休谟：《人类理解研究》，关文运译，商务印书馆 1957 年版，第 103—108 页；关于施特劳斯，请参见［德］施特劳斯《耶稣传》（下卷），吴永泉译，商务印书馆 2010 年版，第 879—892 页。当然，也可参考一些相关研究性论著对该问题的讨论，比如［英］麦格夫《历史神学：基督教思想历史导论》，第 277 页；［美］科林·布朗：《历史与信仰：个人的探寻》，第 11 – 15 页。

② ［英］麦格夫：《历史神学：基督教思想历史导论》，第 277 页。

③ 针对该问题，丹尼尔·麦格利勒（Daniel. L. Migliore，1935 – ）曾以一种十分有趣的对话形式就巴特、布尔特曼、莫尔特曼以及潘能伯格四位 20 世纪最著名的神学家之间的差异做出过讨论，具体请参见 Daniel. L. Migliore, "How Historical Is the Resurrection? (A Dialogue)", *Theology Today*, Vol. 33, No. 1, 1976, pp. 5 – 14。

稣基督化约为一个在道德表现上毫无瑕疵的教师或模范的做法，一方面表示出了自己强烈的不满；另一方面迫切地对其展开批判。这种思想最终导致他与自由主义神学的彻底决裂。当然，也正是这一决裂促使他改变了传统自由主义神学范式，重新回到了基督教信仰的核心：上帝本身。① 可以说，巴特这一做法奠定了自己神学的基本基调，即以上帝之道出发，并全力信赖它、捍卫它。所谓上帝之道，在巴特那里即指上帝在耶稣基督里的独一启示。因此，对于早期巴特来说，基督事件，尤其是他的复活构成他神学的中心主题。所以，在其针对《哥林多前书》十五章的解经学著作《死人复活》（*The Resurrection of the Dead*）当中，他不仅承认保罗在《哥林多前书》十五章4节中关于死人复活的真实性的宣称，而且视其为理解整部书信，甚至是理解其他使徒书信的关键"线索"（the clue），认为其对理解整个《新约》的见证具有重要意义。② 不过，此时的巴特仍在启示论的教义框架下理解耶稣基督的复活，视其为上帝向人揭示自身的"奇迹"，认定"死里复活'只有在启示论，而不是在其他范畴框架下'才能够被理解"③。与此类似，在《〈罗马书〉释义》第二版中，巴特也表达了这样的观点：复活是启示，是耶稣作为基督的自我揭露，是上帝的自我显现，是上帝在耶稣基督里的自我理解。④ 因此，对于早期的巴特来说，让他承认基督复活是一个真实的、独立于十字架的历史事件，似乎有些勉强，因为在他看来，基督复活本身是一种"非历史的发生的事件"，它所揭示和显明的是圣父的世界，而其历史直观性只能被理解为问题、理解为神话。⑤ 不过，相较于早期，晚期的巴特针对基督复活这一问题态度有所转变。对此，杰拉尔德·奥柯林斯曾正确地指出："后期的巴特虽然仍坚持基督复活的中心性，但更倾向于仅仅将其解释为启示的表达。启示的功能仍

---

① 因其卓越贡献，瑞士著名天主教神学家汉斯·昆称其为"后现代"神学典范的"发轫者""开启者"和"主要创始人"。具体请参见［瑞士］汉斯·昆《基督教大思想家》，包利民译，社会科学文献出版社2001年版，第196—202页。

② Karl Barth, *The Resurrection of the Dead*, Trans. , H. J. Stenning, London: Fleming H. Revell, 1933, p. 11. 亦可参见 Fr S. J. Gerald O'Collins, "Karl Barth on Christ's Resurrection", *Scottish Journal of Theology*, Vol. 26, No. 1, 1973, p. 86。

③ Karl Barth, *The Resurrection of the Dead*, pp. 145f.

④ ［瑞士］卡尔·巴特:《〈罗马书〉释义》，第43—44页。

⑤ ［瑞士］卡尔·巴特:《〈罗马书〉释义》，第43—44、255、266—267页。

然是本质性的，但复活已经不再融于启示。从《教会教义学》早期的卷本到晚期的卷本，我们可以看到一种对复活真实的现实性及其显现的坚持。这种显现构成了所有《圣经》见证依赖的'阿基米德点'。"① 因此，可以看到，在《教会教义学》时期，巴特就抛弃了对历史的现实性元素轻描淡写的倾向，而视基督的复活为上帝进入历史的、内在于世界和时空之中的特殊事件。不过，巴特提醒我们，尽管复活是一个发生于耶稣生命中的真实事件，但也仅仅是发生在他身上（happened to him）的事件，从根本上来说，这一事件涉及的是上帝在他身上揭示自己的恩典行动（an act of divine grace）。② 因此，对于晚期的巴特来说，复活是一个不同于道成肉身和十字架的真实事件，它一开始就标志着一种新型的上帝行动。③ 这种新型的行动显示的是上帝自由的恩典，它代表着与人类世界最终的和解。④ 只不过，对于巴特而言，尽管复活是发生于历史当中、可通过圣灵的干预来加以确知的事件，但是这一事件对于客观的历史研究而言却是不可证实的，因为根据现代历史学的标准，一个事件要被宣称为可证实的，就必须满足诸多条件：（1）知道事件是"如何"发生的；（2）秉持客观中正的立场；（3）了解其普遍和具体的语境；（4）与其他事件的类比。⑤ 在巴特看来，面对耶稣基督复活，我们根本无法通过外在的、公正的见证提供一种客观的保证来全部满足这些条件。而且，甚至连《哥林多前书》十五章4-8节所列信息也未提供一种发现这种证据的尝试，如果我们打算从这些信息中推论出一种证据来证明复活的历史真实性，那么我们就彻底误解了使徒保罗的意图。⑥ 因此，对于巴特来说，基督复活事件本质上属于"上帝的行动"（act of God），是上帝向世人拯救的自我揭露和启示，它在最深层次的意义上所显明的是上帝的爱和权能。所以，对于巴特而言，与其说复活的意义在于它是一个真实的历史事件，不如说它的意义在于通过复活事件而使

---

① Fr S. J. Gerald O'Collins, "Karl Barth on Christ's Resurrection", p. 87.

② Karl Barth, *Church Dogmatics*, Vol. IV, *The Doctrine of Reconciliation*, pt. 1, trans., G. W. Bromiley, Edinburgh: T. & T. Clark, 1957, pp. 298 – 301.

③ *C. D.* IV/1, p. 297.

④ Adam Eitel, "The Resurrection of Jesus Christ: Karl Barth and the Historicization of God's Being", *International Journal of Systematic Theology*, Vol. 10, No. 1, 2008, pp. 43 – 45.

⑤ Fr S. J. Gerald O'Collins, "Karl Barth on Christ's Resurrection", p. 89.

⑥ *C. D.* IV/1, p. 335.

人认识到上帝与人主动寻求和解的恩典，并刺激人由此而做出信仰决断，顺服上帝。而在这一点上，他和布尔特曼颇有类似之处。

二　布尔特曼：复活作为奇迹

与巴特类似，布尔特曼把基督的复活理解为一种奇迹。但是，对于他来说，"视奇迹为神迹，这个观念对于我们今天来说已经变得不可能，因为我们把自然事件理解为合规律的事件，把奇迹理解为对自然事件之合规律关联的违反；而这种观念我们今天再也不能构想了"①。所以，神迹的观念必须放弃。不过，在他看来，放弃神迹的概念，根本无碍于《圣经》本身的权威，亦无碍于基督教信仰本身，因为基督教信仰根本不关注神迹，而且甚至有必要与神迹的观念划清界限。② 然而，吊诡的是，布尔特曼在否定基督教信仰与神迹关联的同时，却又前后自相矛盾地强调说，将神迹视为一种上帝的作为是可能的，而且对于上帝的信仰至关重要，因为"信仰显然指向奇迹，作为与世间事件不同的上帝作为；信仰唯有通过奇迹才能得到奠基；信仰上帝与信仰奇迹毕竟意味着相同的事情"③。针对这种前后的不一致，布尔特曼自己的解释是，奇迹之所以能够为信仰奠基，是因为它本身并不是指一种可以证明和可以通过其来对上帝的存在做出设想和结论的历史事件，而是它在信仰上指向那一位，即永恒、全能并复活的上帝。所以，对他而言，重要的是，信仰并不指向奇迹是否作为一个可以证实的历史事件，而是指向一种上帝作为，因而从更深层次上指向对全能上帝的信仰。至于奇迹，它的意义不在于其历史真实性，而在于对其所进行的宣讲，以及它对当下人类由此做出信仰决断的刺激效用。这样一来，布尔特曼就把对奇迹的理解引向了对上帝恩典的救赎行为的探讨。在他看来，上帝在耶稣基督里所行的奇迹皆是他对人类恩典救赎的启示，其本质是上帝作为。④ 故此，就基督复活作为神迹而言，其本身是与十字架相统一的事件，因为那被宣讲为被钉十字架者同时也是复活者，通过它们，世界被审判，死亡的权力被剥夺，新的生命得以被创造。于此而言，复活本身是同十字架一

---

① ［德］布尔特曼：《信仰与理解》（卷一），第263—264页。
② ［德］布尔特曼：《信仰与理解》（卷一），第265—266页。
③ ［德］布尔特曼：《信仰与理解卷一），第269页。
④ ［德］布尔特曼：《信仰与理解》（卷一），第271页。

样的信仰的对象，它代表着上帝对世界的解放性审判，代表着上帝对死亡的战胜与克服，它们均是终末论意义上的救赎事件，不能为历史方法所证实，只能被宣讲，因为只有在宣讲中，那被钉十字架而后复活者才与我们相遇。[1] 换句话说，如果人们想要退到宣讲背后去探寻它可为人证实的历史起源，就是对其根本的误解。[2] 就此来说，历史的方式既不能把握十字架的重要性，亦不能把握复活的重要性，因为"复活本身也不是一个历史事件。作为历史事件，唯有第一批门徒的复活信仰才是可把握的，在某种程度上，历史学家可以通过反思他们与耶稣之间的个人关系来追溯和还原他们的信仰，因为历史学家一般将复活事件解释为门徒所经历的幻象。然而，基督教信仰并不对历史的问题感兴趣，因为，对第一代门徒而言，复活作为历史事件只是意味着那复活者的自我显现，意味着一种上帝行动，这种行动使得上帝在十字架上救赎行动得以最终完成"[3]。而在这种意义上，信仰即对复活的信仰，它本身属于一种终末论意义上发生的救赎事件。通过它，上帝确立了"和解的职分""和解的话语"，而且正是在这一话语中，不是在别的地方，基督，即那被钉十字架者和复活者，在宣讲的话语中与我们相遇。[4] 因此，总结而言，对于布尔特曼来说，基督的复活是对十字架救赎意义的表达，即上帝对世界的审判，两者共属一体，只能被信仰，复活就是复活的信仰，复活就是对基督十字架作为救赎事件的信仰。两者的统一即上帝之言，对这个"言"的宣讲促使人做出信仰决断，而这个决断蕴含着新的有关自我生存的理解，是一个终末论的事件，与历史处于不同的范畴之中，因而不能成为历史考察的对象，只能被信仰、被宣讲，因为只有这样，那被钉十字架者、复活者才能与我们切实地相遇。

布尔特曼这种以生存论的视角诠释复活，从而将复活纯粹化约为信徒主观经验结果的做法，甚至连巴特也不太认同。后者对其放弃"空坟"见证的做法表示十分震惊，于是再次重申了"空坟"作为耶稣复活真实性标志或记

① Rudolf Bultmann, *New Testament and Mythology and Other Basic Writings*, Selected, edited, and translated by Schubert M. Ogden, Philadelphia: Fortress Press, 1989, pp. 36 – 39.

② Rudolf Bultmann, *New Testament and Mythology and Other Basic Writings*, p. 39.

③ Rudolf Bultmann, *New Testament and Mythology and Other Basic Writings*, pp. 39 – 40.

④ Rudolf Bultmann, *New Testament and Mythology and Other Basic Writings*, p. 40.

号（sign）的重大意义，指出"空坟"标记从根本上否定了耶稣复活只是作为信徒纯粹内在或主观的事件的说法。[①] 至此，通过比较我们可以看出巴特和布尔特曼在复活是否作为一个真实的历史事件态度和理据上的不同：就巴特来说，他虽然不同意将耶稣基督的复活作为一个事件放在历史之中加以评判和审查[②]，但从根本上并不否认其真实性；然而布尔特曼不同，他则直接否认了在当下人们对复活作为真实的历史事件的可理解性，转而只是将其当作门徒主观经验中所发生的一个事件。

三　潘能伯格：复活作为历史事件

潘能伯格对巴特和布尔特曼的做法均表示不满。在他看来，巴特虽在原则上承认复活事件及其"空坟"和使徒见证的真实性，却从根本上否认复活事件可以通过历史批判的方法来加以查证。潘能伯格认为，巴特的这种态度很容易倒向同布尔特曼生存论解释一致的立场，即只是把复活看作发生在信徒主观经验中的一个事件，看作刺激信徒在当下做出信仰决断的诱因。这样一来，历史的耶稣及其复活就只会沦为信仰的衍生品，而非信仰的根据，而在潘能伯格看来，这简直无法令人理解和接受。与巴特和布尔特曼不同，早期的潘能伯格十分坚定地承认耶稣基督从死里复活作为历史事件可被理解以及证实的可能性。[③] 在他看来，不是信仰导致了耶稣复活，而是耶稣复活导致了信仰。耶稣复活是基督教信仰的根据和理由，而非相反。[④] 布尔特曼最根本的问题就是颠倒了这一关系，从而把复活仅仅看作一个主观内在的事件。潘能伯格认为，《新约》关于复活的语言并不只是一种私人化的解释，也并非第一代信徒主观的经验，而是早期信徒关于这一真实历史事件的报道，它可以

---

① ［英］麦格夫：《历史神学：基督教思想历史导论》，第376页。

② 在巴特看来，基督复活虽是一个真实的事件，但本质上却超越历史的查验，因为它是上帝的"历史行动"，是上帝向世人拯救的终极启示，一切人类的和历史的标准都无法适用于完全超越的上帝。门徒宣告耶稣复活的事件，其最终目的在于刺激人做出信仰决断，将人引向对全能上帝的信仰。

③ Wolfhart Pannenberg, *Jesus—God and Man*, p. 98.

④ Wolfhart Pannenberg, *Jesus—God and Man*, p. 96. 亦可参见 ［德］潘能伯格《系统神学》（卷二），第462页；G. E. Michalson, "Pannenberg on the Resurrection and Historical Method", *Scottish Journal of Theology*, Vol. 33, 1980, pp. 346, 354－355.

像其他历史事件一样经受历史研究的考察。①

然而，潘能伯格指出，现代神学往往基于如下理由拒斥耶稣基督复活的历史实在性：第一，耶稣复活显现的历史问题一直以来都完全集中于使徒保罗在《哥林多前书》十五章1—11节中的记载，而在现代人看来，这一记载颇具传奇色彩（legendary character），因而很难在其中发现可以通过历史加以探究的元素，更不用说为这一事件的历史真实性提供证据。② 在此情况下，大多数历史学家或宗教史学家就只能把保罗所报道的耶稣复活看作使徒个人所经历的、不能为每个人所见的奇特幻象（extraordinary vision）。③ 针对这种反对理由，潘能伯格通过分析早期基督教有关耶稣基督复活传统的两条线索——显现传统和空坟发现传统——指出，在福音传统的历史发展中，两种传统紧密相连，为不同的福音书作者所报道。④ 两种传统共同表明，复活作为一个发生在过去的事件完全可以成为历史研究的对象，只是对这一历史问题的理解必须放在犹太启示文学关于复活的终末论盼望传统之中才能被思考。⑤ 另外，潘能伯格认为，人们之所以倾向于将耶稣复活及其显现看作一个"幻象"，从而拒绝承认其为历史事件，是因为耶稣基督的复活本身涉及一个新的创造现实，因此事实上它不能够在此世之间被感知到，而只能通过一种普遍经验的、幻象的形式在隐喻的语言中被经历和感知。⑥ 第二，基于现代物理学的视角，人们将复活看作违背自然法则的事情。潘能伯格提醒人们，当我们在使用现代物理学这种倾向时，一定要十分谨慎，因为，一方面目前只有一部分自然的法则是可知的，它们并不能解释和涵盖全部事件；另一方面在世界作为一个整体所呈现的单向的、不可逆的过程中，一个个体性的事件是永远不可能被自然法则完全决定的，何况这些自然法则本身也可能是偶然的。所以，自然法则只具有一般意义上的有效性，而不能对一个

---

① Wolfhart Pannenberg, *Jesus—God and Man*, p. 346.

② Wolfhart Pannenberg, *Jesus—God and Man*, p. 89.

③ Wolfhart Pannenberg, *Jesus—God and Man*, p. 93.

④ Wolfhart Pannenberg, *Jesus—God and Man*, pp. 88 – 89. 亦可参见［德］潘能伯格《系统神学》（卷二），第473页。

⑤ Wolfhart Pannenberg, *Jesus—God and Man*, p. 98. 亦可参见［德］潘能伯格《系统神学》（卷二），第466—471页。

⑥ Wolfhart Pannenberg, *Jesus—God and Man*, p. 99.

个体性的事件是否可能发生做出判断，故而不要因此过早得出结论：耶稣基督复活根本不可能发生，因为后者是否真实地发生毕竟是历史学家最终要解决的问题，而不能为自然科学所预先做出判断。[1] 第三，出于现代历史学的类比原则，认为复活从根本上不符合人类的日常经验。潘能伯格指出，这种反对理由自身一开始就带有一种不可克服的偏见，即人类理性对复活没有任何经验，故而根本不可能有真实的复活事件在历史当中发生。因此，"耶稣没有从死里复活"的判断成为其思维预设的前提，而非研究最后得出的结论。潘能伯格认为，类比只能运用于同类的相似性事件当中，而无法在两个不同质的事物当中进行。所以，仅凭人类理性没有关于复活的经验就证明耶稣基督没有从死里复活，这是完全站不住脚的。[2] 故此，潘能伯格强调，如果要正确对待耶稣复活的事件，那就首先必须放弃近代以来关于"人不可能从死里复活"的理智偏见，重新回到《圣经》真实的记载和叙述传统，尤其是犹太启示文学关于死里复活的终末论盼望当中去认真考察。"只要历史学不以'死人没有复活'这样一种教条的、狭隘的实在观出发，在原则上，我们就没有明确的理由来说明为何历史学不能够谈论耶稣基督的复活，即使这一点已经在门徒的显现经历和空坟墓穴的发现中得到了很好的解释。"[3]

通过以上详细考察，我们已经阐明了包括巴特、布尔特曼和潘能伯格三位现代神学在耶稣复活问题上的不同主张以及他们之间的争论。[4] 通过对比研究，我们发现，就巴特的立场来说，针对复活事件本身，他虽采取了一种不同于启蒙思维范式的态度，即不再纠结于复活作为一种神迹其本身真实性的讨论，而是以一种新的视角将问题引向更为根本的层面：上帝本身。这样一

---

[1] Wolfhart Pannenberg, *Jesus—God and Man*, p. 98.

[2] Wolfhart Pannenberg, "Redemptive Event and History", *Basic Question in Theology, Collected Essays*, Vol. 1, pp. 43 – 53. 亦可参见 G. E. Michalson, "Pannenberg on the Resurrection and Historical Method", pp. 347 –353。

[3] Wolfhart Pannenberg, *Jesus—God and Man*, p. 109.

[4] 不过截至目前，我们有关潘能伯格对于耶稣复活的态度依然停留在他早期的基督论著作里，乃至于他系统神学时期的观点我们并没有详细展开。然而，之所以这么做，是因为在笔者看来，虽然潘能伯格后期的基督论思想在方法上有所改变，但在耶稣基督的复活问题上，其主张并未超过他早期的见解。具体请参见［德］潘能伯格《系统神学》（卷二），第461—484页。

来不但纠正了启蒙运动以来基督教信仰本身的错误偏向，而且申明了自己回归新教正统的坚定立场。这种通过重新强调上帝作为基督教信仰核心而将近代以来错误的神学观念归回正道的尝试虽然产生了巨大的反响，并且甚至毫不夸张地说影响了其后整个时代神学发展的方向，但是，巴特过分强调上帝超越性的做法却容易致使基督教信仰陷入盲从盲信的风险，因为他在类似于耶稣复活事件的讨论中直接排除了一切可供检视的可能性。至于布尔特曼，从种种迹象可以看出，他对基督教教义的解释深受存在主义哲学的影响。他过分强调"宣讲的基督"及其对人们当下做出信仰决断的刺激效用的做法，将历史上真实的耶稣和布道中宣讲的基督两者割裂开来。在潘能伯格看来，这种解释不仅不尽如人意，而且有可能从根本上动摇整个基督教信仰的基础。对此，潘能伯格进行了严厉的批评，并通过对"历史的耶稣"和"宣讲的基督"二者同一性的强调重申了自己的基督论立场。在他看来，今日基督教所宣讲的基督正是当时生活于巴勒斯坦、在本丢·彼拉多手下被钉十字架受难然后复活的耶稣；反之亦然。[1] 历史上真实复活的耶稣是基督教信仰得以建立并确定其独特性的关键，也是今日基督教宣讲及门徒认信的根据。如果否定这一历史事实根据，对于当代理智来说显然令人无法理解。一个没有在历史上真实复活的耶稣，无论如何都很难让人真正信服。

由此可见，潘能伯格不仅认为耶稣复活是历史考察和研究可能的对象，而且主张将整个基督教信仰的基础和根基奠立在上帝所启示的历史这一基础之上。[2] 在他看来，耶稣复活的神迹作为上帝在历史中行动的启示对基督教信仰来说有着至关重要的意义：第一，通过复活——也唯有通过复活——被以色列民拒绝的耶稣才显明自己是上帝唯一的儿子、是整个世界的主；第二，只有在复活之中，我们才能谈论神在祂的位格中的道成肉身；第三，它以回溯性的方式表明耶稣自身与其属世活动位格性的统一以及他本身与上帝之间神性的统一；第四，只有在耶稣的复活中，他的死才具有达成与人类和解的

---

① ［德］潘能伯格：《基督论的基本问题》，载《潘能伯格早期著作选集》，第58页。

② Brian. M. Ebel, "The Pannenbergian Retroactive Significance of Resurrection", *The Asbury Journal*, 2011, 66/1, p. 49.

终极意义；第五，耶稣复活作为上帝向人传达的终极拯救启示，以一种预表和终末论的方式指向对未来基督复临时人类普遍从死里复活的终极命运的盼望，而后者正是门徒认信的终极根据。[①] 因此，依照潘能伯格，正是耶稣复活这一上帝在历史当中终极的启示事件构成了基督教信仰的基础，如果否定其历史真实性，也就意味着基督教信仰像被掏空了地基的大楼一样，随时都有倒塌的危险。

第四节 拿撒勒人耶稣与人的救赎

通过以上论述，我们已经了解耶稣基督的神性来源及其在复活事件中与上帝神性终极的统一。但是，按照传统教义学的解释，耶稣基督既是"神性完全者"，亦是"人性完全者"，他不仅是"真正的神"，而且是"真正的人"（*Vere deus, vere homo*），具有理性的灵魂，也有人的身体。以神性言，他与父同体；以人性言，他与我们同体。在凡事上，与我们一样，只是没有罪。以神性言，在万世之先，为父所生；以人性言，为求拯救我们，由上帝之母，童贞女马利亚所生。[②] 因此，从这个意义上来讲，我们不仅要讨论他的神性问题，而且要讨论他的人性，亦即讨论他的尘世活动及其目的和意义。不过，传统教义学虽然断定了耶稣基督神人二性的统一，并且宣告两种本质"不可混乱"（*asygchytos*）、"不可交换"（*atrepttos*），亦"不能分开"（*adiairetos*）、"不能离散"（*achoristos*），同处于一个位格、一个实质之内，不因联合而使二性的区别消失，反使其各自的特性得以保存。[③] 但在潘能伯格看来，两种本质在传统教义学中的结合仍然存在着不可避免的困境，因为迦克墩会议关于两种本质统一所确定准则（formula）并不是以历史耶稣的具体统一作为给定的

[①] Wolfhart Pannenberg, *The Apostles's Creed: In the Light of Today's Question*, trans., Margaret Kohl, Philadelphia: The Westminster Press, 1972, p. 96. 亦可参见 Wolfhart Pannenberg, *Jesus—God and Man*, pp. 66–73; Wolfhart Pannenberg ed., *Revelation as History*, pp. 141–142. 有关复活的回溯性意义，特别地请参见 Brian. M. Ebel, "The Pannenbergian Retroactive Significance of Resurrection", pp. 47–63。

[②] 《迦克墩信经》（*Chalcedonian Creed*）。亦可参见［美］胡斯都·L. 冈萨雷斯《基督教思想史》（第一卷），第 362 页。

[③] 参见《迦克墩信经》。

出发点，而是以他的神性与人性的差别为出发点。① 但是，这样一来，究竟什么是两种本质的差别，以及它们如何统一起来就依然是一个悬而未决的问题。迦克墩准则虽然也为这一问题的解决做出了努力，但它所构想的两种相互区别的本性在一个单一的个体内统一的方式还是不能逃脱这一困境，即要么两者被混合起来从而形成一个第三者，要么形成一个独立的个体，而这样一来，耶稣与上帝具体的活生生的统一就彻底被割裂了。② 潘能伯格指出，自迦克墩大公会议之后，基督教神学曾就这一问题做出过三个阶段的反思：第一，从聂斯托利派（Nestorian）和独一神论（Monophysite）的对立面所进行的反思；第二，从"属性相通"（communicatio idiomatum）的质疑中所进行的反思；第三，在神人道成肉身的逻各斯基督论或虚己的基督论（kenosis）教义下所进行的反思。③ 经过对三个阶段不同反思类型的考察，潘能伯格得出结论：甚至直到现代，人们依然在传统逻各斯基督论的框架和影响下来构想耶稣神性与人性的统一，但是这种构想从一开始就是错误的，道成肉身的概念——即使不可避免——并不能解释上帝与人在耶稣基督里的统一，因为它本身就是这种统一的一种表达，而非论证这种统一的基础和根据。④ 而这恰恰表明，他们根本未能超越传统基督论已有的困境。潘能伯格认为，要想解决这一困境，就不应再从传统的逻各斯基督论出发，而应当从历史的耶稣出发，进而从他的尘世活动以及复活事件中，自下而上地构想两种本性的统一。⑤ 这样一来，就必然涉及耶稣基督的尘世活动、他的职分、命运和使命及其本身所蕴含的拯救意义。

一　拿撒勒人耶稣的职分与使命

从教义史来看，传统基督教有关耶稣职分（the office of Jesus）的讨论一般是在他中保位格的学说（狭义基督论）和关于这个位格的两项、三项或更多项的职事的学说（救恩论）之下进行的⑥，因而一直未作为一个独立的概

---

① Wolfhart Pannenberg, *Jesus—God and Man*, p. 284.
② Wolfhart Pannenberg, *Jesus—God and Man*, p. 287.
③ Wolfhart Pannenberg, *Jesus—God and Man*, p. 287.
④ Wolfhart Pannenberg, *Jesus—God and Man*, p. 322.
⑤ Wolfhart Pannenberg, *Jesus—God and Man*, pp. 321 – 323.
⑥ 奥特、奥托编：《信仰的回答——系统神学五十题》，第 242 页。

念进入基督论的讨论范围。直到宗教改革时期，耶稣职分的概念才第一次作为独立的主题进入新教神学基督论讨论的中心。[①] 不过，甚至连路德也未曾完整地提到过耶稣的三重职分（他只是谈及了基督的君王和祭祀身份）。这一概念的真正提出带领我们回到安德烈亚斯·奥西安德（Andreas Osiander, 1498–1552），是他在为 1530 年奥斯堡会议（Augsburg Reichstag）所写的辩护著作中率先提出了三重职分的说法：耶稣即被膏者（Anionted One），而只有先知、祭司和君王才能被膏，所以耶稣同时具有这三重职分。作为先知（Prophet），因为他是教师和夫子（太 23:8 及以下）；作为君王（King），因为他永远地统治者雅各的家族（路 1:32 及以下）；作为祭司（Priest），因为他是自麦基洗德等次（the order of Melchizedek）之后永远的祭司（诗 110:4）。[②] 不过，奥西安德虽正式提出了耶稣基督的三项职事，却未系统地论述它。真正做到这一点的是法国著名改教家约翰·加尔文，他在不同版本的《基督教要义》（Institutio Christianae Religionis）中率先系统地阐释了有关耶稣基督的三重职分。[③] 自他之后，有关耶稣基督三重职分的教义就被改革宗和信义宗正统神学所采纳，并一直延续至今。

但是，通过对奥西安德和加尔文有关耶稣三重职分《圣经》根据的考察，潘能伯格发现，其共同特点是均把耶稣三重职分的获得与其受膏联系起来。而所谓受膏，本身是一个与《旧约》密切相关的概念。不过奇怪的是，对比《旧约》和《新约》发现，对于先知职分，我们可以在《新约》当中找到对应的描述（赛 61:1；徒 10:38），但对于最高祭司的职分，在《新约》中我们却始终未发现它与受膏之间的关联。[④] 所以，潘能伯格得出结论：耶稣基督的三重职分根本不能从耶稣基督名义下的受膏观念来构想，因为后者根本无法在《新约》中找到对应的根据。更何况，在以色列传统中，受膏也几乎不能获得先知职分，而且不仅如此，弥赛亚的名分也并不是随意地就授予一个被膏者，而是专门授予君王。同样，祭司身份的获得也并非最先就与受膏联

① Wolfhart Pannenberg, *Jesus—God and Man*, p. 212.

② Wolfhart Pannenberg, *Jesus—God and Man*, p. 213

③ [法] 约翰·加尔文：《基督教要义》（上册），钱耀成等译，孙毅、游冠辉修订，生活·读书·新知三联书店 2010 年版，第 478—487 页。(II. 15. 1–6)

④ Wolfhart Pannenberg, *Jesus—God and Man*, p. 214.

系在一起，毋宁说其是在后流放时代才偶然地将两者联系起来。① 所以，潘能伯格总结说，以基督名义来构想耶稣的三重职分并为之辩护是站不住脚的。"基督"这一名称最先所指称的只有君王和祭司两重身份，几乎不包括先知职分。不过，潘能伯格认为，即使不能从基督这一名称中推出耶稣的三重身份，但也应当将先知、祭司和君王的荣耀归于他。只是，关键在于，耶稣是否能够证明他的这三重职分。当然，从这一视角来看，新教正统神学关于耶稣三重职分的论断仍然存在着巨大争议。②

首先，根据正统新教教义，耶稣的先知职分主要在于他的教导，在于他对摩西律法的解释，在于他对上帝国将临欢乐信息的宣告。潘能伯格认为，在某种程度上，这种描述对于耶稣作为一个行游的布道者来说是准确的。但是，"教师"的称号却不能从诸种洞识的指导意义和中介作用来理解，因为耶稣信息的主要特征是呼召人悔改和宣告救赎。而且，耶稣的信息也应当被视为与他对罪人的接纳和治愈是一体的。③ 因此，在这个意义上来说，即使人们通常在犹太终末盼望的视角下来理解耶稣的活动，从而将其与摩西的先知身份联系起来，但无论是从古代以色列的意义上，还是在当代犹太终末盼望的意义上来讲，耶稣的整个活动及其自我理解均不能准确地被赋予先知的特征。④ 具体而言，理由如下：第一，从以色列传统来看，古代以色列先知最主要的特征，即话语预表性的反响，在耶稣这里是缺乏的；第二，先知祈祷时所使用的"阿门"（Amen）一词事实上是对已获得信息的回应、答复，然而耶稣从未像先知一样，宣告自己的话是从上帝而来；第三，人们通常把耶稣的先知身份与施洗约翰的预告联系在一起（太 11∶13），但是从耶稣自己的理解来看，他或许是从先知的命运来理解他的一生。因此，与其说耶稣是一个终末的先知，不如说他是终末命运的预示者。⑤ 当然，他也不是一个天启论者，因为他从不写预言，他只呼召人悔改⑥，只把终末上帝之国将临的救赎

---

① Wolfhart Pannenberg, *Jesus—God and Man*, p. 214.
② Wolfhart Pannenberg, *Jesus—God and Man*, p. 215.
③ Wolfhart Pannenberg, *Jesus—God and Man*, p. 215.
④ Wolfhart Pannenberg, *Jesus—God and Man*, p. 215.
⑤ Wolfhart Pannenberg, *Jesus—God and Man*, pp. 215–217.
⑥ Wolfhart Pannenberg, *Jesus—God and Man*, p. 217.

信息带给人类。所以，综合而言，尽管耶稣的职分和使命要在古代以色列先知传统和犹太天启盼望的联系中来理解，但耶稣自己既不是先知，也不是天启论者。①

其次，从耶稣的世俗活动来看，他既未寻求也未实践他的君王职分。② 不过，即便如此，耶稣的被捕与受难还是与人们对他的这一误解相关。无论是犹太人反对耶稣的指责，还是罗马行政官对他的审判，都将他视为一个觊觎高位的反叛者，所以最终导致了他被钉十字架而受难的命运。不过，也正是他在十字架上的受难以及之后的复活，才进一步确证了他弥赛亚的身份，以至于让他的门徒直接宣认耶稣为犹太人的王，即使耶稣自己拒绝这一称呼。③由此可见，耶稣君王职分的获得与他的受难和复活紧密联系在一起，正是后者，即他的被高举才使人们更加确信他就是那将来的弥赛亚，因为只有他被提升以执行上帝的权能，使得上帝国的福分通过教会的恩典延伸到地上，也只有他才能在上帝全部的荣耀里作为终末的统治者再次降临。然而，潘能伯格认为，君王职分在耶稣受难复活之后才获得。在复活之前，耶稣还不是君王。他既未做君王，也未为自己谋求君王的身份，后者不过是敌对者对他的诽谤，耶稣自己从来都是拒绝这一身份的。④ 另外，即使回到耶稣的复活，我们也只能把尘世的耶稣理解为上帝已密定的君王，而不能视其为这一职分的持有者。何况，我们也不能把他前复活时期与先知传统联系起来的特殊使命自觉延伸到他的受难之后，更不能把教会的布道或宣扬不加区分地就视为对耶稣本身来说真实的。⑤

最后，更困难的是关于他祭司职分的讨论。一直以来，教会传统是在代赎意义上把耶稣视为那以自身为祭的献祭者，即祭司。但是，正统新教神学往往对祭司的代赎（*satisfactio*）和代祷（*intercessio*）功能有所区分：前者通过耶稣对律法的实现和通过他在十字架上的受难来完成；而后者则是基于他

---

① Wolfhart Pannenberg, *Jesus—God and Man*, p. 217.
② Wolfhart Pannenberg, *Jesus—God and Man*, p. 217.
③ Wolfhart Pannenberg, *Jesus—God and Man*, pp. 217–218.
④ Wolfhart Pannenberg, *Jesus—God and Man*, p. 218.
⑤ Wolfhart Pannenberg, *Jesus—God and Man*, p. 219.

在十字架上的受难，而由他在父面前为我们祈祷来构成。[1] 严格意义上来说，代祷特别地被视为被高举主的祭司功能，但有时候尘世耶稣的祈求（supplications）也通常在代祷意义上被视为为我们请求（pleas for us）。[2] 通过考察，潘能伯格发现，耶稣的祭司职分在《新约》中有两处根据，其中一处详细地表明耶稣被指派为最高祭司；而另一处则指明耶稣以十字架之死为人们的罪救赎。但是，潘能伯格认为，在早期基督教关于耶稣的死作为救赎的理解中并没有发现救赎观念与代赎概念之间的联系。这一观念的形成要回到希腊化犹太基督教当中，而这一点在保罗那里就已经得到了证实（罗 3∶25），所以我们才在《希伯来书》中发现了耶稣在他的位格中同时被视为祭司和献祭者的独特观念。[3] 耶稣在十字架上的死作为救赎是上帝赋予他的，在这个意义来说，上帝才更应该被视为那最高的祭司。早期基督教关于耶稣为我们而死的解释，其最根本意义在于上帝赐予他以死，这一点保罗在《罗马书》四章 25节就已经做出了最初的表达。所以，在其他地方谈及耶稣作为受难主体时，就不再考虑前复活时期的耶稣，而是从他被高举，甚至从上帝差派他的儿子成为肉身的角度来看待耶稣的死了。[4] 因此，从根本上说，献祭和代赎只有在耶稣受难及复活的意义上才成立，它显示的是上帝的拯救意愿，并不关涉他复活之前的尘世活动，因而也就不能认定献祭和代赎本身是耶稣尘世的活动的职事和使命。[5] 当然，除了代赎，还有代祷。但是，在潘能伯格看来，代祷本身并没有预设一种代赎性质的献祭，而且进一步来说，在以色列传统中，代祷的功能也根本不是祭司特有的一种功能，准确地说，是先知承担着沟通神人的任务。[6] 所以，综合而言，将祭司的职分赋予耶稣尘世的活动本身也是站不住脚的。

综上所述，耶稣三重职分当中只有先知职分在一定程度上与他尘世的活动直接相关，其他两种职分统统是根据弥赛亚称号而赋予他的，而后者根本

---

[1]　Wolfhart Pannenberg, *Jesus—God and Man*, p. 219.

[2]　Wolfhart Pannenberg, *Jesus—God and Man*, p. 219.

[3]　Wolfhart Pannenberg, *Jesus—God and Man*, pp. 219–220.

[4]　Wolfhart Pannenberg, *Jesus—God and Man*, p. 220.

[5]　Wolfhart Pannenberg, *Jesus—God and Man*, p. 220.

[6]　Wolfhart Pannenberg, *Jesus—God and Man*, p. 221.

与耶稣的尘世活动无关，而是与他的受难复活被高举相联系。在潘能伯格看来，这就等于说，是作为神人（God-man）的基督，而非作为人的耶稣承担了这三项职事，其本身已经预设了耶稣的神性作为前提。而根据潘能伯格的理解，耶稣首先是显现为一个人，他与上帝神性的统一仍然尚待更多证据证实。但与此相反，对于老派新教神学家，不管是路德还是加尔文来说，耶稣通常都是首先作为一个位格，是他道成肉身并作为神人之间的中保，承担了这三项职事。潘能伯格认为，如此一来，耶稣的历史现实性就被忽视了。① 与老派新教神学家不同，早期潘能伯格主张不能从道成肉身的观念，也不能从神人位格性统一的前提出发来理解耶稣在尘世当中的职分，而应该从他属人本性以及他尘世的历史活动本身出发来看待他的职分。从后一视角来看，历史耶稣的职分既不是先知，亦不是祭司和君王，而是呼召人进入上帝的天国。②

在潘能伯格看来，同施洗约翰一样，拿撒勒人耶稣在尘世期间宣告的是上帝之国将临的消息③，但与施洗约翰不同的是，上帝之国所显明的终极拯救已经在拿撒勒人耶稣的命途，即他的死里复活当中预先显现出来了，只是尚未普遍地临到众人。④ 潘能伯格认为，正是这种"已然"（already）与"尚未"（not yet）之间的张力不断激励着人超出自身，向世界，进而向上帝的未来开放，最后实现自己终极的命运。因此，从这一意义上来讲，上帝及其国度作为未来的权能已经通过耶稣临到现在、临到众人之间（路 17：20 及以下）⑤。由此可见，正是拿撒勒人耶稣，正是他使得上帝的终极启示显示在自身，也正是他揭露了上帝对世人终极拯救的大爱，更是他预示了人类在历史终结时普遍从死里复活的命运，激励着人们不断朝向上帝的未来，朝向上帝的国度。所以，耶稣呼召的悔改，不是回到起初，而是朝向上帝的未来，朝向祂的天国。⑥

---

① Wolfhart Pannenberg, *Jesus—God and Man*, pp. 221 – 222.

② Wolfhart Pannenberg, *Jesus—God and Man*, p. 212. 亦可参见［德］潘能伯格《系统神学》（卷二），第 591 页。

③ Wolfhart Pannenberg, *Jesus—God and Man*, p. 225. 亦可参见［德］潘能伯格《天国近了——神学与上帝国》，载《潘能伯格早期著作集》，第 233 页。

④ Wolfhart Pannenberg, *Jesus—God and Man*, p. 226.

⑤ Wolfhart Pannenberg, *Jesus—God and Man*, p. 226.

⑥ Wolfhart Pannenberg, *Jesus—God and Man*, p. 228.

二 拿撒勒人耶稣的命途及拯救意义

耶稣的命途首先包括他在十字架上的受难和复活。[①] 但在潘能伯格看来，受难和复活虽是发生在耶稣身上的事件，却并不被理解为他自己的活动，而是他承受了已经在上帝那里预先决定了的命运，其本身显明的是上帝在耶稣里并通过耶稣对人终极拯救的意图和行动。如此来说，耶稣被钉十字架受难就既非犹太官方指责，也非罗马人审判的结果，而是上帝已经提前做好的安排。我们必须从《圣经》出发，在这一事件中看到这一属神的"必须"（divine "must"）[②]，看到这一事件的必然性，并领悟其深刻意义：耶稣并非为他自己，而是为世人而死（did not die for himself, but for us）。[③] 是他为了世人，以无罪之身作祭，甘愿牺牲自己，替世人赎罪。因此，耶稣之死的意义就只能被理解为揭示在他信息里的以上帝的爱的名义为人类服务的一种表达，而这决定了他整个尘世活动的使命。[④]

然而，即使如此，我们亦不能只在十字架本身上来理解耶稣之死的全部意义，而是应当回到他受难复活前的尘世活动，来了解他为什么必须受难而死，上帝为什么会"离弃"他等诸多疑难。而关涉到这一点，我们必须回到耶稣在前复活时期对权威的声称（claim to authority），正是这种声称，使得耶稣被犹太官方指控，并认定其为渎神者（blasphemer）。潘能伯格指出，这种指责和控诉并不符合事实，因为耶稣从未宣称自己为弥赛亚、上帝之子或人子。[⑤] 那么，耶稣为何被指控？可能的原因在于某些更具体事件，比如拆毁圣殿的扬言（可14:58），以及他在圣殿当中的"肆意妄为"（可11:15-17）等。当然，这只是些个别事件，有关耶稣被指控的深层理由还得从他的整个尘世活动，尤其是他把自己置于律法之上，并视自己的活动具有等同于上帝的权威这一层面来理解。可以做出判断，后者才是耶稣被犹太官方指控的真正原因。[⑥] 而介于这一原因，如果耶稣所宣扬的信息在将来不能得到证实，那

---

① Wolfhart Pannenberg, *Jesus—God and Man*, p. 245.
② Wolfhart Pannenberg, *Jesus—God and Man*, p. 247.
③ Wolfhart Pannenberg, *Jesus—God and Man*, p. 247.
④ Wolfhart Pannenberg, *Jesus—God and Man*, p. 247.
⑤ Wolfhart Pannenberg, *Jesus—God and Man*, p. 252.
⑥ Wolfhart Pannenberg, *Jesus—God and Man*, p. 252.

么他就很容易被视为一个真正的渎神者。

但是，耶稣的复活为理解他前复活时期一系列"渎神"的活动提供了一个新的视角，因为正是他的死里复活使得他前复活时期的所有活动和宣称得到了证实。从这个意义上来讲，犹太人针对耶稣渎神的指控就被推翻了。[①] 通过复活，耶稣证明自己不仅不是渎神者，反而是上帝爱的福音的传递者。由此可见，复活对他整个尘世活动的理解具有决定性的意义。正是复活使犹太人和耶稣作为渎神者的身份发生了一种颠倒：那遵从律法和权威并将耶稣钉死在十字架上的人，反倒成了真正的渎神者，而那被指控渎神的人反而在上帝面前成了义。[②] 众人都要因着他才能最终得救，实现与上帝的复和，并分享来自上帝国统治的福分。在这个意义上，耶稣的死和复活不仅证实了他前复活时期的尘世活动，而且为所有人，包括已被上帝拣选的犹太人打开了一条通往天国的通道。正是因为耶稣基督，因为他的死里复活，使得犹太人终末性质的拯救盼望重新看到了希望，也使得这一拯救本身超出了以色列这一民族界限而扩展至包括外邦人在内的所有人。因此，也可以说，耶稣的死不仅为以色列人代赎，同时也为包括外邦人在内的所有人支付赎价。[③]

然而，应当清楚，耶稣基督以牺牲自己为代价的赎罪并不意味着众人都不用死。按照《圣经》的解释，死是罪所致的必然结果，而我们所有人都是罪人，所以我们必须承担必死的后果。在潘能伯格看来，这是行为（deed）与结果（consequence）之间的天然联系[④]，当然也是耶稣之死能够为所有人代赎的人类学前提。[⑤] 不过，潘能伯格认为，耶稣的代理和赎罪在这里虽然没有使被代理者一般而言免除自己的死的作用，却通过他的死使被代理者获得了与其达到共契并因此而超越死亡的希望。至于这种对于被代理者来说即将到来的从死里复活的希望，已然显现在拿撒勒人耶稣基督的命途当中。[⑥] 这表明，基督

---

① Wolfhart Pannenberg, *Jesus—God and Man*, p. 254.

② Wolfhart Pannenberg, *Jesus—God and Man*, p. 259.

③ Wolfhart Pannenberg, *Jesus—God and Man*, p. 261.

④ Wolfhart Pannenberg, *Jesus—God and Man*, p. 265.

⑤ Wolfhart Pannenberg, *Jesus—God and Man*, p. 262.

⑥ Wolfhart Pannenberg, *Jesus—God and Man*, p. 262. 亦可参见［德］潘能伯格《系统神学》（卷二），第 569 页。

之死的赎罪作用使领受者们获得了信心，即他们自己的死不再意味着最终从上帝及其生命当中被排除，而是获得了参与其终末统治，分享其永恒生命的希望和机会。所以，从这一层面来讲，拿撒勒人耶稣的命途对于普遍的人类来说具有终极拯救的意义，因为正是在他那里，尤其在他的复活里，上帝对人类拯救的大爱和终极启示得以预先揭示，也正是在他的复活里使人们看到了历史终结和终末审判来临时人类普遍从死里复活的终极命运。至此，可以说，有关基督论的问题我们已经初步得到了阐明，但是依然没有解决的问题是，何以人必须借助耶稣基督才能被救赎，又换言之，人何以有被救赎的必要，而这正是潘能伯格人论所要着力讨论的内容。

第四章 人是什么:"斯芬克斯之谜"的
神学问答

现代德国著名哲学家马克斯·舍勒(Max Scheler, 1874 – 1928)曾言:
"按照某种理解,哲学的所有核心问题均可归结为这样一个问题:人是什么?"① 事实上,不止哲学,人类所有层面的思想自其诞生以来,始终都在探索和追问着同样的问题。神学亦不例外。根据基督教传统的理解,神学通常被视为关于上帝的言说。但实际上,神学不仅谈论上帝,而且也谈论与其相对应的世界、历史和人。谈论上帝是神学的无所不包的、唯一的主题,而谈论世界、历史和人则是神学具体的、必不可少的主题。② 如果说传统基督教主要在谈论作为信仰基础的上帝和基督,那么在现代神学思想及其观念中,随着人主体意识的愈加觉醒,关于人的问题就变得更加突出。基督教神学在讨论上帝和基督的同时,不得不对人是什么这一"斯芬克斯之谜"认真对待。

因而,正是在这一要求下,面对近代以来人本主义转向和无神论的挑战,潘能伯格在1962年整理出版了自己的第一部人类学著作《人是什么——从神学看当代人类学》(*Was ist der Mensch? Die Anthropologie der Gegenwart am Lichte*

---

① [德]马克斯·舍勒:《论人的理念》,载刘小枫选编《舍勒选集》(下),上海三联书店1999年版,第1281页。

② 对此,潘能伯格在《系统神学》卷一论及神学主题时说:"上帝是神学中以及信仰中无所不包的、唯一的主题。除上帝之外,这两者没有别的主题。但是,言说上帝也要求言说世界和人,言说人的复和和人的拯救。宣布上帝是神学的唯一主题,并不否认创造和人除上帝之外的此在权力,而是承认上帝赋予它们的此在的权力。"所以,在潘能伯格看来,上帝是系统神学的唯一主题,而世界、人和历史是系统神学的具体主题,因为从本质上说,有关上帝的言说并非从上帝的现实直接开始的,而是以"属人的观念""属人的言语"和"属人的思想"被给予的。具体请参见[德]潘能伯格《系统神学》(卷一),第79—82页。

der Theologie)①，以对宗教领域内不断涌现出来的人类中心主义和无神论做出回应。不过，发表《人是什么》时，潘能伯格的神学人类学还尚处在探索和萌芽时期，所以该作品只能算是他人类学思想的准备和提纲。真正代表他基础神学人类学思想的是1983年公开出版的《神学视角的人类学》（*Anthropologie in Theologischer Perspektive*）。相比于《人是什么》，该著不仅在形式上做出了改变，而且在整个内容上也有了极大的丰富和扩充。然而，这种变化并不能说明该著作的意义，真正能体现它重要性和价值的是，该著以反对传统教义学人论的形式，从人及其历史本身出发，实现了神学与其他自然科学和社会科学的科际对话，并在此基础上从神学的视角为当代人的自我理解提供了一个崭新的视角。② 不过，这两本著作均是潘能伯格针对当代人类中心主义转向和无神论批判自下而上、从人类及其历史本身的角度所做出的回应，反映的是他早期整个神学的历史进路，而在完成这一任务之后，潘能伯格则转向了教义学人论，自上而下地从系统神学的角度重新梳理了自己的神学人类学思想③，以此与早期自下而上的历史进路形成了呼应和补充，完善了自己神学人类学思想的整个体系。

第一节　基础神学人论：自下而上的考察

何谓基础神学人论（fundamental-theological anthropology）？为何潘能伯格要将自己早期的人类学思想定位于此，是在具体展开其要点论述之前必须要澄清的问题。依照潘能伯格，基础神学人论是与传统教义学人论（traditional dogmatic anthropology）相对应的概念。具体而言，后者在谈论诸如人的上帝

---

① 该著实际上是由作者1959年到1960年在乌帕塔尔（Wuppertal），以及1961年在乌帕塔尔和美因茨（Mainz）所做的神学人类学讲演整理而成。具体请参见［德］潘能伯格《人是什么——从神学看当代人类学》，李秋零、田薇译，上海三联书店1997年版，"前言"。

② 参见 Wolfhart Pannenberg, *Anthropologie in Theologischer Perspektive*, Gotingen：Vandenhoeck & Ruprecht, 1983；英译本：Wolfhart Pannenberg, *Anthropology in Theological Perspective*, trans., Matthew J. O'Oconnell, London：T&T Clark International, 2004。

③ 具体请参见潘能伯格《系统神学》卷二，第八章和第九章的部分内容。当然有关其系统神学时期的人类学思想，我们将在后续的论述中具体详细地论及。

形象和罪的问题时，俨然已经预设了上帝的存在及其不言而喻的合法性。① 但是，与传统教义学人论相反，基础神学人论的目标在于从人及其历史本身出发，再结合人体生物学、心理学、文化人类学或社会学对人类生存现象的探究，以一种可能与宗教和神学有关的含义的眼光考察这些学科研究的发现和结果。② 当然，潘能伯格承认这种做法有一定的风险——巴特曾正确地认识到这一危险并极力反对它——但是，面对近代之后整个思想气质上的人类学转向以及无神论的批评，基督教神学如果要确定自己所谈论上帝存续的合法性，就必须与其他自然科学和社会科学展开科际对话，并在此基础上结合神学思考，给人类中心主义者和无神论者一个合理且满意的答复。③

由此可见，潘能伯格的整个基础神学人论明显是针对近代以来人类中心主义转向和无神论的批评所提出来的。在潘能伯格看来，流行于现代神学当中对人问题的高度关注其实早在 15 世纪库萨的尼古拉（Nicholas of Cusa, 1401 – 1464）那里就已经初现端倪。自他之后，人们就不再像往常一样，从自然世界及其秩序通过追溯第一因（first cause）的方式来讨论上帝的存在；相反，却是以人类的社会经历和个体的生存经验为出发点来讨论上帝的现实。④ 潘能伯格指出，库萨的尼古拉之后，笛卡尔、莱布尼兹、康德、费希特、谢林和黑格尔等人大体上继承了同样的思路。⑤ 不过，不同于前者的是，在近代这种"人类学转向"的影响下，宗教和信仰在其发展过程中逐渐出现了私人化和分裂化的倾向，宗教和信仰日益变成一个私人领域的问题，而这尤其体现在敬虔主义（pietism）在现代历史所扮演的重要角色当中。不过，遗憾的是，敬虔主义并不能为宗教的这种私人化提供普遍有效的说服力。⑥ 所以，几乎在同一时期，它就为以康德为代表的神学道德主义所超越，以至于

① Wolfhart Pannenberg, *Anthropology in Theological Perspective*, p. 21.

② Wolfhart Pannenberg, *Anthropology in Theological Perspective*, p. 21.

③ Wolfhart Pannenberg, *Anthropology in Theological Perspective*, p. 21. 亦可参见 Wolfhart Pannenberg, "Anthropology and the Question of God", *The Idea of God and Human Freedom*, trans., R. A. Wilson, Philadelphia: The Westminster Press, 1973, pp. 90 – 91。

④ Wolfhart Pannenberg, *Anthropology in Theological Perspective*, pp. 11 – 12.

⑤ Wolfhart Pannenberg, *Anthropology in Theological Perspective*, pp. 11 – 12.

⑥ Wolfhart Pannenberg, *Anthropology in Theological Perspective*, pp. 13 – 14.

在自由主义神学中，康德所提倡的那种道德化的宗教获得了极大的成功。[①] 但是，从根本上来看，康德对基督教神学道德化的改造总体上是违背基督教信仰和基本教义的，因为在他那里，上帝只是一种为实现道德上至善目标的设准，而不是基督教所宣扬的那种又真又活的上帝，其本质是人将上帝对象化、功能化运用的反映。

当然，如果说康德的道德化和功能化改造违背了基督教的核心教义，那么近代之后，以费尔巴哈和马克思为代表的无神论则直接把宗教看成人类想象和虚构的产物，看成人类自我异化的表达，从而摧毁了上帝存在的整个基础，进而将其与迷信归并到一起。[②] 面对如此情势，潘能伯格认为，"现代基督教神学必须在普遍的人类学研究中为它自身提供一个基础"[③]，"只有神学家们在人类学领域的基础上第一时间对无神论者的宗教批判做出反应，他们才能为他们所谈论的上帝的真理做出精确的辩护，否则所有关于上帝神性先存的宣称，无论多么令人印象深刻，都将只是没有任何普遍有效性的纯然主观的确信"[④]。所以，潘能伯格的想法是利用其他学科研究的成果，借助与其之间的对话，以历史科学的方法为手段，从人类学的研究中为现代宗教和神学思想提供一个基础[⑤]，而不是像辩证神学家，尤其巴特那样蔑视人类学研究及其成果的地位，让基督教神学陷入了另一种形式的极端主体主义。[⑥] 不过，至于潘能伯格的想法是否成功，以及他的目标能否达成，则是我们即将要考

---

① 不过，自由主义神学的起源，不能只追溯到康德作为其思想的资源，以施莱尔马赫为代表的敬虔主义，确实也对自由主义神学的形成有不可估量的作用，以至于后人认他为"自由主义神学之父"。不过，相比于康德，宗教私人化的倾向更应该归咎于施莱尔马赫论宗教的讲演，他虽然对个体的上帝意识等说法进行普遍有效性的论证，但很明显，他的论证相比于他对宗教私人化倾向的贡献显得有些薄弱。

② Wolfhart Pannenberg, *Anthropology in Theological Perspective*, p. 15.

③ Wolfhart Pannenberg, *Anthropology in Theological Perspective*, p. 15.

④ Wolfhart Pannenberg, *Anthropology in Theological Perspective*, p. 16.

⑤ 从历史上来看，特洛尔奇早在潘能伯格之先，就已经做过类似的尝试，即通过与社会科学，尤其是历史科学的对话实现基督教理论的现代化，可以说，实现基督教理论与现代思想和精神的文化综合，是特洛尔奇毕其一生未竟的志业。然而，如今我们在潘能伯格这里又重新看到了为实现这一目标所做出的努力。在这一意义上，我们可以把潘能伯格视为特洛尔奇志业和思想遗产的继承者，即使后者相比于前者来说做出了很大的超越。有关特洛尔奇对基督教理论和现代精神的调和，请参见〔德〕特洛尔奇《基督教理论与现代》，2004 年。

⑥ Wolfhart Pannenberg, *Anthropology in Theological Perspective*, p. 16.

察的问题。

一　借力哲学人类学对人独特性的厘定

鉴于以上出发点，潘能伯格基础神学人观是从对人的独特性（the unique-ness of humanity）的厘定开始的。而这一目标的完成，潘能伯格明显借助了哲学人类学已有的研究成果。这一点我们可以从他对《人是什么》第三版出版时对第一二章所增补的注释以及《神学视角的人类学》前两章的主要内容那里看到。① 马克斯·舍勒是现代哲学人类学的开创者，据他晚年的描述，他一生的工作都在探索人的本质、人在宇宙中的位置以及人的价值等问题。② 据他所述，西方思想关于人地位的确定一般而言有三种不同的思想范围：第一，犹太—基督教传统关于亚当和夏娃、关于创世、天堂和堕落等的思想范围；第二，希腊—古典的思想文化范围，在这个思想范围内，人根据他的理性被视为一种独特的、会思想的、具有自我和对象化意识的存在；第三，早已成为传统的自然科学和发生心理学的思想范围，这种观点认为，人不过是在能量和能力混合的复杂程度上比其他动物更为复杂。③ 由此，舍勒认为，我们拥有"一个自然科学的、一个哲学的和一个神学的人类学"。但是，"却没有一个统一的关于人的观念。研究人的各种特殊科学与日俱增，层出不穷，但是无论这些科学如何有价值，它们却掩去了人的本质，而不是去照亮它……故而可以说，在历史上没有任何一个时代像当前这样，人对于自身这样地困惑不解"④。所以，后期的舍勒致力于从人与动物和植物的对比当中来确定人在宇宙中的独特地位，而这一点和潘能伯格的观察及论断一致。

潘能伯格指出，自近代之后，"现代人类学在对人独特性的定义上就不再追随基督教传统，而是通过对人在自然中的地位的反思以及具体地通过把人

---

① 具体请参见［德］潘能伯格《人是什么——从神学看当代人类学》，第 11—13、24—26 页；以及 Wolfhart Pannenberg, *Anthropology in Theological Perspective*, pp. 27 – 79。

② 默默：《人是祈祷的 X——纪念马克斯·舍勒逝世 60 周年》，载［德］马克斯·舍勒《人在宇宙中的地位》，李柏杰译，刘小枫校，贵州人民出版社 2000 年版，"中译本序"第 3 页、"前言"第 9 页。

③ ［德］马克斯·舍勒：《人在宇宙中的地位》，载《舍勒选集》（下），上海三联书店 1999 年版，第 1326—1327 页；或参见单行本［德］马克斯·舍勒《人在宇宙中的地位》，李柏杰译，刘小枫校，贵州人民出版社 2000 年版，第 2 页。以下凡引此著，均以单行本为据。

④ ［德］马克斯·舍勒：《人在宇宙中的地位》，第 2 页。

的存在与更高级别动物的比较来定义人的独特性"①。在他看来，在某种程度上，这一思想是古代，尤其是斯多葛学派把人看作宇宙缩影（microcosm）思想的复兴。据他而言，沿着这条线索把人与自然融合起来的做法和观念在文艺复兴时期的人类学当中仍然相当盛行，只是在现代之后，人是宇宙缩影的这一思想才在现代人类学中与人的独特地位的问题相分离。因为关于后者的思考，无论是在基督教还是在形而上学传统那里，很长一段时间都与人的灵魂问题关联在了一起，拥有不死的灵魂被视为人高于整个万物并获得自身独特性的标志。只是，在19世纪的时候，这种以灵魂作为人独特地位标志的解释就日渐受疑，因为它自身无法克服灵肉分离的二元主义矛盾。所以，一种从人的生理（corporeality）角度来理解人独特性的尝试就悄然开始了。这种尝试企图通过对人和动物外在行为的观察和比较发现人在身体和心理上不同于其他动物的地方。追溯这种观念和方法的来源，我们可以在达尔文（Charles Robert Darwin, 1809 – 1882）的《物种起源》（The Origin of Species）以及之后的赫尔德（J. G. Herder, 1744 – 1803）和尼采那里找到根据。不过，真正在这方面取得突破性进展的还属20世纪新兴起的美国行为主义（Behaviorism）和以马克斯·舍勒为代表，之后在赫尔穆特·普列斯纳（Helmuth Plessner, 1892 – 1985）和阿诺德·格伦（Arnold Gehlen, 1904 – 1976）那里得到继承和发展的德国哲学人类学。②

据潘能伯格所言，当代美国行为主义肇始于约翰·华生（John B. Watson, 1878 – 1958），之后在伯尔赫斯·弗雷德里克·斯金纳（B. F. Skinner, 1904 – 1990）那里得到进一步发展。根据斯金纳，"心理学的出发点是达尔文的物种演化理论"，在他看来，"人与其他低等动物没有根本的区别，而且正好相反，所有人的特征均是动物生命形式以及行为模式的简单变体"。③ 不止于此，在

①　Wolfhart Pannenberg, Anthropology in Theological Perspective, p. 27. 事实上，这种变化也是舍勒个人人类学思想转变的缩影，因为从舍勒前期的哲学来看，他是通过人与神及神的类似物关系来，借助对人精神的肯定的方式来考察人，但是后期他就不这样做了，他选择的是从人与其他动物或植物的区别，把人放在整个有机界的生命领域中来考察人的精神本质。具体请对比性地参照舍勒《论人的理念》和《人在宇宙中的位置》。亦可参见欧阳光伟《现代哲学人类学》，辽宁人民出版社1986年版，第36—37页。

②　Wolfhart Pannenberg, Anthropology in Theological Perspective, pp. 27 – 28.

③　Wolfhart Pannenberg, Anthropology in Theological Perspective, p. 29.

他看来，甚至连人的理智（intelligence）也不是什么完全新的东西，前者亦可以在与我们相近的物种，比如类人猿或大猩猩当中找到较为初级的形式。[1] 与斯金纳类似，华生亦坚持同样的观点，在他看来，人的行为和动物的行为没有什么本质的区分，在对其研究中完全可以撇开意识层面的差异，只在行为层面来进行。所以，他使用了由巴甫洛夫（I. P. Pavlov，1849 – 1936）通过在狗身上的一系列实验所发现的"条件反射"（the conditional reflex）定律，来以同样的方式解释人全部的行为。[2] 在潘能伯格看来，行为主义对人在自然当中的独特性问题的回应明显是消极的，他们常常避谈意识的概念，而诉诸身体的行为状况，以图在与动物的行为比较当中发现人的独特特征。潘能伯格评价道，行为主义的功绩在于尝试把人类复杂的活动简化为可观察的行为，不过在他看来，"如果人类行为能够通过一种行为分析而得到完满的解释，那么所有其他关于人独特性的假设都将成为多余"[3]。潘能伯格指出，早在 1935 年布依登狄耶克（F. J. J. Buytendijk，1887 – 1974）和普列斯纳就曾对行为主义所依赖的刺激—反应理论做出过批评，因为在他们看来，刺激—反应理论之间所表明的因果关系是模糊不定的，因为同一种刺激可能产生多种反应；相反，同一种反应也可能由多种刺激形成，所以一种反应无法简单地归因于一种单一的刺激。[4] 与最初的行为主义者不同，布依登狄耶克在后来的研究中发现，人的行为并非作为一系列的反应链条而存在，而毋宁说其可以被理解为一些由某种目的所引导的相关特征。在潘能伯格看来，这一发现具有广泛的意义，因为它不再把动物的行为简单地归结为由某种外在刺激所带来的结果，而是将其看作一个主体的活动。[5] 明白这一点，似乎就可以将人和动物具体地分开，因为按照后来行为主义的解释，任何动物都有其天生固有的行为模式，而且均受制于环境，人也不例外。只是对人来说，环境只发挥一定限度的作用，因为人本身可以超越已有环境，人的行为具有天生的不稳定性（natural

---

① Wolfhart Pannenberg, *Anthropology in Theological Perspective*, p. 29.

② Wolfhart Pannenberg, *Anthropology in Theological Perspective*, p. 29.

③ Wolfhart Pannenberg, *Anthropology in Theological Perspective*, pp. 29 – 30.

④ Wolfhart Pannenberg, *Anthropology in Theological Perspective*, p. 30. 与布依登狄耶克一致，于尔根·哈贝马斯也曾对刺激—反应理论做过类似的批评。具体请参见 Jürgen Habermas, *On the Logic of the Social Sciences*, trans. , Shierry Weber Nicholsen & Jerry A. Stark, Cambridge: The MIT Press, 1988, p. 102。

⑤ Wolfhart Pannenberg, *Anthropology in Theological Perspective*, p. 30.

instability），这也正是人区别于动物的地方。为了描述这种特殊地位，格伦以及在他之前的舍勒等人，均使用"向世界的开放性"（openness to the world）这一概念以区别于动物对其环境的依赖性。[①] 不过，根据潘能伯格，"向世界开放"的概念主要是哲学人类学所提出和着重讨论的主题，也是他们用以区别其他动物，定位人独特性的标识，所以接下来我们将以"向世界开放"的概念为中心，从哲学人类学的角度来看他们对人独特性的定义以及潘能伯格在此基础上对其所进行的发展和神学改造。

二　向世界进而向上帝开放

之前就已提及，哲学人类学肇始于现代德国著名哲学家马克斯·舍勒。他的《人在宇宙中的地位》（*Die Stellung des Menschen im Kosmos*）可以说是哲学人类学的开创性之作。在该著中，舍勒在与其他动物做出对比之后，把人定义为精神性的存在。在此，"精神"（Geist）的基本规定是"它的存在的无限制、自由"，以及它对一切本能及环境等的分离。换言之，拥有"精神"不仅意味着人不再像动物那样受本能和环境的制约，而且意味着对环境的自由以及对世界的开放（Weltoffen）。[②] 舍勒认为，正是这种"精神"以及对世界开放的本质，确定了人不同于动物在宇宙中的地位。因为面对环境，动物总是深陷其中，而作为具有精神本质的人则完全具有将环境，甚至将自身对象化，纳入自己范围的能力。[③] 所以，在这一意义上，人总是会超出环境、超出自身，向世界开放，因为"人就是那个其行为无限'面向世界'的未知者"[④]。

通过将人定义为精神以及向世界开放的存在，舍勒不仅区分了人与动物，而且定义了人在自然或宇宙中的地位。不过在他看来，作为精神和向世界开放的存在，人必然要追问一个"超世俗的、无限的和绝对的存在"，因为只有他才是一个完全"通过自身存在的存在"，人只有通过他，这个在世界以外、在世界的彼岸的存在来确定自己的中心。舍勒指出，这个存在就是"上帝"。

---

① Wolfhart Pannenberg, *Anthropology in Theological Perspective*, pp. 31 – 34.
② ［德］马克斯·舍勒：《人在宇宙中的地位》，第 26 页。
③ ［德］马克斯·舍勒：《人在宇宙中的地位》，第 26 页。
④ ［德］马克斯·舍勒：《人在宇宙中的地位》，第 28 页。

所以，对于舍勒而言，"如果要回答精神的起源和人在宇宙中的独特性问题，上帝的观念就是不可缺少的"①。舍勒之后，普列斯纳基本上继承了他的思想。不过，不同于舍勒的是，普列斯纳不再使用"向世界开放"的概念，而是用"离中心性"（exocentricity）的概念来标识人与其他动物的不同。② 在他看来，即使是较高级的动物，不像植物，也在它们自身当中拥有一个维持其生命所必需的中心，而人则不同，人同时是离中心性的存在。人在自身拥有一个中心的同时，在他们之外也有一个中心。所以，对于人来说，人拥有将自身纳为对象的自我反思能力。普列斯纳将这种自我反思（或离中心性）的能力视为一种原初状况（original condition），对象化以及公正、无偏移地对待环境现实的能力即产生于此。③ 在潘能伯格看来，普列斯纳虽不再使用舍勒"向世界开放"的概念，但在他的思想中仍可以看到"精神"这一概念的影子。用潘能伯格的话来说，普列斯纳的离中心性就是舍勒自我意识，因而也是他精神概念的另一种别称。④ 不过，潘能伯格也指出，普列斯纳不同于舍勒的是，他并未提出一种与所有其他生命相对立的、单个的和独立的原则。"在普列斯纳那里，离中心性毋宁是一种生命本身在不同发展阶段的结构性变化。"但是，遗憾的是，普列斯纳并没有解释作为具有高度发达中枢神经系统的人其离中心性到底意指什么，所以在普列斯纳那里，中心性和离中心性的内在关系依然是模糊的，而这也是他的观点很少得到赞同的原因。比如，后来的格伦就宁愿追随舍勒继续使用"向世界开放"的概念，而不是遵从普列斯纳，使用"离中心性"概念。⑤

当然，作为后来者格伦也并不打算使用舍勒的"精神"概念，在他看来，必须把这一概念以一种形而上学的立场悬置起来。因为对于他来说，"人和动物的差别不能仅仅归因于精神，而且恰好相反，在运动的物质形态（physical forms）上这种差异也同样明显"⑥。所以，格伦不再使用舍勒的"精神"概念

① Wolfhart Pannenberg, *Anthropology in Theological Perspective*, p. 36.
② Wolfhart Pannenberg, *Anthropology in Theological Perspective*, pp. 36 – 37.
③ Wolfhart Pannenberg, *Anthropology in Theological Perspective*, p. 37.
④ Wolfhart Pannenberg, *Anthropology in Theological Perspective*, p. 37.
⑤ Wolfhart Pannenberg, *Anthropology in Theological Perspective*, p. 37.
⑥ Wolfhart Pannenberg, *Anthropology in Theological Perspective*, pp. 37 – 38.

来解释人与动物的差别。而这意味着，必须在人与动物的区别问题上找到另一种不同于舍勒，但具有说服力的解释。为了实现这一目标，格伦把人对冲动和本能的抑制解释为一种人类生命形式的中心结构性特征，这种特征是与人的许多器官和行为的特殊性联系在一起的。① 在他看来，人类作为整体所表现出的这种对进化抑制（an inhibition of evolution）的特征表明，人从根本上是一种"缺乏性质的存在"（deficient beings），必须在不断的演化或发展过程中得到补偿。而格伦认为，由人类行为所产生的语言和文化为这种补偿需要提供了可能。故而，人又可以被称为一种"行动着的存在"（acting being）。"通过行动并且具体地通过人类语言、文化和技术的发展，人类可以把他们原初在生物条件上的劣势转化为优势。"② 这是人区别于动物的地方。动物只能适应于环境，而人能利用行动改变环境、创造文化。"语言就是人类文化创造活动最基本的例子。"不过，对于格伦来说，人的行动本质不止于语言的创造，其本身包括所有的认知过程和文化成就。由此可见，格伦明显不再使用舍勒的"精神"概念，而是用"行动"代替了它。对于格伦来说，"人类本身是一种通过行动控制世界并自己创造自身的存在"③。

至此，我们可以对哲学人类学关于人独特性的定义做一小结，之后我们可以看到，无论是舍勒的"精神"，还是普列斯纳的"离中心性"，抑或格伦的"缺乏性质的存在""行动着的存在"，其背后所指明的都是人不同于动物，可以利用环境，超出环境，超出自身，进而向世界开放，以塑造自身的本性。这说明，人本身并非一个既定的、拥有固定本质的、已经完成的存在；恰恰相反，人本质上是一个开放的、未完成的存在，他通过自己的行动不断地塑造自身，超出自身。潘能伯格继承了哲学人类学这一基本观点，不过在他看来，哲学人类学大体上只解决了人不同于动物的问题，但没有很好地处理人向世界开放到底"向何处去"的问题。潘能伯格认为，基督教为这一问题的回答提供了一个可能的视角，因此，哲学人类学所未能解决的问题只有从"神学的角度"才能获得相应的解释。于是，他将"向世界的开放"拓展

①　Wolfhart Pannenberg, *Anthropology in Theological Perspective*, p. 38.

②　Wolfhart Pannenberg, *Anthropology in Theological Perspective*, pp. 38 – 39.

③　Wolfhart Pannenberg, *Anthropology in Theological Perspective*, p. 40.

到了"向上帝开放"（open to the God）。

在他看来，哲学人类学的研究已经说明了人是一个向世界开放的存在，而这首先意味着人与动物的根本区别：动物，它的行为总是束缚在周围的世界上，而人则可以天生地超越环境的界限，建立起一个人为的、属于自身的文化世界。① 在这个文化世界中，人进一步地开放自己，进而超越每一种体验、每一种既定的境遇，以至于最后发现自己需要一个持久的依赖，这时候人就要超出有限世界，到无限的彼岸去寻求自己可以依赖的那个对象。在语言上，这个对象可以被表述为"上帝"。② 不过，潘能伯格认为，这并不是对上帝存在的理论证明，但是它表明的是，"人实现自己的生命要以一个对象为前提，不管他是否知道这个对象，他都无限地依赖着它"③。所以，从本质上来讲，人向世界的无限开放本身就蕴含着宗教的向度，其最后指向的正是那种作为人存在和本质终极根据的上帝。因为对于人来讲，只有上帝才是人最终依靠和信赖的对象，人的使命也只有在祂当中并通过祂才能最终达成。④ 故此，从这个意义上来讲，人"既不能在自然界中，也不是在社会中找到自己生活的具有最终约束力的尺度"，而只能在无限的向世界开放的过程中永不休止地追寻，直到认识上帝作为这一追寻的最终目标。因而，又可以说："对世界开放的核心是对上帝开放。"⑤ "人之为人，也就是这种经由世界趋向上帝的运动。在这种运动中，人也就处于实现自己的使命、实现与上帝同在的途程之中。"⑥

---

① ［德］潘能伯格：《人是什么——从神学看当代人类学》，第3—5页。

② ［德］潘能伯格：《人是什么——从神学看当代人类学》，第7—9页。

③ ［德］潘能伯格：《人是什么——从神学看当代人类学》，第9页。

④ 在《神学视角的人类学》当中，潘能伯格把内涵在人之中的上帝形象（imago Dei）视为人本质的终极规定。潘能伯格认为，赫尔德正确地看到了这一点，所以他借助赫尔德"演化中的上帝形象"（an evolving image of God）这一概念，将人的本使命和本质看成是一个逐渐获得上帝完满形象，以最后达成与上帝联合的过程。因此，从这个意义上来讲，人又并非一开始就拥有或占据上帝形象，毋宁说，这一形象是人被造的根据，因而也是人无限追求和接近的目标。具体请参见 Wolfhart Pannenberg, *Anthropology in Theological Perspective*, pp. 43 – 80。另外，因这部分内容主要是他后期在《系统神学》第二卷教义学人论部分所主要探讨的内容，故此，本书此处也暂时将其搁置，以待在第二节有关"人的尊严"部分详细讨论。

⑤ ［德］潘能伯格：《人是什么——从神学看当代人类学》，第51页。

⑥ ［德］潘能伯格：《人是什么——从神学看当代人类学》，第51页。

三　人的自我中心性与罪

潘能伯格指出，虽然上帝是人向世界开放最终的目标指向，也是人之为人最后的使命和根据，但是，事实上，人们却一再地"打断自己经由世界趋向上帝的道路"。究其根源，潘能伯格认为，这是人的"自我中心性"（Ichbezogenheit）所造成的后果，换句话说，"人们决不是自愿地处于对自身连续的、对世界开放的超越之中"，人像他们的存在一样，"其实是致力于维持和实现自身的"。① 当下现实生活的丰富性才是他们可见的目标。当然，也正是这样的目标，才使得他们殚精竭虑，追求现世的成就，以图借此来确认和保障自身。而这样的话，潘能伯格认为，显然产生了人的行为中的一切歧义性，因为每个人都仅仅是在与自身的关系中来体验时间和空间，每个人都是他自己世界的中心。② 明显地，这种以自我为中心的趋向与人向世界，进而向上帝开放的超越本性存在矛盾和冲突③，而且这种冲突普遍地存在于有机体当中，因为每一个有机体都同时既自我封闭又对外部世界开放。换句话说，"任何有机体，不管它是动物还是植物，都同时在它自身之内，又在它自身之外"④。但是，潘能伯格指出，即使如此，动物和植物之间还是有着原则性的区别。"植物完全委身于自己的周围世界，它在周围世界中就地生长，它借助所有的器官对周围世界开放：借助于根对大地开放，借助于叶子对阳光开放。与此相反，动物则在自身中坚持自我维护和与周围世界的关联之间的敌对。每个动物有机体都在自身中把相反的过程结合在一起。在动物摄取营养的过程中，实现的不只是自身肉体的合成，而且还是被摄取的食物的分解。动物不像植物那样听任周围世界摆布，而是在自身具有它的中心，它的中央。"⑤

其实不止动物，人亦如是，人也拥有一个高度发达的中枢神经系统，所以也热衷于自我维护。但是，人又不仅仅是一个拥有高度发达中枢神经系统

---

① ［德］潘能伯格：《人是什么——从神学看当代人类学》，第52页。
② ［德］潘能伯格：《人是什么——从神学看当代人类学》，第52页。
③ ［德］潘能伯格：《人是什么——从神学看当代人类学》，第52—53、55页；亦可参阅 Wolfhart Pannenberg, *Anthropology in Theological Perspective*, p. 84。
④ ［德］潘能伯格：《人是什么——从神学看当代人类学》，第53页。
⑤ ［德］潘能伯格：《人是什么——从神学看当代人类学》，第53—54页。

的动物，人同时是向世界开放的存在。自我中心和自我维护虽是来自人生物体质的本性，但向外部世界开放，超越既定境遇、超越自身又是人本质不可忽视的另一方面。潘能伯格认为，反映在人自身当中的这种既封闭又开放的对立和冲突正是人生命现实的真正呈现。但是，从根本上，人又不能完全沉溺于这一冲突，人必须不断追求，以超越环境、超越自身，人不能枉顾自己的使命。不过潘能伯格指出，无论人如何努力，自我中心性和对世界开放的冲突都不可能从人这里得到解决，因为在这方面，人每次的尝试最后都表明只是自我中心性的一次新胜利。① 要解决这一冲突，进而将其整合成一个合理且统一的整体，其根据只能在自我之外，在对上帝的无限依赖当中。只有作为创造者的上帝才能确保世界的统一，确保我们在世界当中存在的整体性，确保人自身当中唯我性和开放性之间冲突的克服。②

所以，此时问题就变得比较清晰，因为我们比任何时候都更加了解，人在本性上是两种趋向矛盾和冲突的统一体。一方面是自我维护、自我保障的自我中心性；而另一方面是人未完成的使命，是人向世界的开放性。两种本性的斗争和冲突使我们明白，我们在多大程度上依赖于这个世界，又在多大程度上必须超越这个我们所依赖的世界，要到遥远的彼岸去寻找我们的终极根据。故此，可以得出结论，人就是这样一个生活在自我的中心性和开放性张力中的存在。人经常从自我出发，却又不断地处于与他者的关联之中，以图在他者当中找到自身存在的根据。但是，显然属世的世界不可能满足人的这一目标，所以，他只有到世界的彼岸，到上帝那里，才能看到他苦苦追求的根据，而这正是人永不停歇追逐的使命。因此，对人来说，使命就是那种超验的东西，它总是指引着人超出自我。③ 不过，潘能伯格认为，这种指示却指向不确定的东西，因为人与无限没有直接的关系，否则人将支配上帝，从而颠倒人与上帝的关系。而这样一来的话，聚焦点无疑就又回到了自身。潘能伯格把这种将自己封闭在自身当中的自我中心性视为罪最根本的来源。④ 不过，他强调说："唯我性本身并不是罪，就像自我用来维持和实

---

① ［德］潘能伯格：《人是什么——从神学看当代人类学》，第55页。
② ［德］潘能伯格：《人是什么——从神学看当代人类学》，第55、57页。
③ ［德］潘能伯格：《人是什么——从神学看当代人类学》，第57页。
④ ［德］潘能伯格：《人是什么——从神学看当代人类学》，第57—58页。

现自身的对世界的支配也不是罪一样。就此而言，人的唯我性也属于上帝的完满创造。但是，假如由于自我不使自己纳入一种比较高的生活统一之中，而是固守着自身，唯我性就是罪。”①

由此可见，潘能伯格对罪的定义是人自身当中唯我性对开放性的主导。在这一点上，他显然与古典基督教神学对罪的看法有所出入。在后者看来，罪最初的表现形式通常是贪婪或情欲。② 对此潘能伯格进一步解释道：“在这种贪欲中作为最内在的动机起作用的却是人对自己的爱。”③ 所以本质上还是人的自爱和自我中心主义。而在这种意义上，贪婪或情欲显然是罪应有的表现。所以，奥古斯丁才把情欲看成是罪或罪进一步的结果，因为在他看来，情欲本身所折射出的是那种“不正当的意志”（perversa voluntas），这种意志通过转向低级的事物并且为了它们的目的而放弃了更好的、更高级别的东西，放弃了上帝，放弃了祂的真理和祂的律例。④ 而这样一来的话，就彻底扭曲了宇宙原有的秩序，因为按照后者，事物都是追求对他有利的、高级的东西，而不是像情欲一样，深陷于对低级事物的享乐之中，并且把永恒的东西看作实现转瞬即逝的享乐的手段，而不是目标。用奥古斯丁的话来说，这恰恰陷入了另一种形式的自我主义当中，这种自我主义完全以自身创造的短暂欢愉为目标，而不是把自己附着在所有事物真正的起源当中。所以，“当自我自豪地宣称他自己的意志为中心或终极目的时，他就侵占了宇宙秩序中原本只属于上帝，也即他的创造者和最高善的位置”⑤，而这才是真正的僭妄和罪。由此可见，在奥古斯丁看来，自我中心主义才是隐含在情欲背后的本质，也即罪最根本的来源。而在这一点上，显然潘能伯格和奥古斯丁是一致的。

不过，潘能伯格进一步指出，整个奥古斯丁之后的基督教神学在关于罪的问题讨论中几乎都没有正确理解到他的这一层含义，因为他们不是像理性

---

① ［德］潘能伯格：《人是什么——从神学看当代人类学》，第59页。

② Wolfhart Pannenberg, *Anthropology in Theological Perspective*, p. 87.

③ ［德］潘能伯格：《人是什么——从神学看当代人类学》，第58页。

④ ［古罗马］奥古斯丁：《忏悔录》，第31页；另可参见 ［古罗马］奥古斯丁《上帝之城》（中册），第127—128页；Wolfhart Pannenberg, *Anthropology in Theological Perspective*, pp. 87–88。

⑤ Wolfhart Pannenberg, *Anthropology in Theological Perspective*, p. 89.

主义和唯心主义那样把罪简化为色欲、沉迷感官享乐（sensuality），就是像传统教义学那样在具体地理解罪的起源、本质和普遍性等问题之前就已经提前预设了信仰作为前提。① 比如，巴特就是典型，他坚决否认基督教关于人的罪的陈述与经验材料之间有任何联系，而他坚持认为，罪唯有在基督教信仰的背景下才能理解。"只有当我们知道耶稣基督，我们才能真正知道人是罪人，并且知道什么是罪，它对人来说意味着什么。"② 而在潘能伯格看来，巴特的这种看法使得基督教关于人罪的宣称及其有效性过分地依赖于信仰这一前提，因而使得其似乎只是在耶稣基督里和解的信仰观念投射在人对自身判断上的影子。③ 所以，其后果是，对于那些拒绝信仰基督的人来说，这种看法就失去了其应有的效力。当然，潘能伯格在指责巴特的同时，也肯定了他这一思想中真理性的元素。对此，他说："毫无疑问，巴特思想中仍包含着真理性的元素"，因为"只有根据一种上帝的知识理解基督教传统称之为罪的那种反常行为（perversity of behavior）是由于行为者对于上帝背离这一事实才是可能的，并且一种完全清晰的关于这一主题的知识也仅仅只能来自上帝的启示，因为任何一种不是基于上帝自身主动性的知识都将取消上帝的概念"。④ 由此可见，在潘能伯格看来，关于人之罪这一问题的理解，一方面要遵循奥古斯丁的思路，从经验的、心理分析的角度洞悉其背后的实质⑤；另一方面又要像巴特那样从信仰及神学的角度看到其与上帝、与耶稣基督之间的关联。可以说，整个早期的潘能伯格都是遵循奥古斯丁的线路，从经验和历史的层面，亦即从人本身的角度，在与其他学科，尤其是历史学科的对话当中自下而上地探索相关问题，而其系统神学时期的思想，则主要是从教义学的视角自上而下地、系统地来建构他的系统神学体系。对罪的理解亦如是，所以相比于早期的经验性分析，他后期更多的是从教义学的角度来理解人的罪。至于后者，我们

---

① Wolfhart Pannenberg, *Anthropology in Theological Perspective*, pp. 89–91.

② *C. D.* IV /1, p. 389.

③ Wolfhart Pannenberg, *Anthropology in Theological Perspective*, p. 92.

④ Wolfhart Pannenberg, *Anthropology in Theological Perspective*, p. 92.

⑤ 在潘能伯格看来，奥古斯丁主义者对人的罪作为欲望的败坏的陈述有两个优点：第一个优点是奥古斯丁心理描述的经验指向；另一个优点是，通过这一方法，人的罪被归结为与人自身有关的。潘能伯格认为，正是这两个优点使得奥古斯丁主义者对罪的解释优于基督教关于罪的教义的其他形式。具体请参阅 Wolfhart Pannenberg, *Anthropology in Theological Perspective*, p. 91。

将在教义学人论的部分具体地涉及，现在让我们先回到目前的主题，来看看具有向世界开放本性的人是如何在社会和历史当中具体地生存并最终趋向上帝这一终极根据的。

四 作为社会和历史的人

依照潘能伯格，作为个体的人虽有自我中心主义，即唯我性的倾向，但本质上又是向世界开放的，他的使命是最终与上帝结合。不过，在他看来，使命的达成毕竟是一个历史过程，因此在这一目标尚未达成之前，人应当与其自身的此在，进而与社会的现实首先达成统一。[①] 这是人现实的生活状态，因为人本身就处在一个自我和不断被揭示的现实之间的紧张关系之中，直到最后实现统一之前，这种状态都是实在的，当然也终究会被自身超越，因为人的使命本身受一种超越于自身并超越于一切现实生活的至高者的引导，在这种情况下，人不可能固守自身。当然，这种超越进至的第一步并非与那至高者，即上帝直接的统一，而是首先在个体之外，在与他者的联合中获得首要的呈现。在潘能伯格看来，这正是共同体的来源。因此，依照他的理解，所谓共同体无非就是因个人共同使命引导而组成的人与人之间不断更新的联合。[②] 在这一联合体当中，虽然每个人都有自己的个性，但使命的召唤将他们组成一个一定范围内的整体，并且，也正是在这一整体当中，"人超出单个的人实现自我与现实的统一的使命才获得了具体的形象"[③]。

为了实现自己的使命，人在寻求共同体。这说明，人本身无法在自身当中并通过自身达成自己的终极使命，所以他首先需要与他人的联合，获得他人的承认和尊重。黑格尔首先看到了这一点，所以他在对主奴辩证关系的讨论中详细地阐明了这一点。[④] 不过，《精神现象学》中的承认理论还局限在意识或精神层面，将其运用到法权领域，并视其为一切共同体的基本行为，这

---

① ［德］潘能伯格：《人是什么——从神学看当代人类学》，第 77 页。
② ［德］潘能伯格：《人是什么——从神学看当代人类学》，第 77—78 页。
③ ［德］潘能伯格：《人是什么——从神学看当代人类学》，第 78 页。
④ 黑格尔有关主奴辩证关系的讨论，具体请参阅［德］黑格尔《精神现象学》（上卷），第 127—132 页；［德］黑格尔：《哲学科学百科全书 III·精神哲学》，杨祖陶译，人民出版社 2015 年版，第 278—279 页。

是他在《法哲学原理》中才完成的工作。① 但是，不管是意识层面还是法权领域，相互承认均被看作个人与他者联合，实现自身目的和使命必经的阶段。所以，正是在这一意义上，单个的人才必须要与他者联合，获得他者的认可，"因为只有通过他人的认可，单个的人才知道在自己特殊的使命中证实了自己"②。不过，在潘能伯格看来，这种与他者的联合并非完全放弃自己的特殊性；恰恰相反，在共同体中实现的不仅是共同使命，还有每个个体的个性③，因为"只是在人们互相之间把对方视为个人这一点上，人们之间的关系才是人的关系。只有当我知道在另一个人身上与在我自己身上一样，有着同样的在任何一个生命形象中都未出现过的无限使命在起作用时，另一个人才会作为个人受到敬重"④。

由此可见，相互承认与尊重是共同体形成的重要因素。但是，事实上，蕴含在承认与尊重背后的爱才是共同体得以形成的真正根源⑤，因为从根本上来说，只有通过爱才能使每一个人都超出自身达到与其他人的结合。在潘能伯格看来，这种经由爱而达成的人与人的联合尤其体现在男女关系当中：不同的男女因爱而结合，之间相互补充，相互尊重，成就婚姻，共同建立起一个家庭，进而成为包容整个生活的个人结合，成为"我"与"你"（I and Thou）联结的范例。⑥ 但是，他又指出，恰恰是婚姻和家庭的问题还表明，"人之为个人的存在并不能穷尽在'我'和'你'的相遇中。人格不仅仅在两人之间才是可能的。它也不像一种逃避工业化生活世界的人格主义在今天想使我们相信的那样，仅仅局限在私人生活领域"⑦。人注定要超出自身，与他人结合，过社会性的生活，否则他必将"失去与在终极意图中包括一切人的人类使命的关联"⑧。

---

① 具体请参见［德］黑格尔《法哲学原理》，范扬、张企泰译，商务印书馆2009年版，第93、207、227、249、260、347、356页。

② ［德］潘能伯格：《人是什么——从神学看当代人类学》，第80页。

③ ［德］潘能伯格：《人是什么——从神学看当代人类学》，第80—81页。

④ ［德］潘能伯格：《人是什么——从神学看当代人类学》，第79页。

⑤ ［德］潘能伯格：《人是什么——从神学看当代人类学》，第79页。

⑥ ［德］潘能伯格：《人是什么——从神学看当代人类学》，第83—86页。另外有关"我"与"你"的相遇问题还可详参［德］马丁·布伯《我与你》，陈维纲译，商务印书馆2016年版。

⑦ ［德］潘能伯格：《人是什么——从神学看当代人类学》，第86页。

⑧ ［德］潘能伯格：《人是什么——从神学看当代人类学》，第86页。

　　然而，潘能伯格指出："共同体从来也不是人的使命的终极形态。其原因在于，由于人的罪而不存在一种完美的共同体。罪，即自我中心性，使个人与社会对立，并使社会与个人对立。"① 所以，其后果不是"单个的人出于个人主义而离开了共同的使命，或者仅仅为了他们自己的目的使用社会设施"，最后使得共同体沦为独裁者或某个特殊集团个人利益的代言者，就是"现存的社会把自己本身等同于人的使命，不尊重个人的人格，对他们的生活提出无限制的要求"，以至于单个的人完全沉沦，成为其牺牲品。② 不过，面临这种窘境，尚存在一种协调措施，这就是立法。通过立法，不仅可以规约共同体当中个人的行为，而且可以保障个人在共同体中的权力，这是立法的积极效用。但是，相反的情况是，立法也带有处境化的因素，因而也会固化，甚至沦落为维持一部分人不正当统治关系的工具，而这时候，法也就可能败坏了，其往往发生的是不法的效用。③ 为了避免这一情况，此时就不仅需要更新立法，还需要爱作为共同体的根源发挥效用，因为只有通过爱的作用，个体才会超越法的现行规范，在法律没有预见到的处境中公正地对待每一个人。然而，无论人类如何努力，自身有限的爱根本不可能照见所有的黑暗，故此其实人类一直为上帝，为祂向众生撒下的爱保留着位置，期待着祂永恒的爱统治人间。届时，个体的人才会放下自己的自私和成见，在上帝爱的引领下，重新组织起来，将上帝作为人使命最终统一的目标。故而，潘能伯格才说："在某种意义上，人的一切法即使在事实上也是上帝的法，虽然它被自私的利益和立法的缺陷严重地歪曲了。但是，无论如何，在上帝的现实性展示给人们的地方，人们必然被引导向彼此的结合。单个的人只有在与他的同伴的结合中才能专注于自己的人的规定性，才能面对上帝而存在。"④ 然而，潘能伯格也提醒人们，虽然一定意义上说"人的一切法即使在事实上也是上帝的法"⑤，但是"上帝的法在任何地方都不是最终确定的。任何法的形态都必然要发生变化……没有任何一种社会法的秩序能够实现人达到与上帝与同伴完

① ［德］潘能伯格：《人是什么——从神学看当代人类学》，第87页。
② ［德］潘能伯格：《人是什么——从神学看当代人类学》，第87页。
③ ［德］潘能伯格：《人是什么——从神学看当代人类学》，第92—96页。
④ ［德］潘能伯格：《人是什么——从神学看当代人类学》，第96—97页。
⑤ ［德］潘能伯格：《人是什么——从神学看当代人类学》，第96页。

全结合的使命。任何法的形态都是暂时的。在法的形成史中起作用的爱并不能使人摆脱罪恶，摆脱人之为人存在的分裂"。① 应当说，后一目标的达成，必然要等到历史终末来临，因为只有在上帝的国度，我们才能深切体验那种与同伴、与他人、与上帝和谐的统一。而从这一意义上讲，人不折不扣的是历史的人。

"人在其本质上是历史的。"② 这意味着，人不仅要像存在主义哲学所指出的那样在自身的生活当中不断遭遇不同的处境并做出决定，而且要超越自身的生活，向他人、向世界乃至向上帝开放。所以，"人的历史性建立在他的本质对上帝开放性中：对上帝的开放性使人对世界经验开放，使人的生活在一种特殊道路的历史中获得自己的个性"③。由此可见，在潘能伯格看来，人的历史性根植于人开放的本性。但是，不仅个人具有历史性，由个人所组成的共同体，小到家庭、团体，大到民族、国家和社会均有自己的历史性。整个社会及人均处在历史的界域当中，而这意味着，目前社会中的一切都是暂时的，因为对于历史来说，未来才是它决定性的向度。因此，只有在历史终结时，人的本质及使命才能取得最终的形态。当然，也正是在这一意义上，历史是普遍的历史，上帝在它之中并作为它而启示自身。这种启示表明，只有在历史终结，即终末审判来临时，由耶稣基督复活所带来的上帝的终极拯救以及人普遍从死里复活的命运才能获得整全的理解。④ 但是，正如之前已经指明的，虽然上帝的终极拯救是一个终末论的历史事件，但人普遍从死里复活的终极命运却已经通过耶稣基督的复活以预表的形式预先显现在历史当中。⑤ 而这样的话，作为社会和历史的人就应当以饱满的信心，满怀希望，迎接人终极使命在上帝终末统治中的达成。

第二节　教义学人论：自上而下的考察

从人本身来看，人是不同于动物，虽有自我中心性，但向世界，进而向上

---

① ［德］潘能伯格：《人是什么——从神学看当代人类学》，第97页。
② ［德］潘能伯格：《人是什么——从神学看当代人类学》，第127页。
③ ［德］潘能伯格：《人是什么——从神学看当代人类学》，第129页。
④ ［德］潘能伯格：《人是什么——从神学看当代人类学》，第132—133页。
⑤ Wolfhart Pannenberg ed. , *Revelation as History*, p. 134.

帝开放的社会和历史的人。这是早期潘能伯格基础神学人论的基本内容，它体现的是从人本身，自下而上地审视人所得出的结论。其特点是，不预设神的存在作为人类学考察的前提；恰恰相反，它从人自身出发，以经验科学，尤其是历史科学的方法企图在人类生存及文化生活领域发现蕴藏在人性背后的宗教维度。从致思路径上来看，这与保罗·蒂利希的"文化神学"有些类似。后者从人类及其文化出发，把宗教看作"人类精神生活的一部分"，视宗教为"人类精神生活的要旨、基础和深层"，因为它涉及的是人的自我理解和终极关切。① 这种观点甚至延续到了他的《系统神学》当中，不过此时的蒂利希开始明确地把神，即基督教的上帝看作人终极关切的根据。② 明显地，这种做法与潘能伯格十分类似。后期的潘能伯格也是从教义学的角度，自上而下系统地审视人的问题，它真正解答的是基督教神学视角下人是什么这一"斯芬克斯之谜"。但是，在具体论述他后期教义学人论之前，必须指出，潘能伯格虽将他前期的人学思想定义为基础神学人学，并在《神学视角的人类学》当中对其基本内容进行了细致的论证，但是，仍然存在着一些亟待回答的问题：第一，何以向世界开放的人必然导向向上帝的开放？依照基尔克果，进而依照巴特的理解，神与人之间存在绝对质的差异，有限与无限之间亦明显有一条鸿沟。潘能伯格是如何跨越这一鸿沟，搭建起神与人之间、有限与无限之间的阶梯，这是早期他自己也没有交代清楚的问题。第二，即使向人开放最后可以推至必然向上帝开放，但又如何保证这里所说的"上帝"就是基督教那位位格性的上帝呢？如果潘能伯格坚持不预设神的存在作为基础神学人论讨论的前提，那么显然从这里推出的上帝就不一定是基督教所宣扬的那位亚伯拉罕、以撒、雅各以及万民的神。然而，如果说潘能伯格事先已经确定了基督教的上帝作为理解人的前提，那么他又与自己所反对的立场站在一起了。明显这是个悖论。这说明，虽有系统且清晰的论证，但明显前期的基础神学人论尚不是潘能伯格人学思想的全部，亦不是他最成熟的理论，真正体现后者的是他系统神学时期有关人问题的教义学阐述。

---

① ［德］蒂里希：《文化神学》，载《蒂里希选集》（上），何光沪选编，上海三联书店1999年版，第378、383、410页及以下。

② ［德］蒂里希：《存在与上帝》（系统神学第二部），载《蒂里希选集》（上），第1140页及以下。

一　人的被造与上帝的形象

"上帝说：'我们要照着我们的形象，按着我们的样式造人，使他们管理海里的鱼、空中的鸟、地上的牲畜和全地，并地上所爬的一切昆虫'。神就照着自己的形象造人，乃是照着他的形象造男造女。"这是《创世记》一章26—27节关于人被造最初的记载。① 依照经文来看，三点信息清晰地传递出来：第一，从起源上来看，人是被造的存在；第二，从根本上来看，上帝的形象是人被造的根据；第三，从造物本身来看，人是其他被造存在的管理者。② 依照潘能伯格，人之所以为其他造物的管理者，正是因为人是按照上帝的形象被造的。人当中的上帝形象是人获得对其他造物管辖代理权限的根据。③ 由此可见，《圣经》的记载交代了人的起源及其在被造物当中的地位问题，但是，尚未进一步说明上帝形象的内涵及其之于人而言的重大意义。

按照传统基督教的解释，一般而言人们把上帝的形象理解为人的精神或灵魂的原型和根据。因此，上帝的形象常常被限制在人的精神或灵魂层面。④ 这点尤其体现在《所罗门智训》九章 2 节："你以智慧造人，使其统治万物"⑤。依照经文，"智慧"是人区别于其他万物，并对其加以统治的根据。根据这一论断，亚历山大里亚的犹太哲学家斐洛（Philo Judeaus of Alexandria，约公元前 30 – 40）将"道"（Logos）的概念与上帝的形象联系起来，并视人的理性为它的摹本。追随斐洛，基督教神学的亚历山大里亚学派通常把上帝的形象限制在人的理性层面。自此之后，通过尼撒的格列高利（Gregory of Nyssa，约335 – 394）以及希坡的奥古斯丁，这一思想逐渐成为基督教神学有关上帝形象理解的主流观点。⑥ 但是，依照《圣经》记载，上帝按照自己的形象所造

① 除《创世记》一章 26—27 节之外，《旧约》中还有两处经文有类似的记载，其一是《创世记》五章 1 节，其二是五章 6 节。两处都曾明确提到人是照上帝的形象而成的造物；另外，除了《旧约》，《所罗门智训》二章 23 节、《便西拉智训》十七章 3 节亦有类似的记载。当然，《哥林多前书》十一章 7 节和《雅各书》三章 9 节两处也提到了人是上帝形象的问题。

② ［德］尤根·莫特曼：《人——基督宗教的现代化人观》，郑玉英译，台北：南与北文化出版社 2014 年版，第 173—176 页。

③ ［德］潘能伯格：《系统神学》（卷二），第 274 页。

④ ［德］潘能伯格：《系统神学》（卷二），第 278 页。

⑤ 具体请参见《圣经后典》，张久宣译，商务印书馆 1987 年版，第 105 页。

⑥ ［德］潘能伯格：《系统神学》（卷二），第 278 页。

的是整全的人,而并没有在人当中具体地区分肉体和灵魂,也并没有把上帝的形象首先安置在灵魂当中。① 那么,传统基督教神学关于上帝形象是灵魂或精神根据的解释就明显不符合《圣经》的记载,并且造成了人的位格性在身体和非身体方面的两分。其后果是,上帝的形象很容易被等同于人之实存的属灵的、理性的或者道德的层面,从而忽视人的实存的肉体方面。②

率先致力于弥合这一点,从而坚持上帝形象的肉体维度的是伊里奈乌。他通过回溯到《创世记》一章26—27节的记载,坚持了"形象"和"样式"的区分,并把肉体和灵魂看作为造物之人完善性的两个重要因素。在伊里奈乌看来,如果人缺少灵魂,那他就只是一个自然的、肉体的人,因而是不完善的,他虽然在身体里有上帝的形象,但他并未通过灵而接受与上帝的相似性。③ 这种新的解释获得了克莱门(Clement,约150 – 220)和奥利金(Origen,约185 – 254)等人的支持,但仍与《创世记》一章26节的记载有出入,因为从解经学的研究来看,形象(tselem)与样式(demuth)的含义本身是相似的,二者之间并没有可辨识的差异,那么由此说明,伊里奈乌对两者的区分显然缺乏根据。④ 对此,潘能伯格指出,实际上,早期基督教思想中所涌现出的这种灵肉二元论是其分有时代的希腊化教养的一种表达,而并非一种原初地属于基督教人之形象的本质内容的观点。⑤ 但是,不仅早期教父学主张这一观点,甚至连托马斯·阿奎那也在亚里士多德主义的影响下仍然坚持身体与灵魂的两分,即使在他看来灵魂是肉体的本质形式,因而一般而言是人的本质形式。从后者来看,似乎与《圣经》关于灵的观念有些相似,但是必须清楚的是,《创世记》二章7节关于灵的观念断乎没有亚里士多德—托马斯主义的实体概念意义上的独立性,因为它虽是人生命的原则,却绝不能离了肉体而存在。⑥ 灵魂是有肉体的灵魂,肉体也是有灵魂的肉体。肉体脱离灵魂便会消灭,灵魂没有肉体也将不复存在。对于人来说,肉体和灵魂是一个整体。

---

① [德]潘能伯格:《系统神学》(卷二),第279页。

② [美]雷·S. 安德森:《论成为人——神学人类学专论》,叶汀译,王作虹校,上海三联书店2012年版,第86页。

③ [德]潘能伯格:《系统神学》(卷二),第280—281页。

④ [德]潘能伯格:《系统神学》(卷二),第274—275页。

⑤ [德]潘能伯格:《系统神学》(卷二),第247页。

⑥ [德]潘能伯格:《系统神学》(卷二),第249—250页。

换句话说："人是身体和灵魂的有位格的统一。"①

另外，在理解人的灵魂与上帝形象的关系时，决不能把《圣经》的灵与人的理智相等同②，前者意味着一种"创造性的生命力"，它虽对人一般而言地起作用，但本身并不是造物的组成部分。毋宁说，它体现的是人对从外部作用于自身的灵的神力的依赖性，体现的是由此而决定的人的生命的离心品性。换言之，人虽在自身拥有生命嘘气，但它不为人所支配。这恰恰说明，上帝依然是人生命的主。③ 所以，人从本性上就要向上帝开放，寻求与他的复和、统一。上帝是人终极的使命和规定，因为上帝是那形象本身，而人只不过是"按照"或"根据"上帝的形象而成的造物。因此，就像雷·S. 安德森（Ray S. Anderson，1925－2009）所言："有必要在作为创造的本质的人性（humanum）与作为非创造的上帝的存在的形象（imago）之间，作出某些区分。"④ 因为，就人本身来说，前者并不完全地占有后者，而毋宁说，后者是人性使命所追求的目标。⑤

然而，尽管上帝的形象对于人来说是终极追求的使命，但按照《新约》，尤其是保罗书信的解释，耶稣基督作为上帝的形象已经显现在尘世间（林后4：4；西1：15；来1：3）。他为了世人的拯救，甘愿谦卑自己，道成肉身，取了奴仆的形象，成了人的样式，而既有人的样子，就自己卑微，存心顺服，以至于死，且死在十字架上（腓2：6－8）。依此来看，耶稣基督是作为完满的上帝形象，为了世人的拯救而道成肉身降格出现在历史当中，那么，与此形成对比的是，被造之人，也即亚当的后裔对上帝的背叛和疏离。正是这种背叛和疏离，即传统教义意义上的"罪"使得耶稣基督作为拯救者，重建在亚当里毁坏的上帝形象成为必要和可能。由此来看，这里明显存在一种对立和冲突，即亚当的堕落和耶稣基督的拯救，前者意味着上帝形象在人的当中的毁坏和丧失；后者意味着这一形象在人当中的修复和重建。总体来说，这是传统基督教关于上帝形象教义的基本共识。但是，关于这一问题的理解仍

---

① ［德］潘能伯格：《系统神学》（卷二），第245页。
② ［德］潘能伯格：《系统神学》（卷二），第251、257页。
③ ［德］潘能伯格：《系统神学》（卷二），第252页。
④ ［美］雷·S. 安德森：《论成为人——神学人类学专论》，第85页。
⑤ ［德］潘能伯格：《系统神学》（卷二），第296页。

然存在不少争议。伊里奈乌认为，亚当虽是上帝按照自己的形象造的，但他本身并不完全地占有上帝的形象，他只是上帝形象的摹本，只有耶稣基督是上帝形象的原型①，所以人类始祖亚当从一开始就不是完善的。然而，与伊里奈乌不同，阿他那修认为，亚当在被造之初是完善的，只是因为堕落丧失了原初的完善，因而需要耶稣基督的拯救，以修复和重建亚当堕落之后所丧失的上帝形象，重新达成与其原初完善的统一。阿他那修的这种观点为后来的改教家们继承，在他们看来，在第一人，即人类始祖亚当的上帝形象里包含着一种原初的公义（ *iustitia originalis*)，只是由于他的堕落才致上帝的形象，即这种原初的公义丧失②。而耶稣基督道成肉身来到世间的目的即是要修复和重建这种由亚当堕落所造成的人与上帝关系的疏离。③

　　但是，在潘能伯格看来，"由老派新教教义学家们特别强调的关于人的生命在原罪之前因第一个人的初始公义而有的伊甸园完善性和整全性缺乏《圣经》基础"④。因为，虽然人的生命缩减（the shortening of human life）是伊甸园中第一人因其逾越所承担的后果，但是这里并没有预设一种先于堕落的、人既完全拥有完善的知识又圣洁和不死的状态。⑤ 毋宁说，有关亚当在原罪之前不死性的理解是在智慧文学和启示文学当中才出现。比如，《以诺书》（ *The Book of Enoch* ）六十九章 11 节就说，人原初地被创造的与天使并没有什么不同，只要人不犯罪，死亡就不会触及人。另外，《所罗门智训》一章 13 节也说，上帝并没有创造死亡，死亡不过是魔鬼的嫉妒所带来的后果（2：24）。对照保罗，他也曾提出死亡是罪的后果，但是与智慧文学和启示文学不同的是，保罗并没有谈到一种亚当在犯罪之前的原初的不死性；相反，他谈到的只是

---

　　① Irenaeus, *Adversus Haereses V*, 12, 4. 英译本请参阅 St. Irenaeus of Lyons, *Against Heresies*, edited by Paul A. Böer, Sr. , Lexington：Veritatis Splendor Publications, 2012, pp. 594 – 595。

　　② 在宗教改革思想家看来，虽然亚当的堕落使得原初的人当中的上帝形象已彻底毁坏或丧失，但是同时他们又认为，这种形象在人当中仍有"残留"，故而仍保留有通过耶稣基督的拯救得以重建和修复这种形象的可能。

　　③ ［德］潘能伯格：《系统神学》（卷二），第 285—287 页；另外，关于路德的观点，可参阅［美］R. 尼布尔《人的本性与命运》（上卷），成穷译，贵州人民出版社 2006 年版，第 143—144 页。

　　④ ［德］潘能伯格：《系统神学》（卷二），第 287—288 页。

　　⑤ Wolfhart Pannenberg, *Systematic Theology*, Vol. 2, trans. , Geoffrey W. Bromiley, Grand Rapids：William B. Eerdmans Publishing Co. , 1994, p. 212.

凭借神的恩赐，在耶稣基督里的永生（罗6：21-23）。① 潘能伯格指出，早期
教父学大多倾向于坚持这种亚当在犯罪之前的原初的不死性的观念，而不是
遵循保罗的教导。不过，在他看来，这种观念在《圣经》神学，尤其是现代
历史批判的审视下，其可靠性已经所剩不多了。②

　　类似地，潘能伯格认为，同样的批评也适用于人因原罪而丧失上帝形象
的说法，因为在他看来，这一观念同样缺乏《圣经》基础，或者至少不能明
确地从《圣经》当中找到根据。③ 与此相反，他主张对于基督本是上帝形象
的理解就不能单单从重建已在亚当里毁坏或丧失的上帝形象的意义上来理解，
而是要把它与普遍的人在将来要完成的使命或获得的终极规定结合起来，因
为对于人来说，"并非人自身就已经是上帝的形象，而是唯有耶稣基督才是上
帝的形象，所有其他人都需要按照这个形象来更新自己与上帝的关系"④。潘
能伯格指出，伊里奈乌正确地看到了这一点，所以他区分了上帝形象的原型
与摹本，并肯定了二者之间的关系：摹本展示原型，原型在摹本中临在，两
者通过相似性（likeness）联系起来，相似性越大，形象就越清晰，原型在形
象中的临在就越强；反之，相似性越小，形象就越模糊，原型在形象中的临
在也就越弱。潘能伯格认为，伊里奈乌确实有理由把与上帝的某种相似性归
给第一人亚当，而把其完成只归给耶稣基督，因为亚当虽是上帝按照自己的
形象造的，但他与上帝只拥有一定程度的相似性，而耶稣基督则本身是上帝
形象的原型。⑤ 同样，这也说明，"人虽然始终是上帝的形象，但并非始终在
同样的程度上是上帝的形象。相似性在人类的开端还会是不完善的，而且由
于罪，这些开端在这种情况下还在每一个人里面日益被歪曲。只是在耶稣的
形态中，如基督教人类学所看到的，上帝形象才完全清晰地显现出来"⑥。因
此，与耶稣的形态相对应，对于人来说，上帝的形象并不是从一开始就完全
实现了的，毋宁说，它的清晰的显现作为人的规定（human destiny）还尚处

---

① ［德］潘能伯格：《系统神学》（卷二），第288—289页。
② ［德］潘能伯格：《系统神学》（卷二），第289—290页。
③ ［德］潘能伯格：《系统神学》（卷二），第291页。
④ ［德］潘能伯格：《系统神学》（卷二），第293页。
⑤ ［德］潘能伯格：《系统神学》（卷二），第293页。
⑥ ［德］潘能伯格：《系统神学》（卷二），第294—295页。

在生成当中，仍有待终末未来完全实现。[①]

由此，我们可以看到，上帝的形象作为人的规定具有终末论的性质，换句话说，人的规定只有在历史终末来临时才能完满地实现。本质上，潘能伯格这一观念与他的启示论及基督论是一致的，即只有在历史终来临时，上帝的启示才能完全显现，而耶稣基督也才能与上帝的神性达成完满的统一。不过，正如之前已经说明的，这种终末的盼望已经作为预表显现在耶稣基督身上，他及他的复活不仅是上帝终极启示的预先呈现，更是人终极命运实现的预表。所以，虽然上帝的形象作为人的规定只有在历史的终末才能完满地获得，但是我们已然通过耶稣基督看到了这种形象的原型，并且可以借助圣灵的力量，通过对耶稣基督的效仿，分享到与上帝永恒生命的共联。

综上可以看出，潘能伯格教义学人论的目标在于以人的被造和上帝的形象概念为统摄，在三一论的框架下，把人借助于圣灵并通过耶稣基督所获得的命运的实现归于历史的终末。其实，在这里，上帝形象的概念已经把潘能伯格后期的教义学人论与他早期基础神学人论中关于人向世界，进而向上帝开放的概念巧妙地结合起来了。[②] 从早期来看，潘能伯格基础神学人论的主要目标在于从人本身出发，通过与其他学科，尤其历史科学的对话，发现蕴含在人本身的宗教维度。具体而言，这一目标主要通过人向世界，进而向上帝开放这一观念来完成，但是，追溯这一目标的背后，我们发现正是上帝形象作为被造之人的禀赋在人本质当中发挥作用。这样来看的话，上帝形象的概念作为"接合脊"将潘能伯格前期自下而上的基础神学人论和后期自上而下的教义学人论结合起来了。当然，也正是这一结合，回应了我们在本节开始前针对潘能伯格早期基础神学人论所提出的两点批评和质疑。

二 人的不幸与罪

如果上帝的形象是被造之人作为其他造物管理者尊严的依据，那么罪便是人不幸的根源。依照潘能伯格，上帝虽按照自己的形象创造了人，但是祂

---

① ［德］潘能伯格：《系统神学》（卷二），第295页。

② 其实，以上帝的形象概念为核心的这种结合早就见于其著《神学视角的人类学》，只是早期他虽然提到上帝的形象作为人向世界，进而向上帝开放最后的目标，却并没有从教义学或基督教神学的角度来具体地论证上帝的形象作为人的规定这一观念。具体请参见 Wolfhart Pannenberg, *Anthropology in Theological Perspective*, pp. 43 – 79。

也赋予人一定程度的独立性，[①] 并且正是这种独立性成为人罪恶和过错的根源，因为在这种独立性中，人并不像耶稣基督那样永恒地承认自己与圣父的自我区分，而是企图不受限制地扩张自己的此在：人要像上帝那样。[②] 对此，潘能伯格说道："造物的独立性一方面是它作为造物的完善性的表达，这种完善性基本上是由拥有自己的此在来规定的。但它也是与造物背离创造者的风险相结合的。造物的独立性包含着诱惑，即在自己的此在的自我维护中把自己当成绝对的。"[③] 由此，根据潘能伯格，正是这种由人的被造的独立性所带来的自我维护和欲跨越有限成为无限者的骄妄构成了人之罪和不幸的根源。[④]

总体来看，这是潘能伯格关于罪之来源的基本看法。但是，对照传统基督教教义关于罪的解释，潘能伯格的看法似乎与此略有不同。根据传统基督教教义，罪在通常意义上被理解为"原罪"（original sin）。而所谓原罪，即通常按照奥古斯丁的解释[⑤]，被视为众人在亚当里所犯的罪，它因一人而来，通过遗传传递给他的后代。但是，在潘能伯格看来，这种通过遗传而来的原罪观念随着现代个体对于人格本身的理解已经变得不可能了，因为按照后者，每一个人格只为他自己或因他同意而实施的行为负责，而决不会为另一个人，尤其是不会为自己的祖先负责。[⑥] 另外，潘能伯格进一步指出，甚至连这一观

---

① 根据潘能伯格的理解，造物自身的这种独立性主要源自耶稣基督作为圣子与永恒的圣父的自我区分，因为正是这种区分，使得耶稣基督作为永恒圣子的身份得以确立，而这对于人来说，也正是人作为被造此在存在和独立性的根据。具体请参见 ［德］潘能伯格《系统神学》（卷二），第36—37、49 页。

② ［德］潘能伯格：《系统神学》（卷二），第37 页。

③ ［德］潘能伯格：《系统神学》（卷二），第234 页。

④ 类似地，莱茵霍尔德·尼布尔也曾提出过同样的观念，在他看来，人作为有限的存在，天生地对自己感到不安全，而正是这种缺乏安全的焦虑，促使人一方面想要超越自己的有限从而成为无限者，即上帝；另一方面，人在这个时候往往是无力的，所以这种无力感让人在短暂的欢愉中沉沦，以求暂时地逃避其自由的无限可能性及自我决断的危险和责任，而这就陷入了情欲。所以，尼布尔总结，人的罪主要是骄傲和情欲两个方面。在这一点上，明显他和潘能伯格有类似之处。有关尼布尔对罪的理解，请参见 ［美］R. 尼布尔《人的本性与命运》（上卷），第162—237 页。

⑤ ［古罗马］奥古斯丁：《上帝之城：驳异教徒》（中），吴飞译，上海三联书店2008 年版，第153—154 页。关于奥古斯丁对原罪更清晰的说法，请参见 Augustine, *The Enchiridion*: *On Faith*, *Hope*, *and Love XIV*, 52.

⑥ ［德］潘能伯格：《系统神学》（卷二），第317 页。其实不止潘能伯格，可以说，原罪这一观念在16 世纪，尤其是被索齐尼派（Socinianism）视为不合《圣经》与人的道德意识之后，就已经普遍地被人们所拒斥，从而很大程度上已经不可能了。关于这一点，我们还可参奥特、奥托编《信仰的回答——系统神学五十题》，第154 页。

念产生的《圣经》依据，即保罗在《罗马书》五章 12 节当中的解释也成为可疑的了，因为根据现代福音派对《圣经》内容批判性的解释，人们很难再从其中找到"原罪"教义切实的根据。[①]

既然"原罪"在现代已经变得不可理解，那基督教信仰，尤其是其神学如何在现代语境中重新构建自己关于罪的教义呢？潘能伯格指出，原罪教义衰落之后，基督教罪的概念就转移并固定在了"业罪"（acts of sin）之上。[②]而所谓"业罪"，即每个人都因其个体行为而造成的罪过，其本身与道德和责任相关。但是，这种转移仍然是失败的，因为它无法从根本上说明罪的普遍性问题。那么，究竟罪的根源在于何处，它何以对于人来说仍是普遍的等一系列问题对于现代神学来说仍是一个悬而未决的问题，而这正是潘能伯格面临的处境，他的目的即在于从现代语境出发重构基督教关于罪的教义，进而解决这些难题。

面对这一任务，潘能伯格首先对《圣经》及传统基督教教义关于罪的解释进行了考察。然而，通过考察，他发现，《圣经》当中本无"原罪"这一概念，用来标识"罪"的希腊词汇是 hamartia，其本意指各种类型的错失，后经演变，被用来指人对上帝诫命的反抗和逾越。由此可以看出，《旧约》意义上的罪孽和过犯本质上与人对上帝诫命的违背和逾越联系在一起，当然，依照经文，这种逾越不仅包括实际行为，也包括人内心当中的意念（创 6∶5；创 8∶21）。[③]潘能伯格指出，《旧约》当中这种有关罪的观念，直到使徒保罗之后才发生了转变，即罪虽由律法"显明"（manifested）或"揭示"（discovered），但它已经先行于一切诫命而存在了（罗 7∶7-11）。在潘能伯格看来，正是这种转变使得人们对罪的理解摆脱了律法的概念，而通向一种有关罪的新型理解。自此之后，人们不再固定地从对诫命的违背来理解罪，而是更多地从人类学的语境出发，探究它先行于律法而存在的根源。[④]这样一来，隐藏

---

① ［德］潘能伯格：《系统神学》（卷二），第 317 页。

② Wolfhart Pannenberg, *Systematic Theology*, Vol. 2, p. 234. 亦可参阅中文译本［德］潘能伯格《系统神学》（卷二），第 319 页。

③ ［德］潘能伯格：《系统神学》（卷二），第 325 页。亦可参阅奥特、奥托编《信仰的回答——系统神学五十题》，第 152 页。

④ Wolfhart Pannenberg, *Systematic Theology*, Vol. 2, pp. 239-240.

在违反诫命背后人想要表现自己的欲望就被揭示了出来。潘能伯格指出，在揭示罪与欲望（cupiditas/concupiscentia）关系这一点上，奥古斯丁说得尤为清楚。可以说，他对基督教罪的教义的经典意义即在于他比此后的任何一位神学家都深刻地把握到了由保罗所暗示的罪与欲望的联系。[①] 不过，与保罗不同，奥古斯丁特殊的地方在于，他把人的这种欲望看作一种意志的扭曲，其具体表现为意志对宇宙自然秩序的颠倒，即意志放弃对更高、永恒善（上帝）的追求，反而沉迷于短暂的快乐和较低等级的善，不追求更高的目的，却以更高的目的为达成低级目的的手段。[②] 本质上，这才是奥古斯丁对欲望作为罪或罪的结果最核心的解释，它表明的是，在这种扭曲的意志当中，人把自我置于中心，从而把其他一切事物当作纯然手段来使用的自私性或自我中心性。[③] 通常而言，这种自我中心性会有两种表现：一种是以自我为一切事物的原则，并进而想成为或取代上帝的傲慢；另一种则是由这种傲慢所带来的反常的或不正当的情欲。[④] 两者共同构成罪之具体表现形式。不过，对于奥古斯丁而言，傲慢比情欲更为根本，傲慢才是众罪之源。然而，不管是情欲还是傲慢，最终导致的结果都是对上帝的厌恶和恨，并且这种因自爱而产生的对上帝的恨的反常情欲对于人来说，显然不是个别的、随时可消除的，而是深根于人性当中的普遍性的结构原则。[⑤]

当然，正是这一点使得潘能伯格认为，奥古斯丁对罪的理解比其他人，包括比使徒保罗都更加深刻，因为他不再在保罗意义上单纯地把欲望或罪当作对律法的违反，而是从人类学的语境出发，通过分析蕴藏在人性背后的普遍原则确立了罪的普遍性有效。[⑥] 而这样一来，潘能伯格认为，其实奥古斯丁

---

① ［德］潘能伯格：《系统神学》（卷二），第 329 页。

② Augustine, *De Civitate Dei XII*, 6. 中文译本请参见 ［古罗马］奥古斯丁《上帝之城》（中册），第 127—128 页。另可参见 ［德］潘能伯格《系统神学》（卷二），第 331 页。

③ ［德］潘能伯格：《系统神学》（卷二），第 331 页。

④ 在奥古斯丁看来，骄傲是众恶之源，也是一切反常或不正当欲求的核心。具体请参阅 Augustine, *De Civitate Dei XIV*, 13；中文本请参阅 ［古罗马］奥古斯丁《上帝之城：驳异教徒》（中），第 207 页。另外，关于这一说法，还可参阅 Augustine, *De Trinitate XII*, 9, 14. 英译本 Augustine, *On the Trinity*, *Books* 8 – 15, edited by Gareth B. Matthews, translated by Stephen McKenna, Cambridge：Cambridge University Press, 2002, pp. 92 – 93。

⑤ ［德］潘能伯格：《系统神学》（卷二），第 332 页。

⑥ ［德］潘能伯格：《系统神学》（卷二），第 333 页。

所谓原罪的"遗传"观念就显得有些多余，因为这种从人类学出发的心理分析已经解决了罪的来源及普遍性问题，所以根本无须再附以"遗传"理论。①潘能伯格认为，在这一点上显然康德要比奥古斯丁处理得好，康德通过"根本恶"（radical evil）的概念就彻底把问题说明了。②不过，潘能伯格指出，康德的问题在于，他试图用普遍存在于主体当中的道德法则或律令取代上帝，或者说从道德推出宗教，而这本质上是违背基督教精神，从而也是不合理的。③康德之后，黑格尔发展了这种从人的主体性出发所得出的恶的理论，不过，与康德不同的是，黑格尔不再仅仅从人的道德意识出发，而是从作为一般意识到自身的存在者的人出发，把欲望视为人的自然意志。但是，在黑格尔那里，这种自然的意志还只是抽象的，它需要扬弃（aufheben）自身以及自身的一切特殊性，以使自己上升到自在自为的普遍者、真无限者和绝对者。④那么，这样来看的话，显然"并非欲望自身就已经是恶的，而是唯有那将自身与欲望相同一，不将自己提高到欲望之上——并由此提高到自己的自私之上——的意志才是恶的"⑤。因此，对于黑格尔来说，这种意志上的恶是相对于一个已经自在自为地存在着的无限者、绝对者而提出的。但是应当注意，这个与有限意识或存在相对立的无限者或绝对者明显地受制于前者，或者说是以前者为基础的。而这一点，正是作为黑格尔最极端的批评者基尔克果所坚持的。在基尔克果看来，人首先是与自身发生关系，但又不仅仅与自身发生关系，人同时处于一种无限与有限、暂时与永恒、自由与必然的综合当中。⑥对人而言，人显然无法通过自身达到平衡与安宁，因为他无法通过自我意识建立起与自身的统一性，亦即不能获得自身与自我的本质同一，后者的达成只有通过与永恒者之间的关联才有可能。但是，人的悲剧在于，他很难

---

①　［德］潘能伯格：《系统神学》（卷二），第334页。

②　有关康德人性当中蕴含的"根本恶"的问题，请参见［德］康德《纯然理性界限内的宗教》，载李秋零主编《康德全集》（第6卷），李秋零译，中国人民大学出版社2010年版，第3—59页。

③　［德］潘能伯格：《系统神学》（卷二），第335—336页。

④　关于自我与欲望以及欲望与罪的关系，请参见［德］黑格尔《精神现象学》（上卷），120—122页；以及［德］黑格尔《宗教哲学讲演录Ⅱ》，载张世英主编《黑格尔著作集》（第17卷），燕宏远、张松、郭成译，人民出版社2015年版，第189—221页。

⑤　［德］潘能伯格：《系统神学》（卷二），第337页。

⑥　［丹麦］索伦·克尔凯郭尔：《致死的疾病》，载汝信、Niels-Jørgen Cappelørn主编《克尔凯郭尔文集》（第6卷），京不特译，中国社会科学出版社2013年版，第419页。

在自我与自身以及自我与永恒者的关系中找到平衡，所以，无论如何人都处于一种恐惧和绝望当中，即要么从自身出发绝望地想成为自己，要么从永恒者出发绝望地不想成为自己。前者偏离了他者一极，而后者偏离了自我一极，但两种后果的共同点在于因一种关系秩序的失衡或颠倒而产生绝望。在基尔克果看来，这本身即是那"致死的疾病"，也是那罪的根源。① 故此，基尔克果认为，人从一开始便处于这种困境和不幸当中，不过，也正是这种困境和不幸，亦即极致的绝望，使人重新认识到绝望的真正含义，并因此而重获拯救的可能，因为"如果他最终意识到一切以自身的现实性为前提的努力都毫无意义，并因此而完全彻底地要依凭于那在自身关联中建立他的力量而成为自身的话，他就会或才会从绝望中解脱出来，获得真正的信仰"②。因此，对于基尔克果来说，信仰才是摆脱绝望困境的出路。当然，也正是在这一意义上，宗教改革家们才有理由把"不信"视为罪的根源③，因为"不信"本身意味着人固执于自身，对未来幸福生活充满绝望。然而，人如果固执于自身，又对未来绝望，那么他永远都没有达成自身完美规定的可能，因为他已经放弃了通过未来，通过他者塑造自身的机会。而这本身意味着，人通过上帝获得自身终极规定使命的失败。这本身就是罪或罪的后果。

三 罪责、罪价与人的被赎

既然人在本性上是罪人，那么不可避免地人要为自己的行为承责。不过，自从传统基督教的原罪思想以及与之相关的遗传观念解体之后，这种承责已不再是后代为其祖先意义上的承责，而是个人为其行为负责。④ 本性上，人并非单个抽象的个人，人要向世界开放，与他人结成共同体，组成一个庞杂的社会。所以，在近代之后，那种原本通过世代遗传传递的原罪观念就被由个

① ［丹麦］索伦·克尔凯郭尔：《克尔凯郭尔文集》（第6卷），第419、497页。
② 参阅［丹麦］索伦·克尔凯郭尔《致死的疾病——为了使人受益和得醒悟而做的基督教心理学解说》，张祥龙、王建军译，商务印书馆2012年版，"中译本导言"，第5页。
③ 在潘能伯格看来，即使不信在宗教改革家们那里可以被视为罪的根源，但是与此相反的信仰却不一定指向《圣经》或基督教的上帝，因为这一描述本身并没有保证信仰对象和根据的确定性，也没有保证人信仰能力的确定性，所以，要将信仰与基督教的上帝联系在一起，还需要从《圣经》的创造本身出发，把人看作上帝的造物，而把上帝看作人生命由之而来，又因之而去的那一位，这种关联才有可能。具体请参见［德］潘能伯格《系统神学》（卷二），第342—343页。
④ ［德］潘能伯格：《系统神学》（卷二），第347页。

人所组成的社会之间的关联取代了。① 原本纵向之间的传递，如今变成了横向之间的关联。如此一来，因每个人均在本性上存有过犯，那整个社会就成为过犯或恶的集住地。② 不过，即使如此，每个人也只对他自己意志赞同的行为负责，所以，罪仅是个人之罪，只是因为这种个人之罪与他者关联的普遍性，罪才被称为超越个人之外的"结构上的罪"。③

　　但是，这种普遍意义上的罪并没有掩盖个人要为其行为承责的问题，因为无论是按照《圣经》的解释（罗 7:17），还是按照近代对原罪观念的修正，罪的起源就在单个人的心里。用潘能伯格的话说："这个状况是通过社会的生活联系对罪的扩散的解释所未达到的，除非它在一种对每个个人来说都存在的倾向的意义上被预设为给定。"④ 进而，潘能伯格指出，康德正是在这一意义上完成了他关于"根本恶"和道德律普遍性的论证。施莱尔马赫的方法同康德类似，他通过说明个体自我意识对上帝意识的阻碍乃是人类共有的现象，把罪恶看成了人在本性上一种共有的生活。⑤ 当然，不止康德和施莱尔马赫，里敕尔因个人在本性上与他人之间的社会性的交织或联合，直接把由此组成的社会称为一个"罪之国"。另外，天主教亦有同样的看法，比如类似于里敕尔，书内贝格（Piet Schoonenberg, 1911–1999）认为，每个人都因其社会的处境化而被卷入"世界之罪"当中。⑥ 然而，正如卡尔·拉纳（Karl Rahner, 1904–1984）所言，特伦托大公会议关于原罪的定义⑦仅在其拒斥一种通过模仿而传递的观念上有其约束效力，超过这一点，正如书内贝格那样，把原罪解释为因个人的"处境化"而是"世界之罪"的说法就失去了其效力。所以，在这一点上我们还是倾向于坚持奥古斯丁对罪的心理分析，把罪首先看成是个人自身的后果。⑧ 既然罪因个人而来，那个人就必须为之承责，为之付

---

① ［德］潘能伯格：《系统神学》（卷二），第 347 页。
② ［德］潘能伯格：《系统神学》（卷二），第 348 页。
③ ［德］潘能伯格：《系统神学》（卷二），第 348 页。
④ ［德］潘能伯格：《系统神学》（卷二），第 349 页。
⑤ 有关康德请参见 ［德］康德《纯然理性界限内的宗教》，载李秋零主编《康德全集》（第 6 卷），第 3—59 页；有关施莱尔马赫请参见 Friedrich Schleiermacher, *The Christian Faith*, *Third Edited*, With an Introduction by Paul T. Nimmo, Bloomsbury: T&T Clark, 2016, §71, p. 285。
⑥ 奥特、奥托编：《信仰的回答——系统神学五十题》，第 162 页。
⑦ 有关特伦托大公会议关于原罪的定义，请参见《天主教会训导文献选集》编号 1510–1516 的部分。
⑧ ［德］潘能伯格：《系统神学》（卷二），第 349—351 页。

赎价。

根据德国新教神学家朱利乌斯·穆勒（Julius Müller，1801－1878），个人的承责首先要以个体的选择自由为前提。但是，潘能伯格指出，肯定这个前提没有必要，一方面，个人在这种既可向善亦可为恶的选择中往往表现为不能坚固善的软弱（这种软弱本身就已经倾向于罪）；另一方面，就他面对被给予他的善的规范也能够另作选择而言，就已经是罪，因此，为了"说明罪和为罪承责的起源而追溯到一个自由选择的行为，是没有用处的"。① 何况，就人的选择本身而言，亦是受限的，人不可能同时把所有对象带到自己意识面前，使其成为可供选择的对象。对于上帝而言就更加不可能了，因为"只是就属神的现实以一种确定的宗教意识形式被领会而言，它才能也成为选择的表态的对象"②。但是，即使如此，这也是一种僭妄，因为属神的现实本身超越于我们的意识选择，如果意志强行将其纳入选择范围，则意味着人以自我的意欲抢占了原本属于上帝的位置，把自我当成了中心。③ 这种有限与无限关系的颠倒，本身就是促使人与上帝疏离的因素，因而也就是罪。这全然是人的罪性所为，人毫无疑问应当为此承责。然而，从历史来看，基督教关于这一问题一直存在争论。有人认为，既然万物都由全能、全知、全在、全善的上帝创造，那祂为什么要创造恶这种东西呢？这历来是基督教信仰核心的争议点。面对这一争议，奥古斯丁的解释是，上帝造了人，但祂赋人以自由意志，恶是人滥用自己的自由意志带来的后果。④ 潘能伯格认为，这种解释显然不能免除作为创造者的上帝在恶当中的责任，因为作为全知的上帝，祂完全应当预见到这种后果。所以，更合理的解释是，上帝在自己的创造中"容忍"了这种后果，因为这是给予造物以独立性所必须要付出的代价。⑤

既然众人皆罪人，且均是自己意愿和行为的主体，那么人就必须为自己

---

① ［德］潘能伯格：《系统神学》（卷二），第351—352页。

② ［德］潘能伯格：《系统神学》（卷二），第353页。

③ ［德］潘能伯格：《系统神学》（卷二），第354页。

④ Augustine, *De Civitate Dei* XIII, 14；中文本请参见［古罗马］奥古斯丁《上帝之城》（中册），第184页；另外，还可参见［古罗马］奥古斯丁《论自由意志：奥古斯丁对话录二篇》，成官泯译，上海人民出版社2010年版。

⑤ ［德］潘能伯格：《系统神学》（卷二），第359—360页。

的罪恶的承责。《罗马书》六章 23 节说："罪的工价乃是死"①，所以人必须面对死亡，并承担这一后果。潘能伯格指出，基督教当中这种罪与死的关系正是按照保罗的逻辑所断言的。根据保罗，由于罪是对上帝的背离，而这种背离不仅是对颁布诫命的上帝的意志的背离，同时也是与自己的生命的渊源相分离，所以死不是由一个外来权威外在地强加给罪人的惩罚，而是蕴含在罪自身本性当中并作为罪本质的后果。② 罪会导致死，但这种死不仅指肉体上的消亡，而且更深层次地指向与上帝的分离。从基督教教义历史来看，教父学家们，比如德尔图良、克莱门、奥利金、阿他那修以及尼撒的格列高利等人，大多把人的死亡看成是灵魂与肉体的分离，而且在他们看来，灵魂是不死的。与之相比，奥古斯丁不仅确认了死亡是罪的后果，而且确立了肉体死亡和灵魂死亡的区分：前者是指人的灵魂与肉体的分离，而后者是指人的灵魂与上帝灵魂的分离。当然，不止于此，奥古斯丁还区分了因罪而来的自然死亡和由终末审判所确定的永恒的"第二次死亡"。③ 自奥古斯丁之后，基督教一直坚持着死亡是罪之后果的基本理解。直到 18 世纪之后，新教当中形成了一种有关死亡的新的理解。这种新的理解主张，死亡是人之有限性的必然结果，而且在这一点上，人和其他生物一致，只是在基督教的意义上，这种自然的死亡才被视为属神审判的结果。④ 20 世纪以来，阿尔特豪斯和布伦纳以及巴特和云格尔（Eberhard Jüngel，1934 – 2021）对死亡做出了新的解释："死亡是上帝对罪人的审判的理解不是表现为属人的过犯意识的纯然反映，而是表现为上帝对人的愤怒的表达。"⑤ 这种理解的局限是，似乎只有在信仰的前提下，死亡才能被视为一种属神愤怒的表达，那么对于无神论者来说，这种理解似乎就失去了其应有的效力。

---

① 还可对照性地参看《罗马书》七章 11 节："因为罪趁着机会，就藉着诫命引诱我，并且杀了我。"当然，这一观念早在犹太智慧文学和启示文学当中就已经出现，具体请参见《所罗门智训》二章 24 节、《便西拉智训》二十五章 24 节，以及《以斯拉下》三章 7 节、七章 119 节等。以上经文，可参见《圣经后典》。

② 参见［德］潘能伯格《系统神学》（卷二），第 362 页；也可参见 Wolfhart Pannenberg, *Anthropology in Theological Perspective*, pp. 139 – 140。

③ Augustine, *De Civitate Dei XIII*, 2;［古罗马］奥古斯丁：《上帝之城》（中册），第 168—170 页。

④ ［德］潘能伯格：《系统神学》（卷二），第 364 页。

⑤ ［德］潘能伯格：《系统神学》（卷二），第 365 页。

　　与以上理解不同，潘能伯格认为，死亡不仅不能被理解为受造存在有限性的必然结果，而且不能单单地被表述为属神愤怒的后果，因为一种从终末而来的不死盼望就已经否定了以上两点。就前者来说，因有限性而来的死亡只是就其在时间中来说才是必然的①，但在属神的天国内根本就不会再出现这种情况；就后者来说，比起属神的愤怒，显然上帝更爱祂的造物，更爱人，所以才派遣其爱子以无罪之身作为赎价为人预备了终末的拯救。就此来说，显然基督教所倡导的终末不死盼望是以与上帝的共联性为标志的，当然同时也是以分享属神永恒性的整体性为标志的。② 但是，作为此世的存在，人是处于时间与历史之中的，因而也是必死的，所以这种整体性只能作为对未来终极目标的预先推定，指引我们摆脱死亡的恐惧和战栗，等待耶稣基督终末的救赎。③

---

　　① ［德］潘能伯格：《系统神学》（卷二），第370页。
　　② ［德］潘能伯格：《系统神学》（卷二），第370页。
　　③ 根据传统基督教教义，因人本身是罪人，所以根本没有自赎或自救的能力，而只能被动地等待一种超越人自身的外部力量将人从罪的深渊中解救出来，对于基督教来说，这个外部力量就是上帝，就是道成肉身的耶稣基督，就是住在人心里的灵。因此，在这一意义上，不是人的自赎，而是人的被赎。

第五章　终末历史的拯救与复和

　　根据潘能伯格，基督教的历史（Geschichte）① 可作如下简要陈述：上帝创造万物，并最后按照自己的形象创造了人，但上帝在创造人时赋予了人一定程度的独立性，从根源上来讲，正是这种独立性成为人自我中心性的根基，也成为人固执自我、违背上帝从而犯罪的根基。然而，即使人犯了罪，但终究是上帝的创造，于此来说，人是普遍意义上的上帝儿女，祂心中对自己的子女饱含着深厚的爱，故派下自己的独子，耶稣基督，以其无罪之身作罪人救赎的代理，死于十架，为普遍的人类支付了罪价，并同时以其从死里的复活预示了自己终末拯救的信息，即那基督复临、终末审判来临时人类普遍从死里复活的终极命运。依照潘能伯格，耶稣基督本身就是带着这种信息而来，这是他的使命，是他通过自己的历史行动把上帝要在终末实行终极拯救，带人进入上帝之国的好消息启示给了人类。

　　此前的四章我们着力论述了以上信息的主要内容。第一章我们讨论了整个现代基督教神学所面临的历史处境，即信仰与历史之间的紧张关系；第二章我们讨论了上帝通过历史对自身拯救信息的启示；第三章我们讨论了上帝通过耶稣基督以及他的死里复活对人类终极命运的预表性揭示；第四章我们转而从人本身的视角出发，着重讨论了作为被造的人何以需要上帝来拯救自己。但是，唯独尚未涉及以上种种信息当中处处包含的终末论意味。就基督教教义的历史来讲，虽然终末论问题对其教义和信仰实践来说具有举足轻重的作用，但是，在过去的教义学传统中，它始终是教义神学当中最不成体系

---

　　① 此处 Geschichte 应当与 Historie 相区分：前者指"历史"，含有发生的事情、故事等意涵，强调事件从始至尾的发展；而后者指"历史"，本意为"历史学"，是人文学科中的一种，其研究对象为历史本身，意在"考察某种东西"或"探究某种东西"。关于这种区分，具体请参看［德］卡尔·洛维特《从黑格尔到尼采》，李秋零译，生活·读书·新知三联书店 2006 年版，第 287 页。

的部分，因而也一直处于从属地位，常常以附注和补充的部分出现。① 从根源上来看，这与人们长期以来只把终末论看成是宇宙论或人类学讨论的部分，而不将其视为一个正规的神学或信仰议题有着密切的关联。② 但是，无论是从《圣经》本身，还是从使徒和早期教父的宣教来看，终末论的盼望始终是其关注的核心问题。遗憾的是，这种终末论信息的重要性却在后来中世纪的发展中完全被现世的教义争论和教会体制等问题掩盖。在这一背景下，教会和教皇成了上帝之国终末论拯救信息的代言人，而教会或信仰群体所着重宣扬的上帝终末拯救的信息反倒成了次要的。宗教改革虽然对这种传统发起了冲击，但自由主义神学的发展却把终末意义上的上帝之国看成是可以凭借人力能达到的。③ 直至19世纪中后期，人们才开始在终末论层面上重新讨论人的终极拯救问题。在笔者看来，这与现代神学的历史发展以及人类所处的普遍历史环境不无关系④，就此来说，我们可以把两次世界大战前后对人终极命运的神学思考统统都归为这一类，而这当中无疑包括了像巴特、布尔特曼、莫尔特曼以及潘能伯格这样的神学大师。所以，本书主体部分最后一个章节以"终末历史的拯救与复和"为题，着力对之前针对潘能伯格历史神学思想所做的讨论作一个统摄性的总结，并在此基础上阐明其终末论的拯救与复和思想及其在整个历史神学体系当中的地位。

第一节　复和作为终末历史的拯救

既然人在本性上犯了罪，是罪人，那如果不想在死后永堕地狱，永受刑火，就需要通过耶稣基督，与万物的创造者，即上帝重新达成复和（reconcil-

---

① 肖恩慧：《末世论》，宗教文化出版社2013年版，第4页。此外，针对这种观点，当代著名德国新教神学家潘能伯格明确提出反对意见，在他看来，对于基督教而言，终末论从来不是一种只是在教义学末章加以讨论的边缘性问题，毋宁说其是使一切基督教传统建立于其上的基础。参看 Wolfhart Pannenberg, "Can Christianity Do without an Eschatology", in G. B. Caird *et al.*, *The Christian Hope*, London：SPCK, 1970, p. 31.

② 肖恩慧：《末世论》，宗教文化出版社2013年版。

③ Wolfhart Pannenberg, *Theology and the Kingdom of God*, ed., Richard J. Neuhaus, Philadelphia：The Westminster Press, 1969, p. 52. 中译本请参见［德］潘能伯格《天国近了——神学与上帝国》，载《潘能伯格早期著作选集》，第233页。

④ 关于这一点，还可参见［美］米拉德·J. 艾利克森《基督教神学导论》，第512—513页。

iation）。所谓复和，即与造物主关系的重新修好。① 然而，依照基督教教义，复和不可能在现有历史阶段实现，而必须等到历史的终末才能最终达成，因为耶稣基督所宣扬的信息本身就是以终末历史上帝之国的临近（the imminent Kingdom of God）为主要内容的。② 死后复活并进入上帝之国，分享上帝的永恒生命，参与对万物的治理，不仅是上帝之爱的终极体现，更是人寻求拯救的全部内容。③ 故此，在潘能伯格的神学观念里，无论是从上帝及其启示本身，还是从耶稣基督的宣告，抑或是从人类的终极命运及盼望来看，基督教的信息都是终末性质的，都需要从历史的终末出发才能获得整全的理解。如果从这个层面来看，潘能伯格的启示论、基督论和神学人论均在终末论视野中统摄起来了。不过，依然需要阐明的是，在现代神学，尤其是在潘能伯格历史神学中，终末论是如何以复和作为终末拯救的主题，将以上几个方面恰当地统摄起来的。

一　上帝作为将来的权能

根据潘能伯格，基督教的拯救信息是终末性质的，而这首先是因为，上帝将自己启示为将来的权能（the power of future）。这意味着，在某种程度上，"上帝尚未存在"④。潘能伯格此言对整个基督教来说都是相当震撼的，因为按照基督教传统教义，上帝是那昔在、今在、以后永在的全能者（启 1：8），祂永恒存在，是祂创造了万物并创造了人，没有上帝的存在就没有一切，亦没有人的存在。这是基督教信仰的前提。但是，在《神学与上帝之国》当中，潘能伯格却清晰地断言："上帝尚未存在。"如此惊世骇俗之语，可以想见，必须做出合理恰当的解释。⑤ 根据潘能伯格，终末论在 19 世纪中后期的复兴为这一问题的理解提供了一个恰切的视角。在他看来，上帝的存在即祂的统治，离开上帝的统治我们根本无法思考祂的存

---

① 林鸿信：《系统神学》（下），台北：校园书房出版社 2017 年版，第 996 页。
② Wolfhart Pannenberg, *Theology and the Kingdom of God*, p. 52.
③ ［德］潘能伯格：《系统神学》（卷二），第 530—531 页。
④ Wolfhart Pannenberg, *Theology and the Kingdom of God*, p. 56.
⑤ 之所以惊世骇俗，不是因为上帝将来统治的概念有多新颖，后者早在犹太启示文学的终末盼望当中就已经显现出来；在这里独特的是，在潘能伯格之前，尚无人从终末论的视角明确地把上帝的存在与其统治联系起来，更无人因此而断定上帝"尚未存在"。

在，或者用宗教哲学的话语来讲，相信一个神明的存在即相信祂对整个世界的主宰和统治力量。[①] 因此，正是从这一意义上讲，路德才坚持认为，只有那能创造天地，并证实自己掌管一切的神明才是真实的那一位。[②] 但是，潘能伯格认为，路德的判断虽然证实了上帝的神性即祂的统治，但仍未从终末论的视角审视上帝统治在历史终结时的完满。因此，从这一意义上来讲，潘能伯格的理解是准确的。既然上帝的统治与祂的存在不可分割，而前者又只有通过终末上帝之国目标的达成才能实现，那么显然祂的存在就仍处于生成或来临当中。[③]

类似的观点我们还可以在莫尔特曼那里发现。但不同于潘能伯格，莫尔特曼并未提出类似于"上帝尚未存在"的惊世骇语，而是将上帝看作只有在将来应许信实中才能证实的现实，莫尔特曼称之为"来临中的上帝"（Gott im kommen）。[④] 与潘能伯格的立足点不同，对于莫尔特曼来说，"应许"（promise）是基督教不同于其他信仰，尤其是不同于希腊思想的一个核心概念，因为从本质上来讲，应许本身所显示的并非当下就已经完成的现实，当然更不是类似于希腊思想所追求的永恒理念，而是它所开启和指向的将来和盼望。[⑤] 正是从这一层面上来讲，莫尔特曼也坚持认为上帝的拯救信息是终末性质的，因为唯有在历史的终末，上帝才会派遣祂的独生子耶稣基督再来，兑现自己当初的允诺，证明自己的信实，满足人们的盼望。不过，在终末历史尚未到临之前，应许就只能凭借其本身与实现之间的张力发挥其盼望效力，使"盼望者的意识保留在一种超越一切经验和历史的'尚未'中"[⑥]。如此一来，上帝终极的应许，也就是祂普世性质的拯救，就依然在尚未实现的盼望中，而上帝也就还未证实自己的信实。在这一点上，莫尔特曼的理解与潘能伯格"上帝尚未存在"的断言本质上是一致的。差别在于，莫尔特曼更重视"尚

---

① Wolfhart Pannenberg, *Theology and the Kingdom of God*, p. 55.

② Wolfhart Pannenberg, *Theology and the Kingdom of God*, p. 55.

③ Wolfhart Pannenberg, *Theology and the Kingdom of God*, p. 56.

④ ［德］于尔根·莫尔特曼：《来临中的上帝——基督教的终末论》，曾念粤译，上海三联书店2006年版，第21—23页。

⑤ ［德］莫尔特曼：《盼望神学——基督教终末论的基础与意涵》，第97—136页。

⑥ ［德］莫尔特曼：《盼望神学——基督教终末论的基础与意涵》，第104页。

末"或"将来"的盼望性质,而潘能伯格更重视"将来"在本体论上的优先性。①

以上观点无疑是清晰的,但仍需注意,无论是在莫尔特曼,还是在潘能伯格那里,作为在将来证实自己的上帝都并不只是那将要来临的,亦即那还处在盼望或生成中的,对过去或当下没有主宰或掌控力的存在;恰恰相反,在他们看来,这种将要来临的上帝是与万物创造的过去及当下的治理相互交织在一起的,甚至可以说,正是这种将来性决定和创造着现在与过去,因为从根本上来说,所有针对将来的经验都至少在间接的层面是与上帝关联在一起的,因而也是与当下和过去关联在一起的。② 而这样的话,极力强调上帝和祂的国度的将来性,并非要把上帝"迁徙"到将来,也不是表示上帝只存在于将来而不存在于现在或过去;恰恰相反,作为将来的能力,它主宰着现在和过去。③ 因此,从这一意义上来讲,上帝的将来也并不排斥永恒,因为只要等到终末历史的到来,过去、现在与将来之间的差别将会消弭或者说被克服,以至于最后达至完满的形态、形成永恒。而在潘能伯格看来,这正是上帝在其国度的来临中应有的存在形态。④

与潘能伯格和莫尔特曼将来性质的终末论相对立的是一种无历史或无将来的超验终末论和生存终末论,前者为巴特所主张,后者由布尔特曼所秉承。根据前者,亦即根据巴特,基督教的信息从根本上来说是终末论的,所以他说:"基督教若不是百分之百的末世论,就与基督百分之百地毫不相关。"⑤不过,与潘能伯格或莫尔特曼不同的是,巴特认为,上帝是与时间相对立的永恒的超越者。因此,所谓终末就并非时间意义上的结束,而毋宁说是自上而下,由永恒者,即上帝所带来的对时间的终结。故此,他称:"《新约》所宣告的终结根本不是什么时间意义上的事件,亦不是什么奇妙的'世界末

---

① Wolfhart Pannenberg, *Theology and the Kingdom of God*, p. 54. 另外,有关莫尔特曼与潘能伯格终末论思想的对比,还可参阅 Timothy Harvie, "Living the Future: The Kingdom of God in the Theologies of Jürgen Moltmann and Wolfhart Pannenberg", *International Journal of Systematic Theology*, Vol. 10, No 2, 2008, pp. 149 – 164。

② Wolfhart Pannenberg, *Theology and the Kingdom of God*, pp. 58 – 62.

③ Wolfhart Pannenberg, *Theology and the Kingdom of God*, p. 62.

④ Wolfhart Pannenberg, *Theology and the Kingdom of God*, p. 64.

⑤ [瑞士] 巴特:《〈罗马书〉释义》,第 404 页。

日',更与什么历史的或地上的（telluric）或宇宙的灾难毫不相干，而是真实的终结。"① 换言之，所谓历史的终结，我们是无法在将来的历史中经验得到的，而只能在时间的界限中被经历，因为永恒是每一个时间的界限。② 总而言之，在巴特那里，上帝不是潘能伯格所谓"将来的权能"，亦不是莫尔特曼所盼望的将来才能证实的现实，而是与时间相对立的永恒，祂自始至终存在，自有而永有，祂超越世上一切，时间对于祂来说只有永恒的瞬间和当下，而没有过去和将来。因此，从根本上来说，上帝是非时间、非历史性的存在，而不是将来的能力或信实。③

与巴特类似，布尔特曼坚持一种生存论的终末论。原则上，这种终末论并不完全拒斥一种个人视域中的将来主义④。但是，它本身又对一种时间或历史意义上的终末论不感兴趣。在布尔特曼看来，终末的意义不在于一种时间上的将来，亦不在于所谓历史在时间上的终结，而在于针对这种最后时刻所做的宣讲，以及由这种宣讲所带来的对当下人的生存的影响。因此，对于布尔特曼而言，只有在对这种"终末时刻"或"终末瞬间"的宣讲中，才会把人带到永恒者面前，使人做出生存的信仰决断。而从这一层面上来讲，任何终末的信息只有在宣讲中才成为当下的，因为正是宣讲使得将来向着人到来，并把人带到最终的决断关头。⑤ 故此，依布尔特曼之见，所谓终末，根本与日历上的时间无关（这点与巴特十分类似），而只与人当下的生存有关。如果人执意在将来寻求历史的终结，那么他只会错过永恒上帝所赐下的"终末瞬间"。⑥

总结以上两种形态的终末论，无论是巴特与时间相对立的绝对永恒，还是布尔特曼与将来对峙的当下决断，他们的终末论都不是历史的，更不是将

① Karl Barth, *The Epistle to the Romans*, ed., Edwyn C. Hoskyns, London：Oxford University Press, 1972, p.500. 中译本请参阅［瑞士］巴特《〈罗马书〉释义》，第629页；另外，相关阐释还可参见奥特、奥托编《信仰的回答——系统神学五十题》，第390页。
② ［德］于尔根·莫尔特曼：《来临中的上帝——基督教的终末论》，第12页。
③ Wolfhart Pannenberg, *Theology and the Kingdom of God*, p.52.
④ 奥特、奥托编：《信仰的回答——系统神学五十题》，第391页。
⑤ ［德］于尔根·莫尔特曼：《来临中的上帝——基督教的终末论》，第17页。
⑥ ［德］于尔根·莫尔特曼：《来临中的上帝——基督教的终末论》，第18页。另外，有关布尔特曼的终末论思想，可以参看 Rudolf Bultmann, *The Presence of Eternity：History and Eschatology*, New York：Harper & Brothers, 1957；也可参奥特、奥托编《信仰的回答——系统神学五十题》，第390—392页。

来的，因此他们也绝不会像潘能伯格或莫尔特曼那样，将上帝视为"将来的权能"或"证实自己的现实"。本质上来讲，巴特和布尔特曼主张的上帝是永恒或超验的存在，是自有而永有的真神，祂不为历史所动，更不会受时间所限，对祂来说，时间就是永恒的当下，也即永恒的现在，在祂之中没有什么所谓过去、现在与将来的区分。这是二者终末论的基本立足点，但是，由此明显可以看出，这种态度的终末论彻底排除了其本身所应当拥有的时间和历史因素，因而也排除了它本身所具有的将来和盼望因素，以至于上帝被看作一种永恒的或超验的主体，而且这种永恒的或超验的主体只能垂直地对人或世界发挥作用。在潘能伯格看来，这种做法最终使耶稣基督所宣讲的终末上帝之国的复和期待变成了幻象，因为根据两种形态的终末论，耶稣基督关于将来拯救的上帝国信息，就只能是通过上帝在耶稣基督里的启示，或通过教会和信仰群体的宣讲在当下可以把握的东西。但是，这样一来，就彻底颠倒了两者的关系，因为依照《新约》的教导，上帝之国拯救的信息是耶稣基督启示，进而是教会或信仰群体宣讲的前提，而非相反，耶稣基督启示或教会、信仰群体的宣讲是上帝之国拯救信息的前提。①

二　耶稣基督的信息及其终末拯救的预告

从上帝论的视角来看，上帝作为将来的权能，其拯救信息必定是终末性质的。那么从基督论的层面来看，是否耶稣的宣告、使命以及他的命运也是终末性质的呢？基督（英语 Christ、拉丁语 Christos、希腊语 Χριστος）一词的希伯来语义为"受膏者"，也即"弥赛亚"（英语 Messiah、希伯来文 Mashi-ah），其本意指被膏而受封的祭司或君王，意为那些被上帝选中而具有特殊权力和作用的人。犹太灭国后，犹太人一直相信他们的上帝将从大卫王室后裔中选出一位"受膏者"，即"弥赛亚"来拯救和复兴以色列王国昔日的辉煌，所以他们对这样一位救主始终保持着期待和盼望。② 这一期待和盼望在犹太启示文学当中体现得尤为明显。然而悲情的是，直到公元 70 年耶路撒冷被罗马

---

① Wolfhart Pannenberg, *Theology and the Kingdom of God*, p. 52.

② 关于"基督"和"弥赛亚"的解释，可参看丁光训、金鲁贤主编，张庆熊执行主编《基督教大辞典》，上海辞书出版社 2010 年版，第 263、426 页；另外，还可参见［英］麦格拉思《基督教概论》，马树林、孙毅译，北京大学出版社 2004 年版，第 111 页。

人占领，犹太人也没等到他们期待的弥赛亚。或者换言之，不是他们没有等到自己期待的弥赛亚，而是当真正的救主——耶稣基督来临时，他们不但没有认出他，反倒将他钉死在了十字架上。所以，即便犹太教官方否认耶稣是神所派来的救主，但事实上，耶稣救主或弥赛亚的身份却不断地在当地犹太人甚至在外邦人当中得到确认。而这成为基督教的起源，也成为耶稣门徒认信的根基。对他们来说，耶稣基督正是那位人们盼望已久的弥赛亚[1]，也即那位以自己无罪之身，牺牲自己在十字架上，并在三日之后复活，升到永生神父的右边，宣称自己在终末审判时再临并拯救世人脱离罪恶与苦海，为人们带来喜乐，并最终带领人进入上帝之国度的救主。故而，潘能伯格宣称："与施洗约翰一致，耶稣所宣告的是上帝国度的将临"[2]，是终末论的拯救，是上帝最后的掌权和统治的实现，是人们对其永恒生命与统治的分享和参与。

耶稣的身份和信息均集中于他对终末上帝之国将临的宣告。[3] 在潘能伯格看来，这本身即耶稣自己所传讲的"上帝的福音"，即那在终末审判来临时，众人罪得赦免，与上帝重归于好，并上帝之统治最终实现的"好消息"。[4] 本质上来讲，这与犹太启示文学所表达的终末拯救盼望一脉相承，所以潘能伯格坚称，耶稣基督所宣告的终末拯救信息必须在犹太启示文学的背景当中来理解。[5] 只有明确这一点，我们才能更好地把握《新约》拯救启示与《旧约》盼望之间固有的历史联系，而不是像布尔特曼那样错误地把两者孤立起来。[6] 如果说《旧约》的启示是终末拯救和盼望的开始，是应许，那么《新约》启示的上帝的福音便是应许和盼望最后的实现；如果说《旧约》的拯救启示还

---

　　[1] 即使耶稣自己在传道过程中并不愿意人们称他为弥赛亚，但是对于其信徒，包括使徒而言，耶稣就是那人们期待已久的世界救主。不过，在这一点上，甚至耶稣本人也是矛盾的，他有时禁戒信徒将自己是基督的消息告诉他人（可8:29－30），但有时又间接承认自己是弥赛亚或基督（约4:25－26）。

　　[2] Wolfhart Pannenberg, *Jesus—God and Man*, p. 225.

　　[3] Wolfhart Pannenberg, *Theology and the Kingdom of God*, p. 51.

　　[4] ［德］潘能伯格：《系统神学》（卷二），第603页。

　　[5] 对此，潘能伯格在《基督论的基本特征》一书相关章节当中声称："有关耶稣意义的知识基础依然与耶稣历史的最初启示的视域相联系……如果这一视域被消除了，信仰的基础就丧失了。那么，基督论就会变成为神话并且不再与耶稣本身以及使徒的见证有任何真正的联系。"具体请参阅 Wolfhart Pannenberg, *Jesus—God and Man*, p. 83。

　　[6] 参看 Wolfhart Pannenberg, "Redemptive Event and History", *Basic Question in Theology*, *Collected Essays*, Vol. 1, pp. 22－25。以及奥特、奥托编《信仰的回答——系统神学五十题》，第36页。

仅限于一个特定的民族，那么《新约》的福音已经通过圣灵普及于众人。当然，根据潘能伯格，这普遍拯救的启示虽然需要等到终末审判来临时才能最后实现，但它已经通过拿撒勒人耶稣从死里复活的命运预表性地揭示给了世人。① 因此，正是在这一意义上，我们才可以说，终末拯救的历史已经在拿撒勒人耶稣的命途当中预先性地开始，因为它作为"睡了之人初熟的果子"（林前15:20），已经预示性地提前揭示了基督复临（Parousia）、终末审判来临时人们普遍从死里复活的终极命运。②

本质上，这是基督复活事件的根本意义，它预告了耶稣基督终末时期的再临和审判③，预告了历史终结时人们普遍从死里复活的终极命运，预告了终末上帝之国度和最后掌权的实现，预告了人们与上帝最终的复和以及人们对上帝永恒生命的分享和参与。这正是信徒盼望的根据。但是，尽管基督的复临会是一个事实，它却没有一个具体而确定的日期（太24:36–44；可13:32–35；徒1:7），基督的复活尽管已经是一个在历史当中发生了的事实，它却还仍未普遍地临到众人。④ 因此，于众人而言，普遍意义上拯救，也即从死里复活，只能是一种终末性质的盼望。虽然它已经（already）在耶稣的复活事件中成为事实，但还尚未（not yet）普遍地临到众人；至于后者，唯有等到上帝之国度的降临，这一切才能够在其统治中实现。就此来说，耶稣的信息就只能被视作为终末拯救现实的一种预告。⑤

不过，在潘能伯格看来，正是内在于基督事件之中"已经"与"尚未"之间的张力，成为推动上帝与人、与世界实现最后复和的动力，也成为理解耶稣终末论拯救信息的关键。离开这一点，离开耶稣基督的信息和预告，就无法理解终末性质的拯救。故此，潘能伯格坚称，离开终末论，基督教的信

---

① Wolfhart Pannenberg ed. , *Revelation as History*, pp. 139 – 142.

② Wolfhart Pannenberg, *Jesus—God and Man*, p. 67.

③ 具体经文，请参见《马太福音》二十四章、二十五章、二十六章，当然，同时可以对比性地参看《马可福音》十三章26节、《路加福音》二十一章27节等对观福音当中平行的经文。另外，除了耶稣自己的预告，《新约》当中还有很多有关基督复临的宣告，比如保罗在《使徒行传》三章19–21节、《帖撒罗尼迦前书》四章15–16节当中的传讲等。此处不再一一列出，但是很明显，基督再来的信息是《圣经》经文当中最常见的教导。

④ Wolfhart Pannenberg, *Jesus—God and Man*, p. 226.

⑤ Wolfhart Pannenberg, *Jesus—God and Man*, p. 226.

息将无法理解，其决定性原因在于"通过耶稣基督世界的复和、上帝的临在以及祂的国度仍只是以一种将来预期的形式发生，因而还尚未以它完全的形式实现。所以，世界在基督里复和的信仰它本身即是基于终末论的，尽管它同时也证实了基督教在上帝将来中的信靠与盼望"①。由此可见，正是基督信息本身之中的张力，决定了基督教拯救信息的终末论特征；正是基督信息本身的预表特征，决定了终末时期的拯救以及与上帝的复和对于普遍的人类来说，还只是一种将来性质的盼望，它只有在历史终结时才能够完满实现。

三 人的终极命运与盼望

基督教的拯救信息之所以是终末性质的，不仅有上帝论和基督论的根基，而且有人类学的基础。简言之，这基础就是人对终极命运实现的盼望。根据潘能伯格，人本质上是一种不同于动物而具有"离中心性"的存在②，他不似动物那样只囿于环境，而是可以超越环境、超越自身，不断地"向世界开放"，进而"向上帝开放"，以在此过程中不断塑造和发展自己的本性。这说明，人在本质上并非一个既定的或已完成的存在；恰恰相反，人是一个开放的、未完成的，且在历史当中不断塑造自身的存在，他的目标永远不在于当下，而在于不断引领自身超出当下，建构未来。因此，正是在这一意义上，潘能伯格明确地把人视为社会和历史性的存在，他不断地向外开放，并在历史中发展和塑造自身，这构成了人的核心本质。

当然，在基督教看来，人的这种开放性并非无目的、无方向地超出自身；恰恰相反，人的开放指向一个终极的目标：上帝。因为从根本上，上帝才是人之为人的根据，是祂创造万物，并按照自己的形象创造了人。③ 所以，人又被视为"向上帝开放"的人。在这里，基督教从上帝的存在这一预设前提出发，自上而下地建构了一套神学人类学体系，得出以上结论。但明显，这一结论缺乏足够的说服力。于是，潘能伯格另寻立论根基，从经验科学出发，按照历史科学的路径，自下而上地探寻基督教信仰的人类学根基，得出了同

---

① Wolfhart Pannenberg, "Can Christianity Do without an Eschatology", p. 30.

② H. Plessner, *Die Stufen des Orinanischen und der Mensch*, Berlin: Walter de Gruyter, 1965, SS. 289 – 298; Wolfhart Pannenberg, *Anthropology in Theological Perspective*, pp. 37, 62 – 66.

③ Wolfhart Pannenberg, *Anthropology in Theological Perspective*, pp. 74 – 79. ［德］潘能伯格：《系统神学》（卷二），第274页及以下。

样的结论。他指出，人作为一种"离中心性"的存在，超出自身的第一步是面向与自己相同的"他者"，进而面向的是团体、整个社会，但是，无论是与自己相同的"他者"，还是比自己更为广阔的共同体，其本质都是有限的存在，或者说是由有限成分所组成的存在。从根本上来说，这些存在显然无法为自己持续超越自身的活动提供终极根据，也无法为自己提供一个可靠依赖，而这时候，人们发觉，只有在面向世界的无限开放过程中持续追逐，直到认识上帝作为人们追逐最后的目的①，人才能找到一个终极的、可依赖的并且对自身具有约束力的尺度。②

由此来看，无论是从自上而下的神学视角，还是从人类经验科学出发的论证，都最终表明人本质上是一种"向上帝开放"的存在，他的终极命运只有在终末时刻才能获得最后的完成。因此，正是这种内在于人自身的离心品性决定了终末论才是理解人本质和使命最适切的视角，因为只有在历史终结的最后时刻，人的规定才能完全获得，人才能成为一个在本质和生命上整全的存在。不过，潘能伯格提醒人们，人作为"离中心性"存在的同时，本身还具有"自我中心性"的倾向，而这正是人干犯上帝，与其相疏离背后深刻的根源。③

然而，人既已与上帝相疏离，并干犯了上帝，就得为其过犯承责，而按照《圣经》经文和基督教传统教义的解释，"罪的工价乃是死"，所以人必须承担死亡这一因自己而来的必然后果。不过，对于基督教来说，上帝始终深爱着祂的造物，因此，出于大爱，祂派下了自己的独生子——耶稣基督作为代理，为人类赎罪。④ 而耶稣，以无罪之身，甘愿牺牲自己，为人类支付了赎价。最终，他被钉死在十字架，三天之后复活，以此启示人类：上帝有大爱，祂甘愿"为我们"（for us）而死，祂以自身独子从死里复活终极地预告了人类在终末审判来临时普遍从死里复活的终极命运⑤，而这从本质上构成了人终

---

① 即使最初人们对"上帝"的认知还处在模糊的阶段，但是，这并不妨碍他作为人追求的根据，因为人迟早会发现自己是被造的存在，而上帝是人被造的根据。

② ［德］潘能伯格：《人是什么——从神学看当代人类学》，第51页。

③ ［德］潘能伯格：《人是什么——从神学看当代人类学》，第52页。

④ 关于耶稣基督是为人类赎罪的代理的思想，具体请参看［德］潘能伯格《系统神学》（卷二），第554—580页。

⑤ Wolfhart Pannenberg ed., *Revelation as History*, pp. 139 - 142; Wolfhart Pannenberg, *Jesus—God and Man*, p. 67.

极盼望的根据。因为对罪人而言，如果他不想在死后永堕地狱，永受地狱刑火的煎熬（太 25:46），并最后归于沉寂（帖后 1:8－9），那么他就要对上帝终末性质的拯救时时切慕，以获得能够参与其终末统治、分享其永恒生命的恩赐。

综上所述，无论是从人的本性，还是从人过犯的事实来看，人都对终末性质的拯救保持着必要的渴盼，因为从人的本性来讲，只有等到历史的终末，基督审判再临，作为历史的人的本性和规定才能获得整全的理解，人的终极命运才能实现；而从人过犯的事实来看，情况亦是如此，因为只有等到历史的终末，人类普遍从死里复活，并在审判过后进入新天新地时，他才算真正克服了死亡的权势（启 21:4），赢得了终极拯救的恩赐。所以，于此来说，属人生命的救赎不是取决于现在，而是在整体上取决于未来①；不是取决于自我，而是取决于三一上帝的恩赐。

第二节　复和作为三一上帝的历史行动

此前论述已然说明：无论是从上帝论，还是从基督论，抑或是从人论的视角来看，基督教的拯救信息都是终末性质的。当然，转换一种视角，从创造论、救赎论来讲，事实亦是如此。② 回顾基督教的信仰叙事：上帝创造万物并创造人，人却不遵从上帝诫命，受了撒旦诱惑，犯下原罪，出于大爱，上帝派下自己的独生子耶稣基督以把终末拯救的好消息带给众人。根据潘能伯格，修复原本损害的神人关系，实现神人的终极复和，不是单一位格的作为，而是三一上帝的历史行动。只有明确这一点，我们才能对基督教终末性质的拯救，进而对潘能伯格的复和论有一个恰当的理解。

一　复和作为父与子的历史行动

一直以来，人们都是按照保罗的理解，把上帝与人的复和与基督之死结

---

① ［德］潘能伯格：《系统神学》（卷二），第 531—532 页。
② 有关创造论和终末论之间的关系，请参见 ［德］潘能伯格《系统神学》（卷二），第 188—236 页。另外，有关潘能伯格思想中基督教信息是终末性质的证明，还可看 Christiaan Mostert, *God and the Future: Wolfhart Pannenberg's Eschatology Doctrine of God*, New York: T&T Clark Ltd., 2002, pp. 19－25。

合起来（罗5∶10），既根据复和概念来理解基督之死，也反过来根据基督之死来理解复和①，两者俨然形成了一个互动循环的解释圆圈。不过，与保罗认定上帝为复活事件主体的观点对立，在对复和教义的诠释中逐渐形成一种新的观念。这种观念认为，因亚当之罪的冒犯，上帝必须通过子的顺服和他在十字架上的牺牲来与人类达成复和。②

对比两种观念，前者将复和看作上帝自己的拯救行动，换言之，上帝是这一拯救行动的主体；而后者认为上帝必须通过耶稣基督之死的顺服来达成与人类的复和，耶稣基督是实现复和目标的关键。根据潘能伯格，后一观念最早可以追溯到伊里奈乌，是他率先主张通过耶稣基督以及通过他赴死的身体把"在亚当里最初丧失的东西"恢复过来③，其依据的是《歌罗西书》一章21—22节，认为"第一个人在伊甸园禁树的'木头上'的不顺服被第二亚当在十字架的木头上的顺服所消除：这样，我们就通过第二亚当又与我们在第一亚当身上冒犯过的上帝复和了（*Adversus Haereses*，V，16，3）"④。潘能伯格认为，伊里奈乌在很大程度上已经非常接近保罗在《罗马书》五章19节中的思想，即复和是通过基督的顺服发生的，只是伊里奈乌没有像保罗那样把基督之死看作对属神之愤怒的抚慰。潘能伯格指出，在这一点上，伊里奈乌背离了保罗，因为伊里奈乌是在与第一亚当的对立中，把耶稣基督的顺服看成是复和的关键，而不是像保罗那样把上帝看成是复和的主体。不过，潘能伯格认为，伊里奈乌很快通过把耶稣之死解释成献给父神的赎罪祭强化了他之前的倾向，而且这种倾向自西普里安（Thascius Cyprianus，约200–258）之后逐渐受到拉丁教会的重视，并最后通过奥古斯丁的中保（Mediator）思想⑤，在拉丁经院神学中成为决定性的。

奥古斯丁之后，托马斯·阿奎那继续发展了耶稣基督作为上帝与人复和之中保的思想，不过阿奎那认为，耶稣基督之所以能作为中保，正是通过他

---

①　［德］潘能伯格：《系统神学》（卷二），第537页。

②　［德］潘能伯格：《系统神学》（卷二），第537页。

③　Irenaeus, *Adversus Haereses V*, 12, 4. 英译本请参见 St. Irenaeus of Lyons, *Against Heresies*, edited by Paul A. Böer, Sr. , Lexington：Veritatis Splendor Publications, 2012, pp. 600–601.

④　［德］潘能伯格：《系统神学》（卷二），第537页。

⑤　［古罗马］奥古斯丁：《忏悔录》，第243—245页；另可参见 Augustine, *De Civitate Dei IX*, 15, 1–2. 中译本［古罗马］奥古斯丁：《上帝之城：驳异教徒》（中），第16—17页。

的属人本性达到的。宗教改革时期，改教家们并没有承袭阿奎那关于耶稣因其人性成为中保的思想，在他们看来，中保的职分是由耶稣的神人位格来承担的，而并非只根据他的人性。不过，改教家们虽没有承袭这一点，却对耶稣之死作为平息属神愤怒的献祭的观点表示认可，比如梅兰希顿（Philipp Melanchton，1497－1560）就"完全在安瑟伦的补赎理论的意义上把基督的十字架之死描述为一种为平息上帝对罪人的愤怒而奉献给上帝的牺牲"②，而加尔文虽强调复和当中上帝的主权，但仍肯定了耶稣基督之死作为赎罪祭、挽回祭以除掉罪和平息神之愤怒的观点。③ 然而，正当传统新教强调父神作为耶稣基督补赎的接受者的时候，这一思想却因索尼奇派的批判而遭到了瓦解，以至于在启蒙运动之后，人们终于才认识到其中用语的差异，即并非上帝必须与人复和，而是人必须通过耶稣基督与上帝复和。复和是上帝自由和爱的结果，这爱要通过耶稣基督而实现。④ 所以，施莱尔马赫才把复和与拯救结合起来，并将两者视为"基督的工作"。⑤ 不过不同的是，施莱尔马赫并未将耶稣之死看作对神之愤怒的抚慰和平息，反而强调的是基督的上帝意识对一般人而言所发挥的作用。但是，这样的话，显然就忽视了或者说并未正视耶稣基督之死对于复和的建构性意义。尼敕（Carl Immanuel Nitzsch，1787－1868）看到了这一点，所以他认为"有必要用一种在基督之死中完成的赎罪的思想来补充施莱尔马赫的复和概念，以便正确对待《圣经》的见证"⑥。然而，尼敕的问题是，他虽看到了基督之死与赎罪之间的联系，却并没有看到超出这一联系之外更多实际性的东西。施莱尔马赫之后，里敕尔把复和理解为信仰者称义意识的结果，或者直接将其等同于这种称义意识，因而显得复和并不依附于耶稣之死及其特有意义。因此，在里敕尔这里，依然未涉及耶稣的位

① Thomas Aquinas, *Summa Theologicae III*, 26, 2. 中译本请参见圣多玛斯·阿奎那《神学大全》（第十三册），周克勤译，高雄：中华道明会、台南：碧岳书社联合出版2008年版，第393—394页。
② ［德］潘能伯格：《系统神学》（卷二），第541页。
③ ［法］约翰·加尔文：《基督教要义》（上册），第495—496页。（II. 16. 6）
④ ［德］潘能伯格：《系统神学》（卷二），第542—543页。
⑤ Friedrich Schleiermacher, *The Christian Faith*, *Third Edited*, With an Introduction by Paul T. Nimmo, Bloomsbury：T&T Clark, 2016, §100－101, pp. 425－438.
⑥ ［德］潘能伯格：《系统神学》（卷二），第545页。

格作为上帝的差遣而成为复和这一主题。① 与里敕尔一致，克勒强调复和作为上帝与人共联性的意义，但与里敕尔不同，克勒坚持复和必须基于基督之死这一历史事实，而且他强调，"这个'历史事实'必须像保罗那样被理解为'上帝的一个行动'，以致整个复和事件都是'在上帝的一个历史行为中……促成的'"②。由此来看，正是克勒明确了一种把复和看作上帝历史行动的理解。在这种理解中，上帝被视为赎罪事件的主体，至于耶稣之死，则只有从它被上帝复活来看，他的十字架之死才具有赎罪的力量。如此一来，明显强调了父神在复和事件当中的角色，从而对于把复和视为通过耶稣之死而对属神愤怒平息的理解来说是一种彻底的扭转。不过，强调父神在复和事件当中的角色并不代表能够忽视耶稣及其在十字架上的死对于该事件的重要性，因为后者的达成正是通过耶稣的历史行动而促成的。

　　谈到复和是上帝自己的行动，在现代神学中恐怕没有人比巴特更赞同这一说法。然而就连巴特也承认，上帝的这一行为只有通过耶稣基督在十字架之上的死亡才成为一个事件。③ 不过，遗憾的是，巴特自始至终都把这一事件看作一个在自身当中已经结束了的一次性事件，而不是将其视作一个朝着终极目标的运动过程。他的理由是，耶稣之死作为上帝终极的拯救行动对于任何时间来说都有着同样的、永恒的效力，它在任何时刻都是"当下"或"现在"，它是一个信仰事件，而不是一个历史事件，所以根本无须一个历史进程。④ 由此来看，巴特至少在这里没有把通过耶稣基督而来的复和看作一个要在历史终末才完成的事件。⑤ 而在这一点上，克勒明显与巴特不同。克勒虽然赞同将复和看作上帝在基督之死里的一个一次性的历史行为，但在他看来，这一历史行为却明显要与一个历史进程相结合，因为只有在这个历史进程中，上帝与人之间共联性的复和才能作为恩赐或馈赠在其中得到贯彻。⑥

　　与克勒和巴特的理解类似，潘能伯格也肯定了父神在复和事件中的参与

---

① ［德］潘能伯格：《系统神学》（卷二），第546—547页。

② ［德］潘能伯格：《系统神学》（卷二），第547页。

③ C. D. IV/1, p. 76. 另外，谈到复和是上帝的主权行动，尤其可参阅该书第80页。

④ C. D. IV/1, p. 76.

⑤ ［德］潘能伯格：《系统神学》（卷二），第551页。

⑥ ［德］潘能伯格：《系统神学》（卷二），第552页。

及主体地位。在他看来，正是作为父神的上帝出于对世人的大爱并按照拯救的预旨，差遣了祂自己的独生子耶稣基督，以他之死作赎罪的代理①，叫信他的人不至灭亡，反通过他而得永生（约3∶16）。② 然而，潘能伯格指出，与强调上帝是复和行动主体的观点相抵牾，根据《加拉太书》二章20节和《以弗所书》五章2节、25节的相关经文，形成了一种新的解释。这种解释认为，不是父而是子被视为因爱的奉献而赴死的主体。③ 由此，这里的关键是：究竟是子自我牺牲、舍己为人，还是他因父差遣、为父所舍，两者到底谁是复和事件的主体？针对这种矛盾和对立，潘能伯格表明，这一事件"唯有在父在舍子中的行动中并不使子成为纯然的客体，而是蕴含着子的积极参与，且反过来子的行动并不排除事件的主动权在于父的情况下才是可能的"④。换言之，在复和事件中，我们既不能否定父的主权，亦不能忽视子的参与，因为这一事件本身是一个三一性质的事件，其中有父因爱而做出的差遣，亦有子因爱而奉献的牺牲，也有灵因爱对人生命的更新。唯独不被允许的是将其三一本质割裂，以至于要么把复和看作独一上帝的历史行动，要么把复和看作纯然子的事迹，形成两者之间的矛盾或对立。

二 复和在灵当中的完成

复和乃三一上帝的历史行动。对复和事件来说，同一上帝的三个位格缺一，复和便无法达成终末论意义上的完满。因此，确立了父与子在复和事件中的角色与定位，同样不能忽视灵在复和事件中的职分和参与。对此，潘能伯格说道："就像子为世界的复和舍己和他被父献出是同一个事件，构成唯一一个行动进程一样，被高举的基督的活动和灵在人们里面的活动也应被理解为上帝为世界复和的同一个行动的不同要素。"⑤ 由此可见，复和作为唯一一个行动进程，其中既有父的差遣，也有子的献身，更有灵的力量的运行，其本身是一个三一性质的事件，父与子和灵作为同一上帝的三个位格各自在此

---

① 有关耶稣之死作为赎罪代理的思想，具体请参看［德］潘能伯格《系统神学》（卷二），第554页及以下。
② ［德］潘能伯格：《系统神学》（卷二），第582页。
③ ［德］潘能伯格：《系统神学》（卷二），第583页。
④ ［德］潘能伯格：《系统神学》（卷二），第583页。
⑤ ［德］潘能伯格：《系统神学》（卷二），第597页。

同一进程中担当角色并发挥效用。

　　潘能伯格指出，复和是上帝与人共联性的更新，其中必不能缺少人的参与。我们越是强调上帝在复和事件中的主体地位，人在复活当中的独立性就越应该受到重视。人是复和事件当中同样重要的一极。没有人的参与，没有因罪破坏与上帝的原初共联，就没有复和。因此，可以恰当地说："没有人对复和的参与，复和就不能实现。"① 然而，按照《圣经》和传统的解释，人作为受造存在，虽有一定程度的独立性，但决然无法通过自身实现这种破裂关系的更新和修复，因而需要上帝的恩典，需要子和灵作为外在力量的参与，其中子因父的差遣"道"成了肉身，并凭着自己的死成了替人赎罪的代理，做了上帝与人之间的中保，为两者之间的交通提供了途径，而灵则负责通过他自身力量的运行将父与子的拯救信息传讲给众人，以便将普世的众人纳入与上帝永恒生命的共联性当中，使其通过耶稣基督分享到上帝永恒的统治和生命（加 3∶26－27；加 4∶5－7；罗 8∶14－15）。②

　　那灵如何实现人生命的更新，达成与上帝复和？要理解这一点，我们必须将其与人的被造、救赎以及使命在终末论的实现结合起来。③ 根据《圣经》，人是上帝以尘土为料，按照自己的形象创造的存在，但是，上帝在造人时并非只单纯造了人的身体，而是同时赐予了灵（ruah）作为人生命的根源（创 2∶7），所以正是因为灵的"生气"被吹入，人才具有了"活"力，具有了在历史当中不断发展和塑造自己的动力，具有了生命的离心品性。④ 故此，从这一点上来看，潘能伯格从教义学出发关于人离心品性的判断明显正是根据这一事实而做出的。⑤ 不过，回到这里，亦即回到我们有关灵在复和事件当中参与的讨论，我们发现，正是灵在人当中的运行，促使人不断地提升自己，不断"提升人超出其自己的有限性，使得他们在信仰中分享在他们之外的东

---

　　①　［德］潘能伯格：《系统神学》（卷二），第 553 页。

　　②　［德］潘能伯格：《系统神学》（卷二），第 597 页。

　　③　关于圣灵在创造、救赎和基督徒生命更新中的作用，具体可参看［美］米拉德·J. 艾利克森《基督教神学导论》（第二版），第 378—390 页。

　　④　有关人的离心品性，请参看［德］潘能伯格《人是什么——从神学看当代人类学》，第 1—13 页；Wolfhart Pannenberg, *Anthropology in Theological Perspective*, pp. 37、62－66。

　　⑤　［德］潘能伯格：《系统神学》（卷二），第 252 页。

西，亦即分享耶稣基督，分享在耶稣基督之死中由上帝完成的复和事件"①。由此来看，灵不仅在上帝的创造活动当中有所参与，而且在基督的救赎以及终末论的复和行动当中亦不缺席。由于灵的存在，他会提升人超越自身，与他人同在，与上帝同在。对此，潘能伯格说道："当信仰者借着灵与耶稣同在时，他参与着耶稣与父的为子关系，参与着从父的复和美善出发的对世界的肯定，参与着他对世界的爱。因此，信仰耶稣者不是自己疏离自己；因为他或者她同耶稣一起与上帝同在，上帝是任何造物自己的有限此在及其特殊规定的起源。因此，借着灵在对耶稣基督的信仰中的己外存在不仅意味着在超越自己的有限性意义上的解放，而且使得通过对自己的有限性的这样的超越重获自己的受造此在，作为被它的创造者肯定的和与他复和的，从世界、罪和死亡的奴役中解放出来的，达到一种在世上出自灵的力量的生命。"②

不过，潘能伯格指出，这种通过提升自己而实现的生命更新，并不就意味着以一种神秘的方式达到了与基督，或者说通过基督与上帝达到了融合，并从而不顾他们之间的区分；恰恰相反，尽管信仰者借着信仰、借着灵与基督为一，但在这一过程中，信仰者应当明确地知道自己的此在与所信仰的耶稣基督不同。③ 只有严肃地认识到这一区分，并坦然接受自己的受造性，信仰者才能在基督里参与他与父的关系中的子的身份。④ 而至于这种区分，又必然借着灵的力量才能达到，因为正是灵通过公开地不荣耀自己，而荣耀作为父的子的耶稣，荣耀在自己的子里面显明的父，而将自己与子区分开来。⑤

因此，我们可以简单做出总结，根据潘能伯格，正是灵的力量在信仰者生命当中的运行使得人能清晰地认识到自己受造的本性，认识到自己与子的区分，以至于甘心接受子和灵的引导，促使自己不断超出自身，与他者联合，进而结成团契与基督联合，以便在与基督的为一之中实现自己的本质和使命，并最终在历史终末来临时达成与上帝的复和，参与上帝国的统治并分享其永

---

① ［德］潘能伯格：《系统神学》（卷二），第598页。
② ［德］潘能伯格：《系统神学》（卷二），第599—600页。
③ ［德］潘能伯格：《系统神学》（卷二），第600页。
④ ［德］潘能伯格：《系统神学》（卷二），第600页。
⑤ ［德］潘能伯格：《系统神学》（卷二），第601页。Wolfhart Pannenberg, *Systematic Theology*, Vol. 2, p. 453. 另外，关于父、子、灵之间的相互区分，还可参看［德］潘能伯格《系统神学》（卷一），第406—421页。

恒生命。然而，正如本章开篇就已经提到的，最终的复和还要等到历史终末基督审判的来临才能达成，而从这一意义上来讲，这种因子和灵而来的生命的更新无疑是终末论性质的，它只有在将来上帝之国的统治中才能获得完满。当然，这并不意味着依然生活在此世的人就应当无所作为；恰恰相反，此世的人应当通过灵的力量的运行在教会或团契当中不断地宣讲耶稣基督的福音，以便把上帝在终末拯救的"好消息"传达给世人，好让人们为基督将临的审判做好准备。

第三节　教会在终末复和事件当中的参与

灵在复和事件中的参与，不仅涉及他对个体基督徒生命的提升和更新，更关涉他在整个信者团契，在教会当中发挥的作用。圣灵作为终末论的赠礼，不仅是为个体基督徒的生命更新，更旨在通过建立信者的团契（fellowship of believers），即教会实现对信者新生命的持续给予。① 因此，教会作为基督的身体（弗1:22-23，弗4:4，弗5:23）、作为信者的团契（太16:8）、作为圣灵的殿（林前3:16-17；弗2:21-22）对于终末论的复和来说就至关重要，因为只有通过教会，众人才能被纳入一个共属上帝子民的团体，在其中，基督终末拯救的福音才能得到传讲，普遍的复和也才能在灵中获得完满和实现。

一　教会的本质和使命

根据《圣经》，用来指教会的希腊语词为 *ekklesia*，其意原指城市中聚集起来的公民，在《新约》中则被解释为"那些被呼召出来的人"②。因此，按照《新约》的理解，"教会"一词通常有两种含义：一是用来泛指信徒的总和，这主要体现在《马太福音》十六章18节以及保罗将教会看作基督的身体（弗1:22-23，弗4:4，弗5:23）这一教导当中；二是用来指某一特定地理

---

① Wolfhart Pannenberg, *Systematic Theology*, Vol. 3, trans., Geoffrey W. Bromiley, New York: T&T Clark International, 2004, p. 12.

② ［英］麦格拉思：《基督教概论》，第226页；［美］米拉德·J. 艾利克森：《基督教神学导论》（第二版），第468页。

范围内信徒所构成的群体，比如《哥林多前书》一章 2 节和《帖撒罗尼迦前书》一章 1 节中使用的就是这种含义。① 按照这种解释，人们对于教会的本质似乎不会产生误解，然而，事实并非如此，自中世纪建制化的教会被指腐败、名声败坏之后，罗马天主教和新教对于教会本质的理解就产生了极大分歧，从而形成了两种不同主张。天主教认为，教会是耶稣基督设立的拯救机构，是信者的团契，是五旬节（Pentecost）时圣神的圣化，是地上天主的国;② 而新教则认为教会的本质是"圣言的受造物"（creatura verbi），哪里上帝之言被宣讲，被现实地倾听、理解、接受和信仰，哪里就能聚集成信者的团契，因此，只要圣言被正确地宣讲和获悉以及圣事被正确地举行的地方就有教会、就可以形成教会③，因而建制对于教会来讲，不仅是外在的或偶然的，甚至是危险的。④ 对比两种观点，罗马天主教显然更多地强调教会的建制性和中介性，认为只有通过建制化的教会，个体信徒才能在耶稣基督里获得终极的拯救，从而与上帝相遇、实现复和；而新教则明显更重视教会本身对上帝之言及耶稣基督拯救信息的宣讲作用，认为个体的信徒只有通过上帝之言，亦即耶稣基督的呼召才能实现与上帝永恒生命的共联，从而通过耶稣基督获得终极拯救，实现最终的复和。⑤ 针对这种分歧，当代著名天主教神学家、普世教会合一运动的坚定倡导者汉斯·昆曾试图弥合这种裂隙：

> 教会可以简短地定义为信仰基督者的团体。更确切地说：这是那些参与耶稣·基督的事、并作证其为一切人的希望的团体，这团体不是耶稣创建，而是在他死后以他被钉十字架但仍然活着的名义出现的。在复活日之前，只存在一种末日论的集体运动。会众、教会是在复活日后产

---

① ［美］米拉德·J. 艾利克森：《基督教神学导论》（第二版），第 468—469 页。

② 参"梵二文献"《教会宪章》第一章第 2—8 条。

③ 关于新教对教会本质的界定，请参 1530 年颁布的《奥格斯堡信条》（Augsburg Confession）第七条"论教会"和第八条"论教会是什么"，具体可参看汤清编译《历代基督教信条》，香港：基督教文艺出版社 1999 年版，第 62—63 页。

④ 奥特、奥托编：《信仰的回答——系统神学五十题》，第 315—316 页。

⑤ 关于两种立场的差异及对立，可参见奥特、奥托编《信仰的回答——系统神学五十题》，第 317—318 页；也可参见 Friedrich Schleiermacher, *The Christian Faith*, *Third Edited*, p. 103; Wolfhart Pannenberg, *Systematic Theology*, Vol. 3, p. 100。

生的，而且也以末日论为指针：起初，它的基础不是某种它自己的崇拜方式，不是它自己的某种机构，不是它自己具有确定职务人员的组织，而单单是、仅仅是对作为基督的这位耶稣的信仰的告白。从面对上帝的古代人民的团体的意义上看，"耶稣·基督的教会"，据新约认为，也是一个后复活日的因素。

　　因此，教会在今天的任务就是为耶稣·基督的事服务：换言之，至少不要妨碍这事，而要保卫它，促进它，要以耶稣·基督的精神在现代社会里实现这事。①

在汉斯·昆看来，教会原本并非建制化的机构，更非由特定职务人员组成的固定组织，而是由认信基督，并为之拯救事业而服务的一群人所组成的团契，其基础是与耶稣基督及其拯救事业之间的联系。关于这一点，同一时期著名德国新教神学家——潘能伯格虽身处于路德宗教会当中，但他与汉斯·昆却有着相同的见解。他们都是普世教会合一运动的倡导者，他们都明确地把教会的基础与耶稣基督的福音及其终末性质的拯救事业联系在一起。②不过，对比两者，潘能伯格独特的地方在于：

第一，他并未根据路加《使徒行传》二章1节及以下关于教会的理解，单纯地把教会视为五旬节之后圣灵倾灌（the outpouring of spirit）的产物，而是按照使徒保罗在《哥林多前书》三章11节的教导，把教会建立的基础与对耶稣基督的认信联结在一起。在他看来，一方面圣灵是耶稣基督派遣的；另一方面圣灵所导向的又正是耶稣作为上帝的真理知识，所以正是因为圣子耶稣基督，教会才能得以建立。③当然，这并不是说，在潘能伯格那里圣灵的力量对于教会的建立就无关紧要；恰恰相反，在他看来，正是"通过圣灵的事工，耶稣基督才能成为教会的基础，因为圣灵的工作只是通过教导我们在子当中并通过接近他而了解父来荣耀子"④。因此，从这一意义上来讲，我们又可称"教会

---

　　①　［瑞士］汉斯·昆：《论基督徒》（下），杨德友译、房志荣校，生活·读书·新知三联书店1998年版，第686页。

　　②　Wolfhart Pannenberg, *Systematic Theology*, Vol. 3, p. 100.

　　③　Wolfhart Pannenberg, *Systematic Theology*, Vol. 3, pp. 13 – 16.

　　④　Wolfhart Pannenberg, *Systematic Theology*, Vol. 3, p. 16.

是圣灵和圣子共同的创造"①，其目的是世人普遍的拯救、在终末历史来临时人与上帝之关系的普遍复和以及人对上帝统治的参与和永恒生命的分享。

第二，他对教会本质的理解与上帝之国的观念紧密地联系在一起。② 对此，他曾在《系统神学》卷三当中坦言："如果我们想要回答教会构成基础的问题，就必须首先阐明教会与上帝的国度之间的关系。"③ 同样地，在早期著作《神学与上帝之国》当中他亦有类似的论述："教会的核心关注，以及理解教会的指涉基点，必定在于上帝的国度。换言之，如果教会仍忠实于耶稣的信息，那么上帝之国度就必须成为教会的核心关涉。并且，根据耶稣的宣告，这上帝之国指向世界和全人类的将来。确切地，耶稣的信息并不局限于某个信者团体的将来。在此，又有什么能够保证在谈到教会时就是指上帝的新子民或新以色列呢？唯有教会本质地与上帝之国联系起来，这一说法才能被证实。"④ 由此可见，对于潘能伯格来说，关乎教会本质的理解必然深深地根植于它和上帝之国之间紧密的关联，舍弃这种关联，对于教会本质的理解必然是偏狭的、欠准确的，因为从根本上来说，教会建立的根据和基础在于耶稣基督，而耶稣基督信息的本质恰又在于对上帝之国及其将来统治的宣讲和预示。因此，正是在这一意义上，潘能伯格把教会视为终末上帝之国的预表（the sign of kingdom）。⑤

不过，潘能伯格提醒人们，虽然教会在本质上与上帝之国相关联，但这并不意味着二者之间就没有区分；恰恰相反，决不能将二者简单等同，或者直接认定教会就是建立在地上的天国。对此，他强调说：

---

① Wolfhart Pannenberg, *Systematic Theology*, Vol. 3, p. 18.

② 关于这种联系，广泛地见于潘能伯格涉及教会论的著作，比如《系统神学》卷三第十二章第2节，第十五章第3节，《神学与上帝之国》第二章以及《今日问题视域中的使徒信经》相关章节等。具体请参看 Wolfhart Pannenberg, *Systematic Theology*, Vol. 3, pp. 27 – 57, 580 – 607；Wolfhart Pannenberg, *Theology and the Kingdom of God*, pp. 72 – 101。［德］潘能伯格：《天国近了——神学与上帝国》，载《潘能伯格早期著作选集》，第255—282页，以及 Wolfhart Pannenberg, *The Apostles's Creed: In the Light of Today's Question*, pp. 152 – 159。

③ Wolfhart Pannenberg, *Systematic Theology*, Vol. 3, p. 27.

④ Wolfhart Pannenberg, *Theology and the Kingdom of God*, p. 73. ［德］潘能伯格：《天国近了——神学与上帝国》，载《潘能伯格早期著作选集》，第256页。

⑤ Stanley J. Grenz, *Reason for Hope: The Systematic Theology of Wolfhart Pannenberg*, p. 153.

教会和上帝之国并不能简单地等同。甚至我们不能把教会视为上帝之国的一种不完全形式。同《旧约》（old covenant）中上帝的子民一样，教会确实与上帝之国存在关系，这构成了教会存在的基础。但无论是以色列还是在教会，在这种关系里都存在区分，都不能简单将其与上帝之国相等同，或者甚至部分地等同。①

究其缘由，潘能伯格直言：虽然"耶稣的门徒形成了一个本质上向他所宣告的上帝将来的统治开放的群体，然而上帝之国还尚未在这一群体当中得到完全表达，对于他们来说，上帝国仍然还只是一种将来的事情（太20：20 - 28）。作为被拣选的十二门徒，他们以一种特殊的方式表明，尽管这种将来的统治已经以一种即使是不完全的方式临在，但它仍然还只是上帝统治的一种临时预兆（provisional sign）。这同样适用于教会……尽管教会目前还只是联系这种盼望于它的主再临的期望当中，教会还生存于对上帝将来的盼望和他的统治的启示当中。教会还尚不是上帝之国，它只不过是上帝统治下将来人类团契的一个先行预兆（preceding sign）"②。

这样看来，潘能伯格虽把教会的本质与上帝之国联系在一起，但他仍明确地界定了二者之间的区分，指出了前者对于后者的预表性，以及后者对于前者的终极性。潘能伯格指出，其实在漫长的历史当中，教会早就已经意识到了它与上帝将来统治之间的区分，根据《希伯来书》三章7节到四章11节的内容把自身理解为上帝的朝圣者。但是，这种早在《新约》中已经证实为必要的区分却在教父时代并没有被清晰地指出来，以至于它被以下事实遮蔽了，即教会不再视上帝之国的将来本质为它的基础；相反，它视这一国度的将来为一种已经在教会当中开始的现实的完满。③ 教会史中，亚历山大里亚的克莱门和奥利金都持这一观念，他们虽在柏拉图主义的影响下区分了神圣教会和世俗教会，但在本质上，神圣教会还是等同于将来会在地上出现的上帝

---

① Wolfhart Pannenberg, *Systematic Theology*, Vol. 3, p. 30.

② Wolfhart Pannenberg, *Systematic Theology*, Vol. 3, p. 31.

③ Wolfhart Pannenberg, *Systematic Theology*, Vol. 3, p. 33.

之城或神圣的耶稣撒冷。① 与克莱门及奥利金类似，安布罗斯（Saint Ambrose，340 - 397）和奥古斯丁也把教会等同于神圣的上帝之国、等同于属天的城，以至于奥古斯丁根本未在这一国度的将来形式与教会目前的形式之间做出区分，对于他来说，教会就已经是上帝和基督的国。② 奥古斯丁之后，中世纪经院神学家，甚至路德都追随了这一见解，即使路德到处强调将来拯救的完满，但他还是把当下的教会与上帝和基督的国等同了起来。③ 路德过后，启蒙思想家，尤其是康德开启了对上帝之国道德化、伦理化解释的新思潮，最终影响了自由主义神学，促使其将上帝之国看成一个通过人类自己的行动就可以在地上达成的理想目标。④ 潘能伯格指出，讽刺的是，正是因为这一伦理的解释，原本没有得到区分的教会和上帝之国却在这一解释中得到了区分，因为恰是这一解释致使他们把可见的教会看作这一道德天国理想的代理（representative）而非全然实现。⑤ 沿着这一线索，里敕尔进一步区分了基督之国与上帝之国，但是施莱尔马赫则由于其强烈的上帝之国的宗教意识，继续将教会等同于上帝之国，并且视教会为基督在地上建立的国。⑥

　　总体来说，潘能伯格认为，对上帝之国道德化的解释虽强化了其将来以及终末论的理想性质，但它仍然没有突破传统以来将教会与上帝之国等同的错误观念。至于这一突破的实现则要归功于魏斯，是他对基督教终末论的重新发现和强调，使得作为终末统治的上帝之国与教会得到了区分。而且不止于此，他同时还批评和纠正了自由主义神学关于上帝之国可以通过人的行动建立的错误理解，在他看来，上帝之国及其统治只能自上而下（from above），而非自下而上（from below）地建立。它不同于世俗的国度，并非通由人而建立，它是将来的，因此也并非耶稣在此世建立和创造的。⑦ 基于这一新的突破，20 世

　　① Wolfhart Pannenberg, *Systematic Theology*, Vol. 3, p. 33.
　　② Augustine, *De Civitate Dei XX*, 9. 1. ［古罗马］奥古斯丁：《上帝之城：驳异教徒》（下），吴飞译，上海三联书店 2009 年版，第 186—187 页。
　　③ Wolfhart Pannenberg, *Systematic Theology*, Vol. 3, p. 34.
　　④ Stanley J. Grenz, *Reason for Hope: The Systematic Theology of Wolfhart Pannenberg*, p. 155.
　　⑤ Wolfhart Pannenberg, *Systematic Theology*, Vol. 3, p. 34.
　　⑥ Friedrich Schleiermacher, *The Christian Faith*, *Third Edited*, pp. 528, 536.
　　⑦ Johannes Weiss, *Jesus' Proclamation of the Kingdom of God*, translated and edited by R. H. Hiers and D. L. Holland, Philadelphia : Fortress Press, 1971, pp. 79 - 81.

纪基督教神学，不仅新教甚至连天主教对教会与上帝之国之间的关系也获得了一种新的理解。德国著名天主教《圣经》学者鲁道夫·施纳肯堡（Rudolf Schnackenburg, 1914–2002）是这一新理解支持者。[1] 在其之后卡尔·拉纳和汉斯·昆也强调了这一点。拉纳认为，教会不应当以它现有的形式就被错误地视为已经是终极的事物；相反，它应当以其预先性和历史性本质被视为仅仅是对将来上帝之国来临的宣告。它的本质只是以一种提前的形式对将来的朝圣。[2] 类似于拉纳，汉斯·昆亦坚持认为，即使教会作为上帝之国的预先标志已经呈现着上帝之国度的将来，但也不应当就此将二者简单地等同起来。[3]

综上所述，关于教会与上帝之国的关系，当代两位著名天主教神学家和潘能伯格的见解基本一致，即不能将教会与上帝之国简单地相等同。[4] 不过，在潘能伯格看来，即使不能将教会与上帝之国相等同，但它在本质上依然是上帝之国将来拯救的预表，它的使命在于宣讲基督的福音，并将世人纳入信者团契，以通过对圣礼的践行为基督复临和将来的审判做好准备。而在这一意义上，教会明显已经切实地参与着圣父、圣子以及圣灵在此世施行的终极拯救。当然，也正是在这一层面上，巴特也才坚持认为，即使教会还尚不是上帝的国度，但它已经通过圣灵大能的事工，将其带到了地上，带到了时间与历史当中。[5]

二　教会作为在基督里拯救的奥秘

事实上，将教会的本质与上帝之国联系起来，并视其为将来上帝之国的预表，就已经指明了其在上帝终末论拯救及复和当中的参与。然而，具体而言，教会如何在终末拯救及复和当中发挥拯救功能？它的存在对于人的终末拯救而言是必需的吗？如果是，那现实社会的个人又如何通过它来获得自身的拯救、参与上帝国的统治并分享其永恒生命呢？想要回答这些问题，显然我们还需重

① Rudolf Schnackenburg, *God's rule and kingdom*, New York：Herder, 1963.
② Wolfhart Pannenberg, *Systematic Theology*, Vol. 3, pp. 35–36.
③ Hans Küng, *The Church*, trans., Ray and Rosaleen Ockenden, New York：Burns and Oates, 2001, pp. 130–131.
④ 关于这一点，除了《系统神学》卷三当中的论述，还可参阅 Wolfhart Pannenberg, *Theology and the Kingdom of God*, pp. 76–77。［德］潘能伯格：《天国近了——神学与上帝国》，载《潘能伯格早期著作选集》，第259—300页。
⑤ *C. D.* IV/2, p. 656.

新回到潘能伯格关于教会论述的相关文本，做更为仔细的探讨。

宗教改革之后，按照新教正统的理解，人人都可以阅读并解释《圣经》，人人也都可以通过阅读福音与上帝沟通。① 这样一来，个人的信仰在很大程度上摆脱了教会的约束和限制，从而有了极大自由，以至于部分信徒开始认为：无须教会，个体信徒就可以凭借自身的信仰和虔诚在耶稣基督里实现与上帝交通，从而分享其永恒生命，获得终极拯救。毫无疑问，作为路德宗神学家，潘能伯格承认个体信徒可以借助圣灵的大能，实现自身生命的提升②，然而，在他看来，要想获得普遍终极的拯救，让全部的人对上帝国的统治有份，就必须有教会的参与。③ 于是，潘能伯格毫不犹豫地批评了新教对于教会及其统一对个体基督徒自我理解及拯救重要作用的忽视。对此，他说："宗教改革的失败即起源于新教教义要么过分低估了教会及其统一对于个体基督徒自我理解的重要性，要么将其局限于认信的教会生活范围之内。"④ 从这一批评中可以看出，潘能伯格对于教会在个体基督徒自我理解及其终末论拯救当中参与作用的重视。不过，相比于新教，显然天主教更加重视教会在上帝拯救中的参与及其中介作用。所以，即使罗马天主教建制化的教会在宗教改革之后颇受诟病，但它依然坚持主张教会对上帝拯救的中介作用，这点尤其体现在"梵二文献"《教会宪章》关于教会含义、性质及其使命的界定当中。从这种坚持中可以看出，教会在上帝的拯救中不仅有所参与，而且至关重要，因为只有通过教会，通过其对基督福音的宣告和圣礼的执行，人们才能为将来上帝国的来临做好准备，而终极的拯救与复和也才能在耶稣基督里普遍地临到众人，使人人对上帝国终末的统治和永恒生命有份。⑤ 因而，也正是在这一意

---

① ［英］阿利斯特·麦格拉斯：《宗教改革运动思潮》，蔡锦图、陈佐人译，中国社会科学出版社 2009 年版，第 155 页。

② 参看［德］潘能伯格《系统神学》（卷二），第 598 页及以下；Wolfhart Pannenberg, *Systematic Theology*, Vol. 3, p. 7.

③ Wolfhart Pannenberg, *Systematic Theology*, Vol. 3, pp. 12 – 13.

④ Wolfhart Pannenberg, *Systematic Theology*, Vol. 3, Foreword, p. xiii.

⑤ 在潘能伯格看来，只有通过对耶稣基督的认信，通过参与礼拜仪式的生活，教会才能在其不断的历史发展中通过将不同种族和文明当中的个体基督徒纳入耶稣基督的身体的统一当中，从而克服原始基督教时期犹太人与外邦人的对立，以及此后基督教文明与其他非基督教文明之间的对立，甚至基督教内部的对立，从而达成一种和解，为全人类在上帝之国当中命定的统一做预告。参见 Wolfhart Pannenberg, *Systematic Theology*, Vol. 3, p. 43.

义上，教会被称为上帝在耶稣基督里拯救的奥秘。不过，在这里潘能伯格特别强调："并非教会本身以其社会构成或历史形式成为上帝统治之拯救奥秘，而毋宁是只有在基督里，只有通过礼拜仪式的生活在耶稣基督事件的参与里，教会才是上帝统治之拯救奥秘。"① 另外，依潘能伯格之见，教会也不应按照传统的理解以其形式被视为已经在地上建立的天国，而是应该被恰当地理解为上帝将来统治在人世实现的预表和工具（sign and tool）②，它的目的和使命是宣告耶稣基督终末拯救的福音，为人类普遍的拯救与复和预备道路。对此，他说："作为基督的身体，教会仅仅是上帝之国中将来团契的一个预告，而且它只是凭借其作为预告，而非建立上帝之国，或使这一国度在人类历史当中变成现实，成为我们与上帝彼此统一的手段或工具（instrument）。"③

由此，作为基督的身体，教会是一个终末论的团契，它聚齐满怀盼望的万民，以在将来上帝的国度中实现生命的更新，实现与自身本性的统一，实现与上帝的终极复和。④ 因此，"只有当我们正视这些终末论的称号，才能在其与上帝之国的关系中理解教会的本性和使命"⑤。而反过来，如果教会要忠于自己的使命，那它就必须预示和代表全人类的命运和历史的目的，因为教会对于世界的意义依赖于它对自己普世和人性使命的委身。所以，任何对教会使命狭隘化的理解或对其作为终末论团契本质特征的背离，都将使其失去它的社会意义。而要避免这一点，则必须重新强调，教会是一个终末论的团体，是全人类将来的先锋。⑥ 它通过其社会功能发挥功用，服膺于自己的职分和使命，宣告耶稣基督复临，上帝在历史终结时施行拯救的"好消息"，并以此切实地参与和见证上帝在终末历史的拯救与复和行动。

具体而言，这职分和使命是通过以下几个方面来发挥其社会功能：第一，

---

① Wolfhart Pannenberg, *Systematic Theology*, Vol. 3, p. 43.

② Wolfhart Pannenberg, *Systematic Theology*, Vol. 3, p. 45.

③ Wolfhart Pannenberg, *Systematic Theology*, Vol. 3, p. 48.

④ Wolfhart Pannenberg, *Systematic Theology*, Vol. 3, p. 44.

⑤ Wolfhart Pannenberg, *Theology and the Kingdom of God*, p. 74. ［德］潘能伯格：《天国近了——神学与上帝国》，载《潘能伯格早期著作选集》，第257页。

⑥ Wolfhart Pannenberg, *Theology and the Kingdom of God*, pp. 74 – 75. ［德］潘能伯格：《天国近了——神学与上帝国》，载《潘能伯格早期著作选集》，第257页。

借助圣灵的力量带领个体的社会成员通过在圣礼当中与耶稣基督的相交而与人类终极的命运及上帝之国发生关联，以把人纳入终末拯救的团契，为复活主的再次来临和上帝之国终末统治的达成预备道路。① 第二，教会要在社会当中勇于扮演批判者的角色，它必须为一切现存社会的限制作见证，换言之，教会要防止一切现实的政治组织及其代表宣称自己是人类终极意义所在，打破现实政治的神话，以迫使其明白自己的初步特性，并唤醒那些沉醉在权力当中的人，使其认识到只有上帝之国才是现实社会的理想和完满形态，而这要等到终末历史的来临，才能最后实现，因而必须对其满有盼望。所以，从这一层面来讲，教会不能脱离社会，否则它就会失去其社会批判功能，变成一种扭曲的力量，将人的注意力完全从当下的处境转移到彼岸。而这时，教会就会单单宣称其为"属灵"的事物，从而鄙弃现实社会，不参与任何政治问题，以至于最终变成保守主义的壁垒，使教会原本具有的改变现实社会的力量丧失，并再次回退到超自然的领域。② 第三，教会要以其积极的姿态，通过见证人性在上帝之国中将来的完成，激发社会行动的想象，掀起社会变革的愿景，以当人们在怀疑自己是否还有将来的时候，果决并具有说服力地宣告上帝的国。③ 第四，借助灵的力量对生命已经朽坏的每一层面进行整合和医治，以使人的生命达至整全。而且，这种力量不止施于个人，它还会超越个体的范围进而对公共和社会领域产生影响，以达成在社会当中整合人类生命，促使其认识到这生命真正源头的重大贡献。所以，从这一层面来讲，让人类面对生命终极的奥秘，即永恒的上帝和祂在历史当中的目的，并通过此而达至人类生命位格性的统一，便是教会唯一不可替代的社会功绩。④ 第五，教会虽作为部分人的团体，但它要代表全体，施行礼仪，颂赞上帝，以使其普遍和终末意义上的拯救临到世间众人，从而对

---

① Wolfhart Pannenberg, *Theology and the Kingdom of God*, pp. 82 – 83. ［德］潘能伯格：《天国近了——神学与上帝国》，载《潘能伯格早期著作选集》，第 265 页。

② Wolfhart Pannenberg, *Theology and the Kingdom of God*, pp. 83 – 84. ［德］潘能伯格：《天国近了——神学与上帝国》，载《潘能伯格早期著作选集》，第 265—266 页。

③ Wolfhart Pannenberg, *Theology and the Kingdom of God*, p. 85. ［德］潘能伯格：《天国近了——神学与上帝国》，载《潘能伯格早期著作选集》，第 267 页。

④ Wolfhart Pannenberg, *Theology and the Kingdom of God*, pp. 90 – 91. ［德］潘能伯格：《天国近了——神学与上帝国》，载《潘能伯格早期著作选集》，第 271—273 页．

已经启示在耶稣基督里复活的新生命有份。①

综上所述，根据潘能伯格，教会通过上述社会功能深入地参与到上帝终末历史的拯救与复和行动。它的本质是作为上帝之国的预告，它的目标和使命是宣告耶稣基督终末拯救的福音，以将个体的社会成员纳入上帝终末论的团契当中，使其通过福音的接受并洗礼和圣餐礼的执行，感受到与耶稣基督同在，感受到圣灵对其生命的更新和提升，以为耶稣基督将来的拯救做好准备，好使这拯救普遍地临到众人，让众人也对已经启示在耶稣基督里复活的生命有份。然而，应当注意，教会本身虽是终末论的团体，但它只不过是上帝之国的预表，真正的完满，即上帝之国及其统治的实现以及世人普遍的拯救，还需要等到历史终结、基督复临时，才能够最后达成。故此，上帝的国虽近了，并且已经通过固有的方式对当下发挥着效用，但其最终达成终究还只是一种未曾实现的东西。既然如此，那么在当下以及今后的此世，我们又应当以何种姿态面对现实、面对这未曾实现的国呢？这是我们即将要讨论的问题。

第四节　终末视域下的今世伦理

通过以上描述，我们已知上帝之国及其统治的实现，或换言之终末的复和与拯救，虽然已经通过历史启示在当下，但是从实质上而言，它依然是一个尚未实现，仍需等待历史终末到来才能达至完满的事情。于此来说，我们不难明白上帝之国及其复和与拯救的终末论特质，但是，明白这一特质之后，现实的人应当以何种姿态或在什么样的价值观念指导下面对当下、面对将来？对此，加尔文提醒人们，人生如烟亦如影（诗102：3；诗102：11），所以我们应当时常思考人生之终局，轻看今世、渴慕来世。② 巴特也告诫人们，人生终有一天会参加一场不用回家的告别礼拜，因为

---

① Wolfhart Pannenberg, *Theology and the Kingdom of God*, pp. 91 – 93. ［德］潘能伯格：《天国近了——神学与上帝国》，载《潘能伯格早期著作选集》，第273—274页。

② ［法］约翰·加尔文：《基督教要义》（中册），钱耀成等译，孙毅、游冠辉修订，生活·读书·新知三联书店2010年版，第132—136页。

我们自己就是这场告别礼的主角。① 然而，既然终末是这一场旅行的终点，那在终结到来之前信徒又该做些什么呢？

一 终极之事与次终极之事

面对这一问题，有人认为，既然上帝之国及其复和与拯救即将来临，而现实的世界也终将完结，那么此世的人只需静候最后时刻的到来，无须作为，因为此世的作为终究会随着历史的终结化为虚空。与之相反，有人认为，既然上帝之国遥不可及，那么就应当着眼当下，享受现实，而不应该沉迷于虚无的想象和等待。针对两种极端观念，加尔文道，应当养成轻看今世的习惯，并持守对来世的盼望，时常仰望与默想天上的永生。② 而当代著名德国神学家、先知、牧师和殉道者朋霍费尔③为了人们正确理解两者的关系，恰切地区分了"终极之事"（die letzten Dinge）与"次终极之事"（die vorletzten Dinge）。④ 在他看来，所谓"终极之事"，亦即作为上帝之言所宣告的罪人因信而称义，其本质上是没有任何东西可以超越的生命，它对于一切现实和道路，包括"次终极之事"而言都是一种批判；⑤ 而所谓"次终极之事"，即认识了"终极之事"之后所有被视为能导向"终极之事"的一切，具体而言，即人的生存与善良。⑥

通常而言，二者正确的关系应当是：我们经由"次终极者"（das Vorletzte）之路，面向"终极者"（das Letzte）而生存。但是，朋霍费尔指出，在基督徒的生命中，针对二者的关系往往出现激进（radikal）与妥协（Kompromiß）两种极端的解决方法。激进的方法认为，"终极者"与"次终极者"之间存在类似于基督与敌基督者之间的对立，从而高扬"终极者"的彼岸；而妥协的方法则认为，"终极者"与"次终极者"两不相干，以致其高举"次终极者"的此岸。⑦ 在朋霍费尔看来，两者同属极端的解决方案，且同样包含真和假的成分。

① ［瑞士］巴特：《教义学纲要》，胡簪云译，香港：基督教文艺出版社1963年版，第176页。
② ［法］约翰·加尔文：《基督教要义》（中册），第139页。（III. 10. 4）
③ 有关其传奇生命和殉道经历，请参见［美］埃里克·梅塔萨斯《朋霍费尔：牧师、殉道者、先知、间谍》，顾华德译，上海三联书店2015年版。
④ ［德］朋霍费尔：《伦理学》，胡其鼎译，魏育青、徐卫翔校，商务印书馆2015年版，第107页。
⑤ ［德］朋霍费尔：《伦理学》，第107—112页。
⑥ ［德］朋霍费尔：《伦理学》，第119—120页。
⑦ ［德］朋霍费尔：《伦理学》，第113—114页。

"激进的解决办法对万物之终结，是从作为审判者和救主的上帝出发考虑，妥协的解决办法则从创世主和眷顾保守者的角度出发去考虑；前者将'终结'绝对化，后者则将'现存'绝对化。就这样，创世与救赎、时间与永恒陷入不可解决的矛盾之中。对上帝的信仰崩溃了。"① 对于朋霍费尔而言，这是信仰不当有的乱象，是未能正确处理两者关系造成的后果，两者都以同样的方式违背基督，最后只会使上帝的信仰走向崩溃。为了防止这一负面后果，朋霍费尔提醒我们："必须对激进的解决办法的代表们说，基督并非如他们所想的那样地激进；同样，也必须对妥协的解决办法的拥护者们说，基督不妥协；与之相应的，基督徒的生命既不是激进主义之事，也不是妥协之事。"②

基于这一论点，朋霍费尔在区分"终极之事"与"次终极之事"之后对基督教世界的灵性状况进行了批评。他指出，西方基督教世界的灵性状况一般而言呈现出两种面相：一方面过于重视"终极之事"，从而使"次终极之事"受到严重威胁，甚至于瓦解，而"次终极之事"的瓦解又反过来导致对"终极之事"的轻看和贬低，以至于形成一个恶性的循环；而另一方面，由于部分人过于重视"次终极之事"，以至于其并未正确地认识到"次终极之事"与"终极之事"的关联，从而导致了"次终极之事"最后的崩解。③ 在他看来，两种面相均未能正确处理"终极之事"与"次终极之事"二者的关系，以至于最后互不成就，相互瓦解。与以上两种面相相反，朋霍费尔认为，两者正确的关系应当是，各保留其严肃性和有效性，"终极之事"对"次终极之事"进行批判和加强，以促使其提高并满有盼望地生活，而"次终极之事"以"终极之事"为盼望并为"终极之事"预备道路，以等候复活主，耶稣基督的再来以及生命的更新。④

类似于加尔文想要在"今世"与"来世"之间寻找一种平衡，朋霍费尔也致力于在"终极之事"与"次终极之事"之间建构起一种合理的关系，既不否定"次终极之事"，又要使其认识到"终极之事"才是它最终的归宿和判准。在这一点上，朋霍费尔与潘能伯格存在类似之处。在潘能伯格看来，耶稣基督的教导本身在于宣告上帝之国的临近，这样来说的话，现实的世界

---

① ［德］朋霍费尔：《伦理学》，第 115 页。
② ［德］朋霍费尔：《伦理学》，第 115 页。
③ ［德］朋霍费尔：《伦理学》，第 127—128 页。
④ ［德］朋霍费尔：《伦理学》，第 119—127 页。

及其伦理自然应当朝向上帝的国度，并且以后者为最终判准，按照后者的价值尺度来生活。所以，他在《神学与上帝之国》第三章"上帝的国度与伦理的根基"部分首先批判了将伦理奠基于权威和良心的做法。在他看来，自尼采宣告"重估一切价值"①之后，传统的价值和规范就失去了其效力，人们很少再按照传统的规范和价值来生存，因为人们几乎不再觉得违反神圣权威所宣告的那些并没有什么约束力的律令就是错误的。② 同样，潘能伯格认为，诉诸良心来建构伦理的基础也不再可能，因为良心本身会随处境变化而变化，何况良心常常受制于一定的社会系统，往往会产生不良甚至灾难性的后果。③ 紧接着，潘能伯格指出，同样的批评也适用于康德根据理性基于行动所建构的形式律令，在他看来，康德的律令事实上并不能为其所拥护的人道主义理想提供确定的指引，因为从现实来看，人类历史当中出现的一些种族狂热主义，甚至灭绝犹太人的恶行正是在类似于康德普遍定律的包装下做出的。何况，从另一个层面来讲，潘能伯格认为康德的普遍道德律令也使得个体的个性受到了一定程度的压制。④ 所以，严格意义上来讲，无论是权威，还是良心，抑或是康德的道德律令，都不能充当今世之人行事和生活的价值标准。

既然神圣的权威、良心以及康德式的道德律令均不能成为建构伦理的基础，那么，回到最初的问题，现实的人又应当以何种姿态，或者说在什么样的价值观念指导下来面对当下、迎接将来呢？在批判以上三种基础之后，潘能伯格认为，伦理必须在它的将来或应当维度当中寻求它的本体论基础和判准。在他看来，对善的追求可以成为一个很好的起点，按照苏格拉底的教导，善本身即人缺乏而要追求的东西。不过，潘能伯格主张，这善仍需一个判准，来区分它的实质到底是个人欲求的满足（或幸福），还是善自己本身，以避免对两者混淆。⑤ 于

---

① 具体可参看［德］尼采《权力的意志》（上、下卷），孙周兴译，商务印书馆 2008 年版。

② Wolfhart Pannenberg, *Theology and the Kingdom of God*, p. 103. ［德］潘能伯格：《天国近了——神学与上帝国》，载《潘能伯格早期著作选集》，第 284 页。

③ Wolfhart Pannenberg, *Theology and the Kingdom of God*, p. 104. ［德］潘能伯格：《天国近了——神学与上帝国》，载《潘能伯格早期著作选集》，第 284—285 页。

④ Wolfhart Pannenberg, *Theology and the Kingdom of God*, p. 105. ［德］潘能伯格：《天国近了——神学与上帝国》，载《潘能伯格早期著作选集》，第 285 页。

⑤ Wolfhart Pannenberg, *Theology and the Kingdom of God*, pp. 105 – 108. ［德］潘能伯格：《天国近了——神学与上帝国》，载《潘能伯格早期著作选集》，第 285—289 页。

是，潘能伯格追溯到奥古斯丁，但奥古斯丁的启示是，真正的幸福不可能在此世获得，而要等到将来，等到上帝统治的实现。在奥古斯丁看来，虽然善并不与幸福绝对地分割，但也不能同幸福完全地等同，善只能与上帝相等同，只有上帝才能够保证将来的幸福。所以，想要获得幸福或达到为善而寻求善的目的，就要委身于上帝，对祂将来的统治充满盼望。否则，逆转这一次序，以人的幸福代替对上帝的追求，就会干犯上帝，从而堕入本罪。① 潘能伯格指出，奥古斯丁正确地将善视为将来，视为尚未完满的实现，以至于将其联系到上帝，使其具有了本体论的优先性，但是，他恰当地指出，奥古斯丁的观念很大程度上承袭了柏拉图主义的传统，从而造成了其思想中唯意志论（voluntaristic）与《圣经》上帝观念之间的二元论，这是其思维缺陷的第一个方面。另一个方面是，奥古斯丁的终末论明显地带有彼岸世界扭曲的标记，因为一旦上帝不再被理解为进入这个世界的，而被理解为一个与世界有别的，从而需要虔诚渴慕的存在，那么逃离此世就是蕴含在这一上帝观念当中必然的趋向。②

潘能伯格指出，只有转换思考上帝的这种方式，不再将上帝看作纯然超越的、与世界无涉的存在，而是将其看作创造此世、肯定此世，并作为此世将来仍在来临中的存在，我们才能克服逃离主义，真正转向对上帝之国的盼望。因为只有这上帝之国，即将来的统治和现实，才是人们期盼和追求的善的具体彰显，它优先于一切人类所追求的个别的善。所以，从这一层面上来讲，恰恰是上帝之国为所有的伦理陈述提供了一个终极视野③，也为人们的行动提供了一种终极的价值导向。当然，也正是在这一意义上，这一终极视野并非超越的、高高在上的、与当下现实无涉的；恰恰相反，它切实地与当下世界和现实相关联，它扭转了逃离主义，体现的是上帝对于这个世界永恒的爱，体现的是人与上帝通过爱而形成的交通（约壹4∶16）。④ 因此，正如朋霍费尔指出的，

---

① Wolfhart Pannenberg, *Theology and the Kingdom of God*, p. 109. ［德］潘能伯格：《天国近了——神学与上帝国》，载《潘能伯格早期著作选集》，第289页。

② Wolfhart Pannenberg, *Theology and the Kingdom of God*, pp. 109 – 110. ［德］潘能伯格：《天国近了——神学与上帝国》，载《潘能伯格早期著作选集》，第290—291页。

③ Wolfhart Pannenberg, *Theology and the Kingdom of God*, pp. 110 – 111. ［德］潘能伯格：《天国近了——神学与上帝国》，载《潘能伯格早期著作选集》，第291—292页。

④ Wolfhart Pannenberg, *Theology and the Kingdom of God*, p. 112. ［德］潘能伯格：《天国近了——神学与上帝国》，载《潘能伯格早期著作选集》，第292页。

"终极之事"与"次终极之事"的正当关系应该是，既不否定次终极的当下
的世界，又要以终极的上帝之国的拯救和复和为盼望，这样才能以一个合适
姿态面对当下、迎接未来。基于此，潘能伯格进一步指出，19 世纪以来自由
主义神学的问题就在于道德上盲目的乐观主义，他们认为最高的善通过人类
理性的计划就可以实现①，所以人们不断地沉迷于自己所取得的成就，委身于
暂时性的东西，从而彻底忘记了其初步特性，忘记了上帝之国及其统治的将
来性，最后导致了对待"次终极之事"和"终极之事"的失衡。

二　朝向终末拯救与复和的伦理准备

区分"终极之事"与"次终极之事"，就是要人们正确处理二者的关系，
既不否定此世作为，又要以上帝国的统治及其拯救与复和为盼望、为此世行
动的判准和依据。上帝国及其统治作为最高的善，是此世行动终极的盼望和
目的。但是，必须清楚，它并不否定此岸世界或"次终极之事"存在的必要
性；恰恰相反，以潘能伯格之见，在任何情况下，都要把上帝国作为最高的
善的思想看作它是"为人类的"（for humankind），换言之，在任何情况下都
不能将其视为与人类世界或经验无关，甚至对立的东西，而是要将其视为本
身包括人的世界和生命的东西。② 故而，要求作为个体的信徒，一方面要以上
帝之国及其统治和永恒拯救为终极盼望，但又不否定"次终极之事"，不否定此
在的世界和作为；另一方面又要充分认识到这一目标，即上帝之国的统治及其
拯救和复和的将来性和终极性，以至于不僭妄、不焦躁，满有信心与盼望地生
活。具体而言，要以对上帝及其拯救的信仰为出发点和依据，爱他人、爱上帝，
并因着圣灵满有盼望地等待，等待耶稣基督的再临和终末历史的审判，等待死
人复活与上帝之国的达成。③ 这是"信"（Faith）、"望"（Hope）、"爱"

---

① Wolfhart Pannenberg, *Theology and the Kingdom of God*, pp. 113ff. . ［德］潘能伯格：《天国近
了——神学与上帝国》，载《潘能伯格早期著作选集》，第 293 页及以下。

② Wolfhart Pannenberg, *Ethics*, translated by Keith Crim, Philadelphia: The Westminster Press, 1981,
p. 111.

③ 在潘能伯格看来，这主要是圣灵通过在个体信徒，乃至于在信者的团体，即教会当中的作用
来完成的，因为只有在圣灵大能的浇灌和引导下，信徒才能认识到上帝对世人终极的爱，认识到耶稣
基督的复活是自己命运的预表，认识到这一切都已经启示在历史当中，因而只需要凭借信心，就能够
获得已经启示在耶稣基督里的拯救，进而满有盼望地等待基督的复临和上帝之国的达成，参与其统治
并分享其永恒生命。Wolfhart Pannenberg, *Systematic Theology*, Vol. 3, pp. 135ff. .

（Love）的真谛。然而，何谓"信"？又何谓"望"与"爱"？其对象为何？其间又有着怎样的关系？

首先，在潘能伯格看来，"所谓信，乃我们与真理相关联的一种形式，在这方面它可以与知识相比较。在希伯来术语当中，'信'（he'emin）与'真'（'emet）密切相关，源自同一个词根。真理在 'emet 的意义上即为永恒的、并因此是值得信赖的和人们可以在其之上站立得稳的东西；而信则是指一种可以建立其自身于永恒东西之上的，并因此而使拥有它的人可以获得坚定与安稳的信心"①。由此可以看出，信仰本身是与真理及永恒事物相关的信心，其背后指涉的是值得人信赖，并可以使人坚定和稳固的东西。潘能伯格认为，这东西唯一地指向上帝及祂的话语和事工，因为只有后者才是永恒的、值得信赖的和使人能够建立自身于其上的东西（诗111∶7-8；诗119∶90-91；诗146∶6）。② 因此，从这一意义上来讲，信仰本身指向人与上帝之间的关系。③ 不过，潘能伯格强调，这信仰并非单纯主观或盲目的认信，而是与上帝的知识及其在历史当中的启示紧密相关。在对比古希腊和以色列关于真理的界定之后，潘能伯格指出，在古希腊，真理虽与知识相关，但其本身被视为一种永恒的和持久不变的东西，它在自身当中与自己无时间地同一；而在古代以色列，真理则通常被思想为与时间相关的，并从而是只有在将来才展示自己为真的东西。④ 故此，可以从这种区分当中得出结论："知识本身是指向当下的或者说已然经历的东西，而信仰则是直接指向将来并值得信赖的东西。"⑤ 当然，其意并不是说，基督教的信仰与知识无关；恰恰相反，在潘能伯格看来，基督教的信仰与知识密切相关，只不过它并非与无时间的真理相关，而是与将来的、唯一的真理，即上帝相关。这一点甚至在以色列的信仰当中就可以看到，因为这一信仰本身就包含了上帝的知识在内，也预设了在其作为（works）中对祂持续的认知。⑥

① Wolfhart Pannenberg, *Systematic Theology*, Vol. 3, p. 136.
② Wolfhart Pannenberg, *Systematic Theology*, Vol. 3, p. 136.
③ 林鸿信：《系统神学》（上），台北：校园书房出版社2017年版，第106页。
④ Wolfhart Pannenberg, *Systematic Theology*, Vol. 3, p. 136.
⑤ Wolfhart Pannenberg, *Systematic Theology*, Vol. 3, p. 137.
⑥ Wolfhart Pannenberg, *Systematic Theology*, Vol. 3, p. 137.

所以，信仰明显指向一种真理的将来知识①，这一点同样适用于基督教，因为甚至就连耶稣自己关于上帝国临近的信仰呼召也是以犹太传统中对上帝的认知为前提的。不过，在使徒保罗这里，基督教关乎信仰的理解有了一个重要转变：信仰不再以一个单一民族神及其诫命为对象，而是以将来施行拯救的复活主为对象（罗 10∶9 – 10）。潘能伯格指出，正是这种对复活主将来施行拯救的认知，成为信徒信靠的根据，基督教信仰即奠基在这一知识基础之上。② 同样，不止保罗，在约翰这里，从基督那里获得的关于上帝爱的知识也被视为信仰的基础（约壹 4∶16），即便这一知识在信仰之后。由此可见，"信仰不只是获得信息或对某一种教义赞同，决定性的是信仰与时间、与上帝所带来的将来，并因此与上帝自身的关系"③。潘能伯格认为，路德重新发现并认识到了隐含在《圣经》文本当中信仰的这一时间结构，所以富有成果地将信仰（fiducia）视为一种并不排除知识（notitia）和确信（assensus）在外，反倒以其为前提的信靠行动。④ 加尔文也承认这一点，所以在他对信仰的定义中，并不是将信仰看作与知识无关的，反倒是将其看作与知识有关，并建立自身与其上的东西。⑤ 不止于此，宗教改革者还将"信"与"望"联系起来，因为在他们看来，信仰的依据正是上帝应许和拯救的话语。⑥ 如此一来，明显可以看出，"信"本身所具有的两个维度，即一方面它与上帝拯救的知识和真理相关，而这真理和知识正通过历史不断地被启示出来；另一方面它与时间、与上帝所应许的将来拯救相关。根据前者，信仰本身建立在上帝于历史当中的自我启示之上，建立在耶稣基督对人终极命运的预表性启示当中，建立在

---

① 犹太教的信仰本身是以上帝的信实（faithfulness）为确证的，而信实恰恰对应的是雅威对以色列民的应许（promise），莫尔特曼认为，正是这种"应许—现实"之间的张力构成了历史。古代以色列正是在这种"应许与现实"的对应关系中不断获得对雅威的认知和信仰。类似的论断亦适用于基督教，因为基督教所宣告的耶稣基督的拯救本身也是上帝对人类的应许，而这应许是要等到将来终末才能实现的。因此，正是从这一意义上，基督教才反复宣告，人们要持守信仰，坚定对将来的盼望，等待耶稣基督的再临和审判，等待终极的救赎。具体请参看莫尔特曼的《盼望神学——基督教的终末论的基础与意涵》。

② Wolfhart Pannenberg, *Systematic Theology*, Vol. 3, pp. 137 – 138.

③ Wolfhart Pannenberg, *Systematic Theology*, Vol. 3, p. 138.

④ Wolfhart Pannenberg, *Systematic Theology*, Vol. 3, p. 138.

⑤ ［法］约翰·加尔文：《基督教要义》（中册），第 10 页。（III. 2. 2）

⑥ ［法］约翰·加尔文：《基督教要义》（中册），第 15 页；亦可参见 W. von Loewenich, *Luther's Theology of the Cross*, Minneapolis：Augsburg Pub. House, 1976, p. 85。

教会对拯救福音宣告的基础之上；而根据后者，信仰则以将来的上帝为对象，以将来上帝的国度及其拯救为盼望。理解了这两点，才能理解潘能伯格终末伦理观念的核心。

明显地，对信仰的讨论自然地把我们引到了盼望这一主题，而这本身说明"信"与"望"之间存在着紧密关联。从"信"的层面来讲，信的是上帝，但上帝是将来的权能（power of future）；[1] 信的是复活与拯救，但仍需等待历史的终结、基督的再临和终末审判的来临才能达成；[2] 信的是圣灵对人生命的提升和更新，但这一切要在上帝的国之中才能成就并获得完满。[3] 于此来说，便是要求人们对此在的世界、甚至人性本身进行历史的理解，换言之，即把一切现存的都当成暂时的、有待在终末才能获得完满的东西。这样一来，信仰便自然地导向了对上帝在耶稣基督里将要施行终极拯救的盼望。

不过，盼望终究是以信仰为根据，因为只有并非出自我们自己的热情（vitality），或者依赖于有朽的东西，而是直接指向上帝并根植于祂的盼望才是恒久的。[4] 而这表明，从本质上，基督教信仰的盼望并非奠基于人类自身，而是奠基于人自身之外，奠基于耶稣基督（弗 1：12；提前 1：1）。只有在耶稣基督里，人们才能对上帝应许的拯救有份；反过来，如果人们在耶稣基督里，也就意味着人们已经借着盼望在得救（罗 8：24）。[5] 由此可以说，信仰是盼望的根据，而盼望是信仰必然的导向。人们之所以满怀盼望地信仰，是因为人类始终无法通过自己的行动及努力获得自我存在及其本质的实现和完满，无法达到自我与其本质的统一，无法获得终极的拯救；恰恰相反，这一切均超越了人类行动和努力所能达到的成就，因而需要一个超出人类自身的外在的力量才能得到保证。[6] 在潘能伯格看来，这一外在性的力量即上帝，祂出于对世人的大爱，向世人应许了终极的拯救，并通过自己的独生

① Wolfhart Pannenberg, *Theology and the Kingdom of God*, pp. 56，62 – 64. ［德］潘能伯格：《天国近了——神学与上帝国》，载《潘能伯格早期著作选集》，第 238、245—246 页。

② Wolfhart Pannenberg ed., *Revelation as History*, pp. 139 – 142.

③ ［德］潘能伯格：《系统神学》（卷二），第 598—600 页。

④ Wolfhart Pannenberg, *Systematic Theology*, Vol. 3, p. 174.

⑤ Wolfhart Pannenberg, *Systematic Theology*, Vol. 3, p. 174.

⑥ Wolfhart Pannenberg, *Systematic Theology*, Vol. 3, pp. 177，180.

子，耶稣基督从死里复活的命运把众人将要在终末普遍从死里复活的命运预表性地启示了出来，以让人持久忍耐，坚守超越死亡的盼望。而由此来看，显然信仰又指向了盼望，即不仅盼望上帝应许的拯救得以实现，而且盼望着通过信仰使自身摆脱罪的束缚①，以在与基督的共契中达到自我本性在上帝国之中的实现。②

由此可见，根据潘能伯格，"基督教的盼望并不仅是个体对其自身的珍视。通过信仰在耶稣基督里对盼望的传授可以使我们摆脱自我的禁锢，并且提升我们自己。因此，信仰导向盼望，而这盼望不仅关涉个人自己的幸福，而且与上帝拯救全人类，并在此广义上拥抱信者之我的事业和目标紧密相连"③。所以，盼望不仅与个体幸福相关，不仅意味着个体生命的提升，而且与上帝拯救全人类的事业息息相关。④ 盼望不止于个体，而是关涉全人类拯救的福祉，潘能伯格指出，这拯救"只有在与上帝永恒生命的共契以及所有我们个体和社会存在的生命的联合当中才能够实现"⑤。而从这一意义上来讲，这盼望本身又是终末性质的，因为"虽然上帝在个体心中的统治已随处可见，但这统治还尚未作为普遍状态而获得。何况这种状态也不可能凭借人的行动来实现，因为即使怀有最善意的意图，任何想要通过人的力量而达成这一状态的尝试都只能是对其本质的扭曲"⑥。于此来说，这盼望只有在历史终末上

---

① 在潘能伯格看来，这罪的主要形式便是人的自我主义、人的骄傲和僭妄。一言以蔽之，即人的"自我中心性"。他认为，这才是人之所以违背诫命，干犯上帝的根源，因为人总是想通过自己的行动和努力维持和实现自身，而这样一来，人类就会忘记自己的有限性和开放性，忘记自己的使命和本质并非在于自身，而在于上帝及他的形象。具体请参看［德］潘能伯格《人是什么——从神学看当代人类学》，第57页及以下；同时也可参看 Wolfhart Pannenberg, *Anthropology in Theological Perspective*, pp. 80ff。

② Wolfhart Pannenberg, *Systematic Theology*, Vol. 3, p. 177.

③ Wolfhart Pannenberg, *Systematic Theology*, Vol. 3, p. 179.

④ 这一点十分不同于犹太启示文学的盼望传统，因为无论是从盼望的对象，还是从盼望的目标而言，都是与《新约》极不相同的。犹太传统盼望的对象是一个只庇佑自己民族的民族神，而《新约》盼望的是能够拯救全人类的救主；犹太传统盼望的是一个救主，通过他可以复兴以色列以往的辉煌和统治，而《新约》盼望的是基督的掌权，凭借他上帝的国得以建立，对万民的拯救和统治得以实现。不过，这并非说基督教的盼望与犹太教的盼望传统无关；恰恰相反，在潘能伯格看来，基督教终末性质的盼望正是基于犹太启示文学的传统。这一点明显地体现在他早期的重要著作《作为历史的启示》当中，具体请参看 Wolfhart Pannenberg ed., *Revelation as History*, pp. 145 – 148。

⑤ Wolfhart Pannenberg, *Systematic Theology*, Vol. 3, p. 180.

⑥ Wolfhart Pannenberg, *Systematic Theology*, Vol. 3, p. 180.

帝之国建成时才能最后实现。① 不过，潘能伯格再次提醒人们，虽然基督教的盼望本质上是终末论的，而且不能通过人的力量获得实现，但是这并不代表人要消极地对待此世；恰恰相反，在他看来，"人之生命在死后实现的终末论盼望并不排除此世的希望，反倒以其为参照并促进它们"②。具而言之，即要求人们既要认清人类自身能力的界限，又要以饱满的信心对生命在终末时刻的实现保有盼望。只有这样，人们才能既不盲目僭妄，又不失据彷徨。

"如今常存的有信，有望，有爱；这三样，其中最大的是爱。"（林前13∶13）依照潘能伯格，如果"信"是根据，那么"爱"与"望"则同属一体。没有盼望，爱将只是同情或仁慈；而没有爱，盼望无非自我本位主义的欲望或无能为力的妄想。爱的想象及它的创造性力量深根于盼望，而盼望则使爱插上高飞的翅膀。只有真正对他人有盼望的人，才能真正爱他们，帮他们实现自己，而不是占有他们。③ 于此来说，便是要求我们既要坚守信仰，保有盼望，亦要在上帝之爱的光照下彼此相爱地生活。因为只有凭借信，人才能够站立得稳；凭借望，人才可以无惧死亡；凭借爱，人才能通过耶稣基督与上帝相交，并与他建立共契关系，从而获得终极拯救。如此来说，如果我们把信视为根据，把望看作目标导向，那么爱就是我们提升的内在动力。④

不过，根据《新约》，这爱并非我们直达上帝的爱（anabatic），也并非柏拉图—亚里士多德主义的情欲之爱（eros），而是上帝自上而下所恩赐的爱（katabatic）。简言之，这爱可称作"agape"，而不是"eros"或"philia"。⑤

---

① 不仅潘能伯格，莫尔特曼也看到这一点，所以他们的神学思想共同地被称为"盼望神学"。具体请参看葛伦斯、奥尔森《二十世纪神学评介》，第237页及以下；另外，有关莫尔特曼的盼望神学，请参看他最重要的著作《盼望神学——基督教终末论的基础与意涵》。不过，必须指出，虽然莫尔特曼与潘能伯格并称为盼望神学的先锋，他们却有着不同的思想资源：前者受益于恩斯特·布洛赫的《盼望原理》；而后者则取材于黑格尔、狄尔泰的历史哲学、洛维特的历史神学以及冯·拉德的《旧约》神学和怀特海、科布等人的过程神学。关于布洛赫，请参见 Ernst Bloch, *Das Prinzip Hoffnung*, 3 Bde. , Frankfurt：Suhrkamp Verlag, 1967；或 Ernst Bloch, *The Principle of Hope*, Vol. 1 – 3, translated by Neville Plaice, Stephen Plaice and Paul Knight, Oxford：Basil Blackwell, 1986。

② Wolfhart Pannenberg, *Systematic Theology*, Vol. 3, p. 181.

③ Wolfhart Pannenberg, *Systematic Theology*, Vol. 3, p. 182.

④ Wolfhart Pannenberg, *Theology and the Kingdom of God*, pp. 117ff. . ［德］潘能伯格：《天国近了——神学与上帝国》，载《潘能伯格早期著作选集》，第297页及以下。

⑤ 其中，"agape"为给予之爱，"eros"为情欲之爱，"philia"为友谊之爱或友爱。

潘能伯格清楚地看到了这一点，所以他说：这爱首先并非"我们对上帝之爱（our love for God），而是上帝对我们之爱（God's love for our）和我们对邻人、甚至仇敌之爱"①。上帝爱我们，所以衪差遣自己的独生子，耶稣基督为我们的罪作了挽回祭（约壹4：10），使我们能够摆脱罪的束缚，获得在终末时期能够分享上帝永恒生命的机会。但是，这反过来也要求我们不仅要信，也要爱，不仅要爱上帝，也要爱他人，因为是衪首先爱我们（约壹4：19）。由此可见，这爱是一种相互的爱，即不仅上帝爱我们，我们也要爱上帝。上帝爱我们，所以差遣衪的独生子耶稣基督来拯救我们；我们信爱上帝，所以我们才能通过圣灵得以分享耶稣与父之间的父子关系（罗8：14－16；加4：5－6），并以此达成与耶稣基督的共契，从而能够得以分享已经启示在拿撒勒人耶稣命运中的新生命。②

遵照以上理解，显然我们不仅要看到上帝之爱与我们的爱之间的交互关系，而且应当看到上帝之爱本身所蕴含的三一论品性，从而对其进行三一论的理解，因为在整个上帝之爱中，不仅有父的差遣，而且有子和灵切实的参与。父差遣子，子以无罪之身进入世界，作众人赎罪的代理，把父拯救的消息带入世界，并通过自己的命运预表性地启示给世人，以使世人能够通过灵的力量的运行在耶稣基督里达成与上帝的共契，进而得以参与其终末统治，分享其永恒生命。那么，由此来看，信、望、爱作为三重伦理因素就对今世之人的终极拯救与复和至关重要。信即信靠上帝和衪将来的统治，望即盼望衪在耶稣基督里已经预表性地启示的新生命，而爱即是在圣灵的光照下恒久忍耐，又有恩慈，不嫉妒，不张狂，不自夸，不作害羞之事，不求自己的益处，不轻易发怒，不计算人的恶，不喜欢不义，只喜欢真理，凡事包容，凡事忍耐，凡事相信，凡事盼望，以等待那完全的到来，使这有限的归于无有（林前13：4－10）。这便是朝向终末拯救与复和所要做的伦理准备。

---

① Wolfhart Pannenberg, *Systematic Theology*, Vol. 3, p. 184.

② Wolfhart Pannenberg, *Systematic Theology*, Vol. 3, p. 192.

结语：神圣与凡俗的历史相遇

本质上来说，信仰终归是关乎神与人的事。这意思是说，信仰实在地涉及神圣与凡俗两个维度。基督教亦不例外。从人而言，且不论这神圣的维度是什么，他以怎样的形态存在，人都切实地需要他来作为安身立命的根据。[①]在东方，这个神圣的维度可以是佛陀，也可以是儒教圣贤、道教神仙，甚至可以是民间信仰中的诸神、祖先等；在西方，这个神圣的维度可以是古希腊的诸神，也可以是罗马的帝王、犹太教的雅威、伊斯兰教的真主或基督教三位一体的上帝等。然而，无论是东方还是西方，两个维度的相遇和交通始终是宗教信仰无法回避的问题，而且甚至可以说，只要人类生命不息，神圣与凡俗之间的沟通就是一个永恒的话题。

不过，在这里神圣究竟是如何表征自我为高于人类却又不失与之联系的？或换个角度，人类是如何从神圣的这种自我表征中感知其存在并将自身托付于其上的？依然是一个悬而未决的问题。[②] 根据基督教，上帝通过自身启示自

---

① 当然，这里的意思并不是说宗教或信仰的神圣本身是人的需要的产物；恰恰相反，在基督教看来，他们所信仰的上帝是切实存在的，曾为了世人的拯救道成肉身在历史当中，因而是"又真又活"的存在。所以，巴特十分反对"宗教"这一概念，因为在他看来，宗教，尤其是在自由主义神学那里，俨然成为一个人类需要的产物，以至于上帝直接被思想为一个凭借人类理性和想象就可造就的东西，从而彻底地湮没了神与人之间的绝对差别。可以说，巴特在这一点上十分犀利，也十分正确。作为巴特的学生，潘能伯格也十分认同这一点，不过，不同于巴特，潘能伯格没有那样激进，他虽否认将上帝看作人需要的产物，但在一定程度上也承认人本身当中即蕴含这样一个维度，只不过在他看来，这只是从人的角度来理解上帝的一个方式，不代表说宗教或上帝就是人需要的产物，而恰恰是，人在生存和认知当中必然导向这样一个现实维度。关于巴特的论断，可参看［瑞士］巴特《〈罗马书〉释义》，第17、298页及以下；关于潘能伯格的看法，请参看［德］潘能伯格《人是什么——从神学看当代人类学》，第8—10、34—37、60—61页。

② ［罗马尼亚］米尔恰·伊利亚德：《神圣与世俗》，王建光译，华夏出版社2003年版，"序言"，第2—7页。

己[1]，但是究竟上帝通过何种手段自显（self-revelation）以让人认识并信靠自己，或者说人通过何种媒介与上帝交通，进而将自身交付于上帝，仍然是一个争论颇多的议题。而且在启蒙运动之后，关于这一问题的争论变得更为激烈和突出。从起缘上来讲，这正是本书的出发点。所以，本书从导论开始就在交代现代神学所面临的这种处境和问题，意在于通过对这一问题的梳理切入对现代神学，尤其是本书的核心人物——潘能伯格神学思想的讨论。行文至此，本书已经完成了包括导论在内的六个部分，所以十分有必要在回到问题本身的基础上，针对本书的内容和主旨做一个总结和结论。

一 回到问题本身

既然如此，就让我们重新回到问题本身，亦即回到信仰与历史的关系。[2]众所周知，基督教视自身为历史的宗教。在这一点上，它继承了犹太教传统，继承了其线性的时间和历史观。根据这一观念，历史被理解为一个有始有终的、一次性的过程，其中创世是历史的开端（创1：1－5），终末审判是历史的终结（启22：16）。与古希腊的历史观念相比，这种历史观显得十分不同，因为根据前者，历史通常被理解为一种循环往复的东西。它无所谓起始，亦无所谓完成和终结。历史只是永恒事物从自身出发又复归自身的运动。因此，在这种观念中，属于时间和历史的东西一般被视为变动不居，从而不稳定的东西而遭到贬低，而属于静态的、永恒的东西则一般而言受到重视和推崇，因为后者从本质上可以作为其他事物的"本原"或"始基"（arche）。[3] 20世纪著名俄国思想家别尔嘉耶夫清楚地看到了这一点，所以他断言：希腊文化、思想和世界从根本上与历史意识"形同陌路"，因为即使是像柏拉图、亚里士多德这样伟大的希腊哲学家也没能达成一种历史完成的意识，更不用说在他们那里找到一种历史哲学。在别尔嘉耶夫看来，这根本上与希腊人的处世态度和感知世界的方式有关。希腊人以静和美的角度、方式感知世界，从而把

---

① Wolfhart Pannenberg ed. , *Revelation as History*, p. 4.

② 之所以要回到信仰与历史的关系，是因为在近代之后，这一问题俨然成为基督教神学核心的关注之一。关于这一点，可以看看［美］科林·布朗《历史与信仰：个人的探寻》，"导论"，第1—4页；［美］詹姆斯·利文斯顿、弗兰西斯·费奥伦查等：《现代基督教思想》（下），第1—59页，尤其是第15页及以下。

③ ［德］文德尔班：《古代哲学史》，詹文杰译，上海三联书店2014年版，第33—34页。

世界视为一个已经完成了的、和谐的宇宙。所以，他们感知不到历史的过程，也感知不到历史的完成。在他们看来，历史过程本身没有起源，也没有基础，更没有终结，一切都是永恒的循环往复。万物产生于兹，又复归于兹，因而所有的历史运动都只不过是一次不用面对未来的循环。①

与希腊思想不同，基督教十分注重历史，所以科林·布朗说："通观各个时代，基督教都把自己呈现为一个历史的宗教。"②不过，这不仅是因为基督教拥有一种不同于希腊的线性历史观，更是因为他们信仰的上帝在历史中通过自己的话语和作为切实地启示自己。在科林·布朗看来，这一点早已清晰地显示在了《约翰福音》三章16节的经文里："上帝爱世人，甚至将他的独生子赐给他们，叫一切信他的不至灭亡，反得永生。"根据这节经文，基督教信仰的上帝并非希腊意义上永恒不动的理念或"始基"，而是在历史当中通过自己的话语和作为不断启示自己为"又真又活"的那一位。从本质上而言，这构成了基督教信仰的基础。然而，正如本书开篇便指出的，由于近代，尤其启蒙运动之后人的理性的日益成熟和历史意识的觉醒，传统基督教关于信仰的宣称及基础均受到了不同程度的挑战和质疑。如此一来，基督教如果不想自己的信仰被认为是纯粹虚假的神话或想象，那么它就不得不在宣称自己信仰历史基础的同时，承担起证实这种历史基础真实性的责任。而这对于现代基督教而言，无疑是一个既复杂而又充满困难的挑战。③

面对这一困难，现代神学基本呈现出两种反映，一种是大胆采用新的历史科学和方法去努力证明或证实自己所宣称信息的真实性；另一种则是从根本上怀疑这种手段和做法的有效性。④ 前者以近代以来的历史神学家或宗教史学家为代表，他们企图通过历史批判的方法来考证《圣经》信息的真实性，以图借此把基督教的信仰奠立在可靠的基础之上。不过，遗憾的是，他们低估了这一问题的艰难性，以至于在许多问题上最后都无果而终；而这反过来又加剧了怀疑者的怀疑，所以，才出现了像莱辛这样极端的历史怀疑主义者，

① ［俄］别尔嘉耶夫：《历史的意义》，第21页；类似的观点还可参看［英］柯林武德《历史的观念》（增补版），第21—22页。
② ［美］科林·布朗：《历史与信仰：个人的探寻》，"导论"，第2页。
③ ［美］詹姆斯·利文斯顿、弗兰西斯·费奥伦查等：《现代基督教思想》（下），第15页。
④ ［美］詹姆斯·利文斯顿、弗兰西斯·费奥伦查等：《现代基督教思想》（下），第15页。

从根本上反对历史的偶然真理为理性的必然真理和永恒真理提供说明的可能。① 莱辛之后，另一个问题变得更加突出，即我们如何能够肯定今日基督教就是昔日拿撒勒人耶稣及其使徒所建立的宗教，历史上的耶稣及其事迹和作为是真实的吗？针对这一问题，大卫·施特劳斯完成了他为人熟知的那部《耶稣传》，以解答人们的困惑，但是，他把耶稣及其事迹纯粹化约为神话故事的答案不仅引起众多争议，而且让人们更加犯难。② 自他之后，兴起了19世纪所谓"历史耶稣的探索"运动，因为自他之后，人们在探寻真实的耶稣时已经很难再把福音书视为可靠的原始材料了。③ 不过，即使"历史耶稣的探索"或历史批判均没有从根本上建立起耶稣信息历史真实性的基础，但是绝大多数的历史神学家或宗教史学家还是倾向于相信历史耶稣及其信息的真实性，并相信这些信息能够从某些方面得到证实。

与19世纪所谓"历史耶稣探索"运动并行的是自由主义神学，它开始于施莱尔马赫，之后在里敕尔和哈纳克那里得到发展，最后随着特洛尔奇的离世和巴特的批判走向败落。总体而言，以里敕尔主义为代表的自由主义神学反对理性思辨和教条主义的基督教，主张基督教神学不仅要返回到康德而且要返回到其历史的根源当中去，进而将其本质上理解为一种历史的、实践的或道德的宗教。有鉴于此，他们十分强调在耶稣基督当中的历史启示，主张把上帝之国视为精神上自由之人的共同体，以使其充分发挥其规范性原则的道德约束效用。④ 从历史上来看，这种主张在整个19世纪发挥了极大的影响。不过，在利文斯顿看来，里敕尔主义者的自由主义神学的一个最大特点是过分依赖历史⑤，以至于把耶稣纯粹解释为一个曾在历史当中出现的、在道德上毫无瑕疵的历史的人。对此，人们不仅要对其历史真实性加以肯定，而且更重要的是要对其进行价值的判断，其目的在于通过这一强调，既肯定基督教信仰基础的历史真实性，同时又通过信仰的价值判断切实地把当下的人与历

---

① ［德］莱辛：《论圣灵和大能的证明》，载《历史与启示——莱辛神学文选》，第67页。

② 参见［德］施特劳斯《耶稣传》（下卷），第879—892页；有关其评述，请参见 Darrell L. Bock, *Studying the Historical Jesus: A Guide to Source and Methods*, Leicester: Baker Academic & Apollos, 2002, p. 143.

③ ［美］詹姆斯·利文斯顿、弗兰西斯·费奥伦查等：《现代基督教思想》（下），第16页。

④ ［美］詹姆斯·利文斯顿：《现代基督教思想》（上），第552—553页。

⑤ ［美］詹姆斯·利文斯顿、弗兰西斯·费奥伦查等：《现代基督教思想》（下），第17页。

史的耶稣紧密联系起来。而这样一来，耶稣基督神性的超越性向度明显被湮没了，而这对于巴特来说是万万不能接受的，所以在第一次世界大战期间，当自己的老师们纷纷倒向威廉二世，并支持其战争政策之后，巴特就与自由主义神学彻底决裂。

受基尔克果的影响，巴特认为神与人之间存在着绝对质的差异。所以，神与人的之间交通只能通过上帝的恩典和启示。从人而言，根本没有通达神圣的天梯。如此一来，巴特彻底否定了近代以来自由主义神学的工作，从而也否定了其推动实现基督教精神现代化转型的打算。在巴特看来，以近代启蒙为代表的理性精神的崛起是人类精神过分骄傲的表现，它代表的是人类中心主义的胜利，反映的是人想要用自身取代上帝的狂妄企图。自由主义神学向这种精神妥协，意味着它自身走向了堕落。与自由主义神学相反，巴特竭力强调神圣超越于人类社会和历史的维度。在他看来，上帝是那全然的相异者，人类根本无法通过历史达成对上帝的认识，认识上帝只能通过上帝自身在耶稣基督里的启示，而这正是他所坚持的上帝之道。[①] 人只能通过上帝之道，实现与神圣的交通，并获得上帝拯救的恩赐。历史对于基督教而言，只能是将自身抛向无底深渊的推手。所以，他说："基督教不可能在历史的基础之上被建立起来。因为无论是基督，还是他在其门徒中建立起来的信仰，都根本不是什么基督教名义下的历史存在。历史是基督教被抛向违背自己的意志的深渊。"[②]

客观来讲，巴特的上帝之道的确对整个现代基督教神学产生了振聋发聩的效果，从而也奠定了他在整个现代神学当中的地位。[③] 不过，现代是一个理性占据主导的时代，而巴特的神学在某种程度上来说无疑是逆时代潮流生长的。[④] 强调上帝的超越性的确对现代基督教神学和信仰敲响了必要的警示钟，但是毕竟已不再符合变化了的历史处境，他想要回到对上帝绝对性和超越性

[①] Karl Barth, *The Word of God and the Word of Man*, translated by Douglas Horton, New York: Harper & Brothers Publishers, 1957, pp. 73–74.

[②] Karl Barth, "Unsettled Questions for Theology Today", *Theology and Church*, New York, 1962, pp. 58, 61, 65.

[③] 张旭：《卡尔·巴特神学研究》，第6、26页。

[④] 关于这种判断，请参看江丕盛《一个基督，各自表述》，《中国神学院研究期刊》2003年第34期。

绝对信仰的那个时代，但是明显这个时代已经一去不复返了。这个时代的人们不会轻信，亦不可能在理智未加审查的情况下盲从。因此，面对新的历史处境，如何使基督教信仰能够更符合现代人的理智和精神气质，却又不失其信仰的本性，成为摆在现代神学面前的难题。

宗教史学家和宗教社会学家特洛尔奇很早就意识到了这个问题，所以他一生都致力于推动基督教神学当中教义学的方法与现代历史学方法的融合，以实现基督教精神的现代转型。[①] 但是，明显特洛尔奇并没有很好地完成这一目标，所以正是因为这样，他才把这个难题继续留给了后人。[②] 巴特作为特洛尔奇之后最著名的神学家之一，虽然站在一个新的高度开创性地批评了自由主义神学的方案，也批评过特洛尔奇尝试的合理性，的确对于自由主义盛行的那个时代来说是一场意义非凡的革命。但是，由于他过分强调自己的神学与自由主义神学的对立，却偏偏又站立在了另一个极端。

相比于巴特，现代神学另一位大师级人物——布尔特曼，早年虽活跃于辩证神学阵营，因而在某种程度上也认可早期巴特的观点，但是随着时间的推移和阵营成员之间观点的冲突，辩证神学阵营还是在 1933 年之后随着《时代之间》杂志的停刊最终走向了瓦解。[③] 离开辩证神学阵营之后，作为《新约》历史学家和解释学家的布尔特曼开始逐渐意识到，哈纳克对巴特的批评并非全无道理[④]，换句话说，不能简单地宣称作为实事的上帝之道，而且必须对何谓上帝之道以及它与人之生存之间的相遇做出说明和解释。因此，不仅要对《新约》的宣道从其历史背景出发对其神话性质进行批判，而且要同时对耶稣基督复活宣讲的终末论进行生存论阐释。[⑤] 由此可见，布尔特曼开辟出了一条不同于巴特的"生存论"诠释道路，主张必须从《新约》的历史背景

---

① ［德］特洛尔奇：《神学中的历史学和教义学方法》，载《基督教理论与现代》，第 109—126 页。
② ［美］詹姆斯·利文斯顿、弗兰西斯·费奥伦查等：《现代基督教思想》（下），第 303—304 页。
③ 张旭：《卡尔·巴特神学研究》，第 145—153 页。
④ 关于哈纳克与巴特之争，请参见 ［德］哈纳克、巴特《哈纳克与巴特争论的公开信》，张缨译，载许志伟主编《基督教思想评论》（第三辑），上海人民出版社 2006 年版，第 219—225 页；另外，还可参见张缨在同期发表的论文《历史，还是启示——哈纳克与巴特在基督论上的争论》，第 193—218 页；以及张缨：《历史 vs. 启示——哈纳克与巴特在基督论上的针锋相对》，复旦大学，硕士学位论文，2003 年；Martin Rumscheidt, *Revelation and Theology：An Analysis of the Barth-Harnack Correspondence of 1923*，Cambridge：Cambridge University Press，1972.
⑤ 张旭：《卡尔·巴特神学研究》，第 152—153 页。

出发对耶稣基督的信息进行"非神话"的理解，以祛除其中虚假的神话残余，挖掘其对于当下人的自我理解和生存有意义的部分；以在对耶稣基督信息的宣道之中，让人与上帝在个体生存的具体语境当中切实地相遇，并促使人做出信仰决断。①

在此，我们可以做出一个简单的判断：如果说巴特的神学出于"维护上帝对于人类一切经验的自由与独立"②，从而在某种程度上忽视了上帝这个超越向度与人的经验性相遇，那么布尔特曼便有效地克服了这一弊端。不过，依潘能伯格的理解，布尔特曼在成功规避巴特神学弊端的同时，却又走向了另一个极端，以至于使基督教的信息完全沦为对当下人生存和自我理解发挥效用的主观确信。而这样一来，就等于完全置耶稣基督及其信息，尤其是十字架上受难与复活的历史真实性于不顾，从而把信仰的基础完全奠立在了对基督信息的宣道以及它对于当下人的生存意义之上。③

潘能伯格对两种神学方案均表示不满。在他看来，无论是巴特还是布尔特曼都没有很好地解决特洛尔奇留给 20 世纪神学的难题，因为二者各自执有一个极端，都未能处理好神圣与世俗之间交通的关系。有鉴于此，潘能伯格立志于开辟一条新的神学道路，以解决信仰与历史关系的难题，使基督教的信仰及信息不仅能够符合现代人的精神气质，而且又不失其信仰本性，而这正是潘能伯格历史神学最初所面临的难题。

二　成功的第三种方案？

综观两次世界大战期间的德国神学，基本上由整个辩证神学阵营所把持。不过，随着时间的推移和内部分歧日渐加大，这一阵营最终分化为两个派别：巴特派和布尔特曼派。④ 前者以云格尔等人为代表，坚持巴特上帝之道的神学

---

① Rudolf Bultmann, *The Presence of Eternity*：*History and Eschatology*, New York：Harper & Brothers, 1957, p. 155；Michael Gilbertson. *God and History in the Book of Revelation*：*New Testament Studies in Dialogue with Pannenberg and Moltmann*, New York：Cambridge University Press, 2003, p. 10；［德］于尔根·莫尔特曼：《来临中的上帝——基督教的终末论》，第 17 页。

② ［瑞士］汉斯·昆：《基督教大思想家》，第 210 页。

③ 有关潘能伯格对巴特和布尔特曼的解读和评价，具体请参看［德］潘能伯格《近代德国新教神学问题史——从施莱尔马赫到巴特和蒂利希》，第 179—233 页。

④ 关于巴特与布尔特曼之间的分歧，请参看张旭《上帝死了，神学何为？——20 世纪基督教神学基本问题》，中国人民大学出版社 2010 年版，第 91—130 页。

立场，强调上帝超越于人类经验和历史的他者性，强调上帝在耶稣基督里的独一启示；后者以艾伯林等人为代表，贯彻布尔特曼"解神话"或生存论诠释的做法，强调信仰的宣道对于当下人的具体生存的意义。① 不同于巴特的上帝之道神学，亦不同于布尔特曼对基督教信息的生存论诠释，潘能伯格主张必须对基督教的信息进行一种历史的理解，以使其信仰的基础奠立在可靠稳固的基础之上，而不至于在面临挑战时摇摇欲坠。潘能伯格认为，要想实现这一目标，就既不能像巴特那样逃避到信仰的超自然领域而洋洋自得，亦不能像布尔特曼那样直接把基督教的信仰信息化约为对当下个体自我理解和生存之意义，从而只在信徒的宣讲和主观认信中谈论耶稣基督，谈论与那被钉十字架而又复活者的相遇。② 在他看来，两种做法均有失偏颇，所以他意在于开辟出一条新的神学路线，以在避免两者弊端的基础上，建构出一种新的神学。就这种新的神学方案而言，它的出发点既不是巴特意义上超越于历史之外的神，亦不是布尔特曼生存论诠释中的个体之生存，而是神圣与凡俗两个维度之间的历史性相遇和交通。

针对这一新的神学方案，当代著名美国《新约》学者詹姆斯·罗宾逊在其与过程神学家约翰·科布共同所编《作为历史的神学》一书当中曾激动地声称："一个新的学派业已兴起。这一通常被称为'潘能伯格圈子'的新运动，率先出现在两次世界大战之后的德国一代人当中，并且很快在联邦共和国中达至成熟。而且它是最近几年内第一个不是任何形式作为辩证神学的发展分支而出现的神学派别。"③ 罗宾逊认为，《救赎事件与历史》是这一新的神学方案的开端，因为正是在这一经典论文当中同时"包含了一种对当下德国神学选择的批判性评价和不同于他们的另一种方案的主要线索"④。回到文本，我们可以清楚地看到，这一线索赫然体现在文章的开篇："历史是基督教神学最广阔的天地。一切神学问题及其答案，只有在历史处境中才有意义。

① James M. Robinson & John B. Cobb, Jr. , eds. , *Theology as History*, p. 1.
② 关于这一点，请参看 Wolfhart Pannenberg, "Redemptive Event and History", *Basic Question in Theology*, Collected Essays, Vol. 1, pp. 15 - 15。中译本可参［德］见潘能伯格《救赎事件与历史》，载《潘能伯格早期著作选集》，第3—4 页。
③ James M. Robinson & John B. Cobb, Jr. , eds. , *Theology as History*, pp. 12 - 13.
④ James M. Robinson & John B. Cobb, Jr. , eds. , *Theology as History*, pp. 13 - 14.

而历史是上帝与人类并借着人类同他的整个创造共用的，这一历史指向未来，这未来在世人面前仍然隐而未现，在耶稣基督身上却已经启明。"① 由此来看，此文的确表明了潘能伯格新神学方案的"主要线索"，即他对历史的理解和强调。当然，如果说该文只是为这一新的神学方案提供了"主要线索"，那么1961年由潘能伯格所编辑出版的《作为历史的启示》一书就是这一新神学方案的标志或宣言②，因为正是在该著所收录的《关于启示论的教义学主题》一文中，潘能伯格以较为完整的形式表达了自己新神学方案的基本内容。③

从这一新神学方案的基本内容可见，潘能伯格不同于辩证神学两个派别的特点即在于他对历史问题的高度关注。④ 根据后来的发展，人们把他的神学方案视为历史神学。根据这种神学，基督教信仰不仅要奠立在历史事实的基础之上，而且所有的问题也只有在整个历史的框架当中才能够被理解。离开历史的框架及事实性的证据，基督教的信息要么只是超自然的神话或迷信，要么只是对当下人之生存有用的宣道信息。前者指强调上帝超越性的救赎史学派和巴特，后者则指对基督教信息进行生存论诠释的布尔特曼。⑤ 不同于两者，潘能伯格把基督教的信息置于历史当中来理解，他认为，基督教的神学如果要想在现代语境下获得支持和理解就必须接受历史批判的查验，以使其信仰的基础奠立在历史真实性的基础之上。当然，在他看来，历史本身是普遍历史（universal history）⑥，它不仅包括过去和当下，而且更重要地包括将来，因为只有将来才能决定一切事物的本质。⑦ 所以，就当下而言，历史还只是一个开放的过程，而所有一切，包括上帝的启示和统治以及人从死里复活

---

① ［德］潘能伯格：《救赎事件与历史》，载《潘能伯格早期著作选集》，第3—4页；德文版 Wolfhart Pannenberg, *Grundfragen systematischer Theologie（Gesammelte Aufsätze）*, Göttingen：Vandenhoeck & Ruprecht, 1967, SS. 22 – 23 英文版 Wolfhart Pannenberg, "Redemptive Event and History", *Basic Question in Theology*, *Collected Essays*, Vol. 1, pp. 15 – 16.

② 福特编：《现代神学家——二十世纪基督教神学导论》，第177页。

③ Wolfhart Pannenberg ed., *Revelation as History*, pp. 124 – 158.

④ Gunther Wenz, "Vernunft des Glaubens", *Zeitwende*, 65, 1994, S. 188；亦可参看［美］詹姆斯·利文斯顿、弗兰西斯·费奥伦查等《现代基督教思想》（下），第625页。

⑤ ［德］潘能伯格：《救赎事件与历史》，载《潘能伯格早期著作选集》，第3—4页。

⑥ Wolfhart Pannenberg, "Hermeneutic and Universal History", *Basic Question in Theology*, *Collected Essays*, Vol. 1, pp. 96 – 136.

⑦ Wolfhart Pannenberg, *Theology and the Kingdom of God*, 1969, pp. 53 – 55. ［德］潘能伯格：《天国近了——神学与上帝国》，载《潘能伯格早期著作选集》，第235—237页。

的普遍命运等，只有在历史的终末才能获得最终的完满。不过，潘能伯格强调，虽然一切只有等到历史终末才能获得整全的理解，但是它已经通过拿撒勒人耶稣从死里复活的命途使上帝要在历史终末实行拯救的启示和众人普遍从死里复活的命运得到了预先性的揭示。[①]

　　以上我们谈到了潘能伯格为他新的神学方案所做的理论准备。接下来，我们将对其新神学方案的进路及核心内容进行一个评述性总结。总体上来讲，潘能伯格普遍历史神学的进路主要包括了以下几个方面的核心内容，这些内容共同架构起了他的新神学方案体系。第一，上帝的真理和启示。潘能伯格认为，上帝的启示首先是自我启示，在这一点上他认为自己与巴特并无不同，区别在于上帝启示自我的方式。巴特坚持上帝的启示是作为上帝之道而直接呈现的，具体而言，上帝之道有三种形式："教会宣讲的上帝之道""《圣经》见证的上帝之道"和"在耶稣基督里所启示的上帝之道"。[②] 而潘能伯格则认为，上帝的启示是通过历史而间接呈现的，而且这启示不仅包括雅威针对犹太人的历史作为，而且主要包括上帝通过耶稣基督对众人拯救的启示，因此，在这一意义上，启示是普遍的历史启示，它并不能在历史的开端就得到整全的理解，而只有在历史的终末才能获得完满。不过，潘能伯格强调，这普遍的启示虽不能在以色列上帝的神性中得到完全的显明，却已经通过拿撒勒人耶稣从死里复活的命运预先得到了揭示。[③] 潘能伯格认为，巴特早期启示观的错误在于他只肯定上帝在耶稣基督里的独一启示，从而未能正确地看到上帝通过自己的历史作为启示自身的事实和可能。而如此一来势必会导致新旧约启示之间历史联系的隔断，或者说只看到《新约》所见证的上帝在耶稣基督里的启示，而忽略了雅威通过他的历史作为对以色列的启示。所以，潘能伯格认为，巴特的启示观在某种意义上还只停留在超自然和超历史的领域，因而未能正确认识到历史之于基督教信仰的重大意义。

　　第二个方面涉及的是基督论的内容，其焦点在于耶稣基督的神性根据及

---

　　① Wolfhart Pannenberg ed., *Revelation as History*, p. 141; Wolfhart Pannenberg, *The Apostles's Creed: In the Light of Today's Question*, p. 96; Wolfhart Pannenberg, *Jesus—God and Man*, p. 69.

　　② *C. D.* I/1, pp. 88 – 120.

　　③ Wolfhart Pannenberg ed., *Revelation as History*, p. 123 – 158；另还可参拙文《启示与历史——潘能伯格早期历史神学概观》，载张庆熊、徐以骅主编《基督教学术》（第十六辑），第366—381页。

其复活问题。首先，近代以来，由于历史批判研究方法的盛行，现代神学关于基督论的主题到底是"历史的耶稣"还是"宣讲的基督"之间就存在着很大的争论。其中部分历史神学家或宗教史学家坚持认为基督教的信息必须建立在历史耶稣这一真实人物及其事迹之上；而另一部分人，尤其是以马丁·克勒和布尔特曼为代表的存在主义神学家则只强调"宣讲的基督"以及他对于当下人的生存的具体意义。① 潘能伯格认为，基督论的论题必然是"历史的耶稣"，但同时也是"宣讲的基督"，"两者绝不应当相互排斥，因为今日宣讲的基督正是当时生活于巴勒斯坦、在彼拉多手下被钉十字架的耶稣，反之亦然"。② 由此可见，这里体现出潘能伯格与辩证神学的另一个派别，即布尔特曼派在基督论问题上的差异。不过，最根本的差异在于对耶稣基督复活是否是一个真实历史事件的看法。早期巴特承认保罗在《哥林多前书》十五章 4 节关于死人复活真实性的宣称，但在他看来，之所以说基督复活一个真实的事件并非因为它可以被历史研究所证实，而是因为它切实地涉及一个"上帝行动"，它在深层次上显明的是上帝的爱和恩典。③ 而这一点尤其体现在《教会教义学》时期他对待耶稣复活的态度上，不过此时的巴特似乎发生了某种转变，他虽然还坚持基督复活的中心性，却更加偏向于将其看作一种启示。这种启示所显明的是上帝主动与人寻求复和的恩典行动。④ 与巴特在某种程度上类似，布尔特曼也强调耶稣复活内在地包含着一种上帝的行动，而且正是这种上帝行动保证了复活作为神迹可以为基督教的信仰奠基。⑤ 不过，对于布尔特曼而言，复活作为神迹其意义并不在于它是一个可以通过历史研究而得到证实的历史事件，而是在于对它的宣讲以及通过宣讲对于当下人做出信仰决断的刺激效用。在布尔特曼看来，基督的复活是同他十字架受难相统一的事件，因为那被钉十字架者正是从死里复活者。通过基督的受难和复活，死亡的权势被克服，新的生命被开启和创造。于此而言，说明复活是同

---

① Martin Kähler, *The So-called Historical Jesus and the Historic*, *Biblical Christ*, trans., Carl E. Braaten, Philadelphia: Fortress Press, 1964.

② Wolfhart Pannenberg, *Jesus—God and Man*, p. 21.

③ ［瑞士］卡尔·巴特：《〈罗马书〉释义》，第 43—44、255、266—267 页。

④ Fr S. J. Gerald O'Collins, "Karl Barth on Christ's Resurrection", *Scottish Journal of Theology*, Vol. 26, No. 1, 1973, p. 87.

⑤ ［德］布尔特曼：《信仰与理解》（卷一），第 271 页。

十字架一样的信仰对象，它所显示的是终末性质的救赎，不能通过历史研究方法所证实，只能被宣讲，因为只有在宣讲中，那被钉十字架而后复活者才与我们相遇。① 由此可以看出，虽然巴特和布尔特曼持有不同的理由，但从根本上都反对复活是一个可以通过历史研究方法得到证实的历史事件。与巴特和布尔特曼不同，潘能伯格极力坚持复活的历史真实性和可证实性。他认为，如果基督没有从死里复活，那么基督教的信仰就如同无源之水、无本之木（林前13：14）。因此，在《基督论的基本特征》（英译《耶稣——神与人》）一书中，他从"空坟标记"和"使徒见证"两个层面来论证基督复活作为一个真实历史事件的可能性。② 通过这一证实，潘能伯格捍卫了耶稣复活的历史真实性，强调了耶稣从死里复活对于人之终极命运，对于人普遍从死里复活的预表性。他指出，这一命运作为上帝之终极启示，虽然还尚未实在地临到众人，却已经预先启示在了拿撒勒人耶稣的命途里。由此来看，潘能伯格的基督论实质上暗含了一些人论的预设在里面③，所以为了对其历史神学有一个整体的理解，接下来我们将讨论他的神学人观。

第三个方面是潘能伯格的神学人论或神学人类学。就本书而言，分两节分别讨论了潘能伯格早期的"基础神学人论"和系统神学时期的"教义学人论"。从实质上来说，真正体现潘能伯格历史神学路径的是他早期的基础神学人论，但为了更好地理解两种路径之间的差异，本书也对比性地讨论了其系统神学时期人论的基本观念。从早期基础神学人论来看，潘能伯格旨在于开辟出一条不同于传统教义学人论，即不以上帝为预设的、自下而上探究人之宗教本性的路径。他认为，传统教义学人论在讨论人的本性和罪等问题时事先就已经预设了上帝的存在以及人的堕落④，这种做法其实很难让顽固的无神论者和宗教怀疑论者信服。所以，为了使顽固无神论者和怀疑论者信服，潘能伯格决定从人本身出发，在与其他自然科学、社会科学，尤其是历史科学的科际对话中探讨蕴含在人之本性当中的宗教维度。面对这一任务，潘能伯格自己也曾指出该方法存在一定的风险，即被误认为是犯了人类中心主义错

① Rudolf Bultmann, *New Testament and Mythology and other basic writings*, pp. 36 – 39.
② Wolfhart Pannenberg, *Jesus—God and Man*, pp. 88 – 106
③ 福特编：《现代神学家——二十世纪基督教神学导论》，第180页。
④ Wolfhart Pannenberg, *Anthropology in Theological Perspective*, p. 21.

误的风险，巴特正确地看到了这一风险，所以他从根本上否定从人出发的任何尝试。但是，潘能伯格坚持，如果基督教信仰要想在人类中心主义转向和无神论者盛行的时代背景下获得存续的合法性，获得信众，就必须坚持这一道路，以为后者提供一个合理的说明。[①] 这是他神学人论基本的出发点。而就具体内容而言，潘能伯格坚持，人虽然具有自我中心性的倾向，但本质上是一个开放性的存在，他不仅向他者、向世界，而且向上帝开放。[②] 通过向他人、向世界的开放，个体认识到他是一个社会和历史中的人，他可以通过创造文化超越具体环境的限制。[③] 而向上帝的开放，使得他认识到个体自我仍是一个有限的、具有自我中心性的，从而是有罪的存在。[④] 他无法通过自我的努力获得终极的保障，因而只有无限地朝向上帝，才能在历史终结时完成自己的使命，获得自身终极的规定。事实上，潘能伯格一直把人看作一个历史性的存在，而按照他对历史的理解，显然只有在历史的终末，人才能被终极地拯救，实现普遍从死里复活的终极命运。由此可见，无论是启示论，还是基督论，抑或是神学人论，都内含着他对历史的理解，内含着他对历史将来维度的强调。而且，即使是后期系统神学时期，他的教义学人论虽然是自上而下地讨论人的本性和规定，但关于人的本质只有在历史终末达至完满这一点仍然没有变。[⑤] 所以，虽然说潘能伯格系统神学时期的教义学人论与他早期的基础神学人论，无论在出发点还是方法上都有很大的不同，但是对比之下，其关于人之本性、规定以及对历史的理解等基本上还是统一的，因而从这个层面来讲，潘能伯格的神学又是一以贯之或前后统一的。而这其中，贯穿的主线是他对历史的理解，因为正是他的普遍历史观，也即终末论的历史观把所有问题和答案统摄在了一起。

第四个方面，也即最后一个方面讨论的是终末历史时期所有事情的完满和成就。届时，上帝的真理得到终极启示，耶稣基督复临，人的命运实现，

---

① Wolfhart Pannenberg, *Anthropology in Theological Perspective*, p. 21. 亦可参见 Wolfhart Pannenberg, "Anthropology and the Question of God", *The Idea of God and Human Freedom*, pp. 90–91。

② ［德］潘能伯格：《人是什么——从神学看当代人类学》，第3—10页。

③ ［德］潘能伯格：《人是什么——从神学看当代人类学》，第77—87、126—137页。

④ ［德］潘能伯格：《人是什么——从神学看当代人类学》，第51—63页。另外，还可参见 Wolfhart Pannenberg, *Anthropology in Theological Perspective*, pp. 80ff。

⑤ 具体请参看［德］潘能伯格《系统神学》（卷二），第237页及以下。

神与人达成复和，上帝国的统治普遍达成，人能够参与其统治并对其永恒生命有份，人普遍从死里复活，获得终极拯救。[①] 总之，历史是普遍史，这一切只有在历史的将来，它的终末才能够完满。但是，根据潘能伯格，普遍的拯救，也即众人从死里复活虽然还未现实地临到众人，却已经通过拿撒勒人耶稣的命途终极地启示给了世人。[②] 他的死里复活预表性地揭示着众人在历史终末普遍从死里复活，与上帝达成和解，从而分享其统治和永恒生命的终极命运。而这构成了基督徒盼望的根据和动力，因为他们所期待的已经在历史当中得到了启明。因此，在这一意义上，只有通过信心达成与耶稣基督的共契，或换言之通过耶稣基督与上帝达成共契，才能对已经启示在耶稣基督命运里的永恒生命有份。但是，依然不能忽视，这一切只有在历史的终末才能达成，既然如此，人类又该如何面对当下的现实生活呢？按照潘能伯格的理解，一切现实的生活及道德都应该以上帝的国度为判准和根据。[③] 那么，换句话说，在终末上帝之国及其统治尚未达成之前，人们就应该时刻坚定信仰，保持盼望，对上帝的爱充满信心，以为迎接终末的审判和上帝国统治的最终达成做好预备。但是，在历史终末尚未来临，这一切还未达至完满之前，上帝与人在历史当中并通过历史来相遇和沟通。上帝通过历史启示祂的拯救，并派遣自己的独生子来到历史之中，通过他的宣告，把上帝国的"好消息"带给人类；通过他的受难，为人类作赎罪的代理；通过他的复活，将众人在终末审判时普遍从死里复活的命运终极地启示给世人，以让人在灵的引领下不断实现自我的突破和提升，以便在与他人的共契中通过耶稣基督最终实现与上帝复和，获得终极拯救。

三 总体评价和启示

截至目前，我们对潘能伯格神学思想的四个核心部分做出了一个初步的总结。接下来我们将对其进行一个系统性的说明和评价。我们知道，潘能伯格作为巴特和布尔特曼之后德国神学新生的一代，可以说他和莫尔特曼一道

---

① ［德］潘能伯格：《系统神学》（卷二），第 530 – 531 页。

② Wolfhart Pannenberg ed. , *Revelation as History*, p. 141.

③ Wolfhart Pannenberg, *Theology and the Kingdom of God*, pp. 110 – 111. ［德］潘能伯格：《天国近了——神学与上帝国》，载《潘能伯格早期著作选集》，第 291—292 页。

为德国神学的发展开辟了一条新的路径。这条路径虽没有完全摆脱前辈们的影响，但是已经作为一种新的神学方案在欧洲甚至欧洲以外的美洲大陆、非洲大陆以及亚洲一些国家发挥着重大的影响。

总体来说，潘能伯格历史神学的旨趣在于通过与自然科学、社会科学，尤其是哲学和历史科学等学科之间的科际对话，为基督教神学的信息提供历史基础和哲学说明。在这一点上他与黑格尔十分相似——即使他自己反对别人将他视为一个黑格尔主义者①——但是，与黑格尔不同的是，潘能伯格的目的不在于对基督教的神学进行一种类似于精神发展史的阐释，并且最后把基督教看作为绝对精神发展的一个环节。② 与之相反，潘能伯格的意图在于通过对基督教信息历史基础和哲学基础的挖掘，来为基督教在现代思想中继续存在的合法性进行奠基和论证。可以说，这一点至为重要，因为近代以降，人们已然逐渐摆脱了中世纪那种盲信盲从，那么，反过来说，基督教要在当下历史处境中获得立足之地，就必须随着处境的变化对其内容做出新的诠释。当然，这种新的诠释并不能违背基督教基本的教义和精神，而这正是困难的地方。如何把握好这之间的张力，是一个极难掌控的问题。

坦白来讲，即使潘能伯格的历史神学在某些方面还存在不足或值得商榷的地方，但是总体上来说，他的尝试是必须肯定的，而且他的方案在某种程度上来说也有着重要意义。笔者认为，近代自由主义神学的发展虽然在巴特的批评之后显得有些失当，但是它毕竟反映出了时代的诉求，即基督教信息要实现它的时代化和处境化，才能够被广泛理解和接受。且不论这种处境化的具体路径是什么，我们不能否认的是这种尝试的必要性。作为 20 世纪最著名的神学家，巴特的神学虽然发挥了振聋发聩的影响力，却更多地停留在了超自然的领域内，从而未能很好地处理神圣与凡俗之间的交通问题，所以自他之后神学，大多都走了相反的道路。布尔特曼就是一个明显的例子。当然严格意义上，布尔特曼并非巴特之后的神学家，但他出自辩证神学阵营，

---

① Wolfhart Pannenberg, "An autobiographical Sketh", *The Theology of Wolfhart Panenberg: Twelve American Critiques with an Autobiographical Essay and Response*, Carl E. Braaten & Philip Clayton eds., Minneapolis: Augsburg Publishing House, 1988, pp. 24 – 25.

② ［德］黑格尔：《精神现象学》（下卷），贺麟译，商务印书馆 1997 年版，第 228 页及以下；［德］黑格尔：《宗教哲学讲演录 II》，载张世英主编：《黑格尔著作集》（第 17 卷），第 142 页及以下。

却并未坚持巴特的观点，而是在海德格尔的影响下走向了存在主义神学，并最后影响了艾伯林、麦奎利等人。而从反对巴特的意义上来讲，潘能伯格和莫尔特曼的神学方案也当归为这一类。不过，笔者认为潘能伯格更多地继承了特洛尔奇未完成的志业，即实现基督教教义思想与现代社会科学，尤其是与哲学和历史科学之间的沟通。特洛尔奇很早就意识到了这个问题，并且把它当作一生为之奋斗的事业。然而，遗憾的是，他为基督教神学提供的方案——"自由的基督教"——明显没有很好地解决这个问题。① 但是，笔者认为潘能伯格在批判吸收巴特的思想资源和反观布尔特曼之后，为现代神学提供的方案是可取的。他对历史的理解和重视相对于当时已经十分盛行的辩证神学来说，确是一个新的选择。换言之，当人们已经对辩证神学的两个派别进行对比、反思并发现其诸多弊端之后，此时潘能伯格的历史神学作为一个新的声音出现确实让现代神学看到新的"希望"，因为正是通过对基督教信息的历史真实性的强调，潘能伯格让基督教信仰原本已经摇摇欲坠的基础得到了稳固。当然，不止于此，他对上帝及其启示、拿撒勒人耶稣的使命和命运、人的本性及规定等问题的历史诠释的确让人们看到了一些不同但又更加合理、更加符合现代人理智和精神气质的东西。从这一意义上来讲，我们可以遵照葛伦斯和奥尔森的评价，毫无疑问地把他称作"古典神学的现代传人"②。

当然，正如费奥伦查在评价其启示观时所言，潘能伯格在断言一些正确东西的同时，也提出了一些颇具争议性的话题。③ 这种见解同样适用于潘能伯格整个神学思想。具体而言，这些争议性的话题主要包括以下几个方面：第一，就思想方法来说，潘能伯格的历史神学被认为过多地依赖于历史批判研究，以至于被批评为"历史的实证主义"，指责其使基督教信仰过分地依赖于历史编纂学，④ 但在一些人看来，事实上并非所有的知识都是历史的。⑤ 第二，就对历史的理解来说，潘能伯格的普遍历史观被认为在很多方面受到了

---

① ［德］特洛尔奇：《自由基督教的可能性与现代哲学》，载《基督教理论与现代》，第271—289页。

② 葛伦斯、奥尔森：《二十世纪神学评介》，第269页。

③ ［美］詹姆斯·利文斯顿、弗兰西斯·费奥伦查等：《现代基督教思想》（下），第625页。

④ Carl F. H. Henry, *God, Revelation and Authority II*, Waco: Word, 1976, p. 304.

⑤ Laurence Wood, "History and Hermeneutics: A Pannenbergian Perspective", *Wesleyan Theological Journal*, Vol. 16, No. 1, spring, 1981, p. 18.

德国观念论，尤其是黑格尔历史哲学的影响，以至于有人批评他成了一个纯粹的黑格尔主义者。① 第三，他对普遍历史的理解决定了他终末性质的本体论，根据这种类型的本体论，无论是上帝的启示及统治，还是人的本性和命运，甚或是上帝本身都变成了一个只有在终末历史结束时才能获得实现和完满的事情，而在这一意义上，目前的一切，甚至包括上帝都被视为"尚未"完全到来的存在，上帝"尚未存在"，因为祂是将来的权能。② 第四，既然上帝作为将来的权能，在某种程度上仍"尚未存在"，那么祂如何统管当下的世界？潘能伯格的回答是，就像耶稣基督的复活对他前复活时期的宣告以及自己的神性具有回溯性的力量一样，上帝作为将来的权能同样回溯性地对当下现实发挥着效力。而在很多人看来，这种回溯性的效力在潘能伯格那里仍然是模糊不清的。③ 第五，潘能伯格虽然立志于完成沟通信仰与历史的工作，从而跨越莱辛丑陋而宽阔的鸿沟，解决特洛尔奇的难题，但在他的一些路德宗同事看来，他并没有很好地完成这一工作，因为他过分强调历史，贬低信仰的角色。对他们而言，潘能伯格显得太过于理性主义，太过于容易相信历史批判对基督教信仰真实性的证实作用。④ 第六，费奥伦查认为，在潘能伯格神学的内部，始终存在着一种张力：他一方面主张历史是开放的，基督教对上帝的信仰是一个有待验证的假设，但另一方面却认为历史的终局已经启示在了拿撒勒人耶稣的复活当中。这种预表与开放之间的张力，使得潘能伯格颇为矛盾。即使潘能伯格一直在尝试调和预表与开放之间的这种张力，但是在费奥伦查看来，他是否充分实践了这一点却始终是一个疑问。⑤

所谓"誉满天下，谤亦随之"。此言本书曾用来评价巴特，但笔者认为它

---

① Lothar Steiger, "Offenbarunggeschichte und theologiche Vernunft", *Zeitschrift für Theoligie und Kirche*, 59, 1962, S. 93; Allan. D. Galloway, *Wolfhart Pannenberg*, London: George Allen & Unwin Ltd., 1973, pp. 25ff., 37, 113ff.; Allan. D. Galloway, "The New Hegelians", *Religions Studies 8*, 1972, pp. 367 – 371; Ronald D. Pasquariello, "Pannenberg's Philosophical Foundation", *Journal of Religion 56*, 1976, pp. 338 – 347; Roger E. Olson, "The Self-Realization of God: Hegelian Element in Pannenberg's Christology", *Perspective in Religions Studies 13*, 1986, pp. 207 – 223.

② Wolfhart Pannenberg, *Theology and the Kingdom of God*, p. 56.

③ Lewis S. Ford, "The Nature of the Power of the Future", *The Theology of Wolfhart Panenberg: Twelve American Critiques with an Autobiographical Essay and Response*, pp. 24 – 25.

④ ［美］詹姆斯·利文斯顿、弗兰西斯·费奥伦查等：《现代基督教思想》（下），第627页。

⑤ ［美］詹姆斯·利文斯顿、弗兰西斯·费奥伦查等：《现代基督教思想》（下），第639页。

同样适用于潘能伯格。从以上论述来看，虽然类似的批评和质疑在细节上我们还可以列出很多。① 但是，这并不代表人们能够轻易地否定潘能伯格神学思想取得的成就。毫无疑问，潘能伯格的历史神学是 20 世纪以来基督教思想界最具雄心的尝试。② 所以，姑且不论其历史神学取得了怎样的成就，至少他的努力是值得肯定的。借用费奥伦查的话来说："潘能伯格发展了一种采纳了德国观念论的哲学传统，以及超验反思的神学立场。与此同时，他亦尝试为基督教信仰提供一种人类学基础，并证明基督教主张之历史的、客观的真实性。潘能伯格之神学的惊人广度使它获得了普世范围的接受。它已为罗马天主教的神学家们所积极地采纳。尽管有一些保留，但罗马天主教的神学家们欣赏他对哲理神学的强调，以及他在护教及基础神学的使命上所做出的努力。"③就目前汉语神学界来说，我们迫切需要这种努力，以便使中国基督教信仰能够摆脱迷信盲从，能够从它的真实历史出发，在充分了解其历史处境和内容的基础之上，使基督教信仰能够充分实现它在中国土壤的历史化、处境化。而这正是潘能伯格历史神学为我们提供的最有益的启示。

---

① 针对潘能伯格的批评，除以上我们提及的方面外，其他方面可具体参看 Carl E. Braaten & Philip Clayton eds. , *The Theology of Wolfhart Panenberg：Twelve American Critiques with an Autobiographical Essay and Response*, Minneapolis：Augsburg Publishing House，1988。

② 葛伦斯、奥尔森：《二十世纪神学评介》，第 268 页。

③ ［美］詹姆斯·利文斯顿、弗兰西斯·费奥伦查等：《现代基督教思想》（下），第 638 页。

附录 1：潘能伯格生平著作年表

1928 年 10 月 2 日	出生于当时德国什切青（Stettin），该城位于柏林之东，原为普鲁士波莫瑞省（Pommern）首府，1945 年德国战败后划归波兰。父母在其出生不久后就离开了教会，故所受教育为文学、历史、音乐等。潘能伯格在此地度过了他几年的童年时光，后举家迁往什切青以东几百里之外的施耐德米尔（Schneidemühl），其父曾在此做了两年的海关公务员。后又迁到亚琛（Achen），在那里度过了四年时光。
1935 年	此年潘能伯格七岁，开始参加钢琴课程。在亚琛期间，音乐成其为生活的重要部分。
1936—1942 年	读完他第一本历史小说，并在此期间有多个小时把想象沉浸在中世纪和早期现代历史当中。
1941 年	由施奈德米尔迁往亚琛。
1942 年	因战火侵袭，举家迁往柏林。
1944 年	在美国空袭炸弹中丧失了柏林西郊的家。全家裸逃，并在波美拉尼亚（Pomeranian）的亲戚家渡过了几个月。在此期间，他开始接触哲学，尤其是尼采的作品。几个月期间阅读完了所有能够找到的尼采作品。差不多同时，在乡下一个小镇有个一个新的家。父亲应召入伍。在临镇参加音乐课程时，结交第一个女友。
1945 年 1 月 6 日	主显节。在回家途中经历异象，为落日余晖深深吸引，深感大自然的奇妙、宇宙的浩瀚和伟大，以及人的渺小，从而产生对永恒的向往。虽此时不能解释这种感受，但已知其对于自己生命的意义。
1945 年 1 月	在经历异象几个星期后应纳粹之召入伍，并在短暂训练之后由于身染疥疮而被送德国北部的医院。而与其同受训练的同伴却被派东线作战，后在苏军渡过奥得河（Oder）后战死。
1945 年春	盟军攻入德国北部，潘能伯格沦为俘房，直到 1945 年夏德国战败后才被释放。

235

1945 年秋	被释放后重回东部，并重返学校。在此之后的两年，阅读了康德的著作，并对基督教信仰产生了兴趣，且在同年皈依基督教。
1947 年春	进入柏林洪堡大学学习哲学与神学。对尼古拉·哈特曼（Nicolai Hartmann）的著作十分感兴趣。继续痴迷于基督教，并立志余生做一个基督教神学家。在柏林读书的两年半，在老师、朋友和姨妈的介绍下开始对马克思主义感兴趣，并阅读了大量马克思、列宁和斯大林的著作。
1948 年秋	转往哥廷根大学，受教于尼古拉·哈特曼和葛嘉滕。并有机会能在伊万德（Hans Joachim Iwand）关于路德的研讨班上介绍自己研究中世纪经院哲学的论文。
1949 年秋	获普世基督教协会奖学金赴瑞士巴塞尔大学进修，在一个学期的进修中遇到了雅斯贝尔斯（Karl Jaspers），并在"人的实存是超越的"这一方面受其启发。另外，在此期间他还参加过巴特的研讨班，并对其进行过家访。
1950 年秋	又转往海德堡大学。恰遇卡尔·洛维特（Karl Löwith）在此访学并教授历史哲学，在结合冯·拉德（G. von Rad）《旧约》神学之后对其观点甚有共鸣。并在此期间，与罗尔夫·伦托尔夫（Rolf Rendtorff）、特鲁茨·伦托尔夫（Trutz Rendtorff）、威尔肯斯（Ulrich Wilkens）等人把拉德的《旧约》神学概念引申至神学科系中的不同范畴，尤其加注了对历史哲学的关注，后被人称为"海德堡圈子"（Heidelberg Circle）或"潘能伯格圈子"（Pannenberg Circle）。受教会史学家坎彭豪斯（Hans von Campenhausen）的影响。
1953 年	在导师施林克的指导下完成博士论文《经院哲学学说发展关联中的司各脱预定论》（"Die Prädestinationslehre des Duns Skotus im Zusammenhang der scholastischen Lehrentwicklung"），并获博士学位。
1955 年	凭借论文《类比与信仰：对上帝知识中类比概念历史的批判性研究》（"Analogie und Offenbarung. Eine kritische Untersuchung der Geschichte des Analogiebegriffs in der Gotteserkenntnis"）获得海德堡大学编外讲师的资格。并在同年接受按立，成为海德堡大学教堂牧师。与女友希尔克（Hilke）完婚。
1958 年	前往乌帕塔尔（Wuppertal）担任教会大学系统神学教授，并与莫尔特曼成为同事，共事三年。
1959 年	发表《救赎事件与历史》（"Heilsgeschehen und Geschichte"）一文，表现出了对历史的高度关注。

续表

1960 年	在 *Radius* 杂志第 4 期发表《上帝如何向我们启示?》（"Wie Wird Gott Uns Offenbar?"）一文。
1961 年	出任美因茨大学系统神学教授。作为"海德堡圈子"集体的讨论成果《作为历史的启示》（*Offenbarung als Geschichte*）于此年由潘能伯品格编辑出版，出版后引起一时轰动。该论文集被视为"一种新神学方案的宣言"。
1962 年	《人是什么——从神学看当代人类学》（*Was ist der Mensch? Die Anthropologie der Gegenwart am Lichte der Theologie*）出版。该小册子为潘能伯格 1959 至 1960 年期间在乌帕塔尔以及 1961 年在美因茨所做的神学人类学讲演整理而成。
1963 年	前往美国芝加哥大学做访问学者，并初步接触到过程哲学家，如怀特海的哲学，对自己产生了很大触动。
1964 年	《基督论的基本特征》（*Grundzüge der christologie*）出版，该书的英译本改名为《耶稣——神与人》（*Jesus——God and Man*）并在 1968 年出版。同年保罗·蒂利希逝世。
1965 年	作题为"本体论和终末论"的演讲。同年冬季，葛嘉滕逝世。
1966 年	在美国哈佛大学做访问学者。同年 4 月布伦纳逝世，5 月阿尔特豪斯逝世。
1967 年	在美国克莱门特神学院做访问学者。参与组建慕尼黑大学新教神学系和普世研究所，并任所所长，直至 1994 年荣休。论文集《系统神学基本问题》（*Grundfragen systematische Theologie*）第一卷出版。
1968 年	在《今日基督教》（*Christianity Today*）杂志第 12 卷第 14 期发表与劳伦斯·布克霍尔德（Lawrence Burkholder）、哈维·考克斯（Harvey Cox）以及安德森（J. N. D. Anderson）有关基督复活的对话：《关于基督复活的对话》（"A Dialogue on Christ' Resurrection"）。同年 12 月 10 日，在巴塞尔大学时期的老师巴特在家中逝世。
1969 年	英文著作《神学与上帝之国》（*Theology and the Kingdom of God*）在美国费城出版。德文版于 1971 年在德国出版。
1970 年	与缪勒（A. M. K. Mülle）合著《对自然神学的考察》（*Erwägungen zu einer Theologie der Natur*）一书出版；《教会神学论集》（*Thesen zur Theologie der Kirche*）出版。
1971 年	论文集《上帝思想与人的自由》出版。

1972 年	获格拉斯哥大学（University of Glasgow）荣誉博士学位。《使徒信经：对现今问题的解释和辩护》（*Das Glaubenbekenntnis，ausgelegt und verantwortet vor den Fragen der Gegenwart*）一书出版；《基督教信仰与神话》（*Christentum und Mythos*）出版。
1973 年	《科学理论与神学》（*Wissenschaftstheorie und Theologie*）出版，英译本改名为《神学与科学哲学》（*Theology and the Philosophy of Science*）于 1976 年出版。《上帝的存在：布道集》（*Gegenwart Gottes：Predigten*）出版。
1975 年	担任普世基督教协会德国福音教会的代表，直到 1990 年。再次到美国克莱门特神学院做访问学者。《信仰与实在》（*Glauben und Wirklichkeit*）一书出版。
1976 年	在 *Cross Currents* 杂志发表《基督教对现代世界的贡献》（"The Contribution of Christianity to the Modern World"）一文。同年，德国著名神学家布尔特曼逝世。截至此时，他早年极力反对的两位著名神学家，巴特和布尔特曼均已逝世。
1977 年	当选"巴伐利亚科学院"（Bavaria Academy of the Sciences）哲学与历史部的常任会员。并在同年获曼彻斯特大学（University of Manchester）荣誉博士学位。论文集《伦理学与教会论》（*Ethik und Ekklesiologie*）出版。英文著作《人性、拣选与历史》（*Human Nature，Election，and History*）在美国费城出版。
1978 年	《人的规定——人性、拣选与历史》（*Die Bestimmung des Menschen：Menschsein Erwählung und Geschichte*）出版。该著作为 1977 年英文著作《人性、拣选与历史》的德文版。
1979 年	获都柏林三一学院（Trinity College Dublin）荣誉博士学位。
1980 年	论文集《系统神学基本问题》第二卷出版。
1981 年	在《基督教世纪》（*Christian Century*）杂志发表文章《上帝在历史中的临在》（"God's Presence in History"），初步介绍了自己思想发展的轨迹。
1983 年	《神学视角的人类学》（*Anthropologie in theologischer Perspektive*）一书出版，该书为潘能伯格融构基督教神学与其他人文科学的一次巨大尝试，充分展现了其神学人类学思想。
1986 年	《基督教灵性》（*Christliche Spiritualität*）一书出版。
1987 年	获德联邦共和国一级勋章。

1988 年	《系统神学》（*Systematische Theologie*）第一卷出版；《形而上学与上帝思想》（*Metaphysik und Gottesgedanke*）出版；《世俗社会的基督教信仰》（*Christentum in einer Säkularisierten Welt*）出版。由布拉滕（Carl E. Braaten）和克莱顿（Philip Clayton）所编《潘能伯格的神学——十二位美国学者的批评》（*The Theology of Wolfhart Panenberg：Twelve American Critiques with an Autobiographical Essay and Response*）论集出版，该论集收录了十二位美国学者对潘能伯格的批评以及一篇潘能伯格的自传和一篇回应。
1989 年	与雷曼（K. Lehmann）共同所编《宗教改革时代的谴责声：他们仍然存在分歧？》（*The Condemnations of the Reformation Era：Do They Still Divide?*）一书出版。
1991 年	《系统神学》第二卷出版。《系统神学导论》（*An Introduction to Systematic Theology*）在美出版。
1992 年	《神学的合理性》（"Die Rationalitat der Theologie"）一文收录于自己与凯斯勒（M. Kessler）及波特迈尔（H. J. Pottmeyer）所编《信仰寻求理解：基础神学论集》（*Fides Quaerens Intellectum：Beitrage zur Fundamentaltheologie*）当中。
1993 年	被任命为英国科学院（British Academy）的通讯会员。获圣安德鲁斯大学（The University of St. Andrews）荣誉博士学位。获巴伐利亚荣誉勋章。《系统神学》第三卷出版。由泰德·彼得（Ted Peter）编，潘能伯格著《朝向自然的神学：科学与信仰论集》（*Toward a Theology of Nature：Essays on Science and Faith*）在美国肯塔基州由威斯敏斯特和约翰诺克斯出版社出版。
1994 年	从慕尼黑大学荣休。甘特·文茨（Gunther Wenz）接任其教席。
1995 年	获巴伐利亚马西米连勋章（Bavaria Maximiliansorden）。
1996 年	获马德里科米利亚斯大学（University Comillas in Madrid）荣誉博士学位。同年，《神学与哲学：从它们共同的历史看它们的关系》（*Theologie und Philosophie：Ihr Verhaltnis im Lichte ihrer gemeinsamen Geschichte*）一书出版；《伦理学的基础：哲学——神学的视角》（*Grundlagen der Ethik：Philosophisch-theologische Perspektiven*）一书出版。
1997 年	获剑桥大学（University of Cambridge）荣誉博士学位。《近代德国新教神学问题史：从施莱尔马赫到巴特和蒂利希》一书出版。

续表

1999 年 – 2000 年	三卷本的系统神学论集相继出版。第一卷《哲学、宗教与启示》（*Philosophie，Religion，Offenbarung*）、第二卷《自然与人及创造的将来》（*Nutur und Mensch － und die Zukunft der Schöpfung*）、第三卷《教会与普世运动》（*Kirche und Ökumene*）。
1999 年	在对话（*Dialog*）杂志第 38 卷第 1 期发表论文《耶稣的复活：历史与神学》（"The Resurrection of Jesus：History and Theology"）。
2000 年	在杂志《最初之事》（*First Things*）第 103 期发表论文《三一论的综合：罗伯特·詹森的〈系统神学〉卷一与卷二》（"A Trinitarian Synthesis：Robert Jenson's *Systematic Theology I & II*"），评价了当代美国神学家詹森的系统神学。
2001 年	《信仰的喜乐》（*Freude des Glaubens*）在慕尼黑出版。
2002 年	在《今日神学》（*Theology Today*）杂志第 59 卷第 2 期发表题为《一种科学的神学》（"A Scientific Theology"）的论文。
2004 年	论文集《伦理学论集》（*Beiträge zur Ethik*）出版；由潘能伯格、考舍克（K. Koschorke）以及莫尔特曼共同所编《三一论的终末论之方法或路径：为庆祝潘能伯格 75 周岁在路德维希—马克米连大学福音神学系所作的纪念讲演》（*Wege zu einer trinitarischen Eschatologie：Ansprachen anlässlich des Festaktes zur Feier des 75. Geburtstages von Wolfhart Pannenberg durch die Evangelisch-Theologische Fakultät der Ludwig-Maximilians-Universität*）出版。
2005 年 11 月 18 日	在费城举行的美国宗教学会年会上作题为《神学自述：一种智性的追求》（"Theological Autobiography：An Intellectual Pilgrimage"）的大会报告。
2006 年	在 *Dialog*：*A Journal of Theology* 杂志，2006 年夏，第 45 卷第 2 期发表《智性的追求》（"An Intellectual Pilgrimage"）一文回顾了自己神学思想发展的轨迹。
2008 年	由 Niels Henrik Gregersen 所编，潘能伯格所著《自然的历史性：科学与神学论集》（*The Historicity of Nature：Essay on Science and theology*）在美国由康舍霍肯普尔顿基地出版社（Templeton Foundation Press）出版。
2014 年 9 月 4 日	逝世，享年 86 岁。

附录2：重要人名、译名及术语对照表
（按德文首字母排序）

Absolutes	Absolute	绝对、绝对者
Absolutheit	Absoluteness	绝对性
Althaus，P.	Althaus，Paul	阿尔特豪斯
Ambrosius	Ambrose	安布罗斯
Analogie	Analogy	类比
Anthropologie	Anthropology	人类学
Anthropozentrik	Anthropocentrism	人类中心主义
Antizipation	Anticipation	预期、预表
Apokalyptik	Apocalyptic	启示文学
Aristotelismus	Aristotelianism	亚里士多德主义
Athanasius	—	阿他那修
Atheismus	Atheism	无神论者
Augustin	Agustine	奥古斯丁
Auferstehung	Resurrection	复活
Aufklärung	The Enlightenment	启蒙、启蒙运动
Autorität	Authority	权威
Barth，K.	—	巴特
Barthianismus	Barthianism	巴特主义/巴特学派
officium Jesu Christi	Office of Jesus Christ	耶稣基督的职分
Bekenntnis	Coffession	认信

Bibeltheologie	Theology of Bible	圣经神学
Bonhoeffer, D.	—	朋霍费尔
radikale Böse	Radical evil	根本恶
Brunner, E.	—	布伦纳
Bultmann, R.	—	布尔特曼
Bund	Covenant	约
Christentum	Christianity	基督教
Christologie	Christology	基督论
dialektische Theologie	Dialectical Theology	辩证神学
doctrina	Doctrine	教义
dreifaches Amt Jesu	Threefold office of Jesus	耶稣的三重职分
Dogmatik	Dogmatics	教义学
Ebeling, G.	—	艾伯林
Eiphanie	Epiphany	神的显现
Endlichkeit	The finite	有限性
Erhebung	Elevation	高举/提升
Entfremdung	Alienation	异化
Erlösung	Salvation	拯救
Erwählung	Election	拣选
Eschatologie	Eschatology	终末论/末世论
Ethik	Ethics	伦理学
Ewigkeit	Eternity	永恒
Exzentrizität	Exocentricity	离中心性
Fatum	Fate	命运/命途
Gebote	Commandments	诫命
Gefühl	Feeling	情感
Geist	Spirit	灵/精神
Geschichte	History	历史
Geschichtstheologie	Historical Theology	历史神学
Geschöpf	Creation	创造

Gesetz	Laws	律法
Evangelium und Gesetz	Gospel and Laws	福音与律法
Gericht	The Judgement	审判
Gewissen	Conscience	良知
Glaube	Faith	信仰
Gnade	Grace	恩典
Gogarten，F.	—	葛嘉滕
Gott	God	上帝
Gottebenbildlichkeit	Image of God	上帝的形象
Gottesbewßtsein	God – consciousness	上帝意识
Gottheit	Deity of Jesus	耶稣的神性
Gottoffenheit	Openness to God	向上帝的开放
Harnack，A. v.	—	哈纳克
Heil	Redemption	救赎
Heilsgeschichte	History of redemption	救赎历史
heilig und profan	Holy and profane	神圣与世俗
Hermeneustik	Hermeneutics	解释学
Herrlichkeit	Glory of God	上帝的荣耀
Herrschaft Gottes	Rule of God	上帝的统治
Hoffnung	Hope	盼望/希望
Inkarnation	Incarnation	道成肉身
Irenäus	Irenaeus	伊里奈乌
Jülicher，A.	—	于利歇尔
Jüngel，E.	—	云格尔
Käsemann，E.	—	凯泽曼
Keuzigung	Crucifixion	十字架受难
Kierkegaard，S.	—	基尔克果
Kirche	Church	教会
Küng，H.	—	汉斯·昆
Lessing，G. E.	—	莱辛

Liebe	Love	爱
Macht der Zukunft	Power of future	将来的权能
Mittler	Mediator	中保
Moltmann, J.	—	莫尔特曼
Monotheismus	Monotheism	一神论
Moral	Morality	道德
Mythos/Mythologie	Myth/Mythology	神话/神话学
Natur des Menschen	Nature of human beings	人的本性
Mysterium	Mystery	奥秘
Offenbarung	Revelation	启示
Offenbarung als Geschichte	Revelation as history	作为历史的启示
Offenbarung als Wort Gottes	Revelation as Word of God	上帝之道的启示
Offenbarungstheologie	Theology of revelation	启示神学
Ontologie	Ontology	本体论/存有论
Origenes	Origen	奥利金
Overbeck, F.	—	欧韦贝克
Person	Person	位格
Personalität	Personality	位格性
Pietismus	Pietism	敬虔主义
Platonismus	Platonism	柏拉图主义
Präexistenz	Preexistence	先在/先存
Plolepse	Prolepsis	预表
Rahner, K.	—	拉纳
Reich Gottes	The kingdom of God	上帝之国
Ritschl, A	—	里敕尔
Schleiermacher, F. D. E.	—	施莱尔马赫
Schöpfung	Creation	创造
Sein	Being	存在/是
Seele	Soul	灵魂
Selbst	Self	自身

Selbstunterscheidung	Self-distinction	自我区分
Selbstoffenbarung	Self-revelation	自我启示
Sohn	Son	子
Stellvertretung	Representation	代理
Stoa	Stoicism	斯多葛学派
Sujektivismus	Subjectivism	主体主义
Sünde	Sin	罪
Supranaturalisten	Supranaturalism	超自然主义
Systematische Theologie	Systematic Theology	系统神学
Theologie	Theology	神学
Theologienatürliche	Natural Theology	自然神学
Tillich, P.	—	蒂利希
Trinität	Trinity	三位一体
immanente Trinität	immanent trinity	内在三一
ökonomische Trinität	economic trinity	经世三一
Troeltsch, E.	—	特洛尔奇
Thurneysen, E.	—	图尼森
Unendliches	the infinite	无限者
Universalgeschichte	Universal history	普遍历史
Urbild und Abbid	Original and Copy	原型与摹本
Ur-geschichte	Primordial history	源历史
Vater	Father	父
Verheißung	Promise	应许
Verküngdigung	Kerygma	宣讲/布道/宣道
Vernunft	Reason	理性
Versöhnung	Reconciliation	复和
Wahrheit	Truth	真理
Weiß, J.	—	魏斯
Weltoffenheit	Openness to world	向世界开放
Wort Gottes	The Word of God	上帝之言/上帝之道

Wrede, W.	—	弗雷德
Wunder	Miracle	奇迹
Zeit	Time	时间
Zukunft	Future	将来

参考文献

［德］潘能伯格：《人是什么——从神学看当代人类学》，李秋零、田薇译，上海三联书店 1997 年版。

［德］潘能伯格：《潘能伯格早期著作选集》，林子淳选编，李秋零、邓绍光等译，香港：道风书社 2011 年版。

［德］潘能伯格：《系统神学》（卷一），李秋零译，香港：道风书社 2013 年版。

［德］潘能伯格：《系统神学》（卷二），李秋零译，香港：道风书社 2017 年版。

［德］潘能伯格：《近代德国新教神学问题史——从施莱尔马赫到巴特和蒂利希》，李秋零译，香港：道风书社 2010 年版。

［德］潘能伯格：《神学与哲学——从它们共同的历史看它们的关系》，李秋零译，香港：道风书社 2006 年版。

中文著作

圣多玛斯·阿奎那：《神学大全》（第一册），高旭东、陈家华译，高雄：中华道明会、台南：碧岳书社联合出版 2008 年版。

圣多玛斯·阿奎那：《神学大全》（第十三册），周克勤译，高雄：中华道明会、台南：碧岳书社联合出版 2008 年版。

［古罗马］阿塔那修：《论道成肉身》，石敏敏译，三联书店 2009 年版。

［美］米拉德·J. 艾利克森：《基督教神学导论》（第二版），L. 阿诺德·休斯塔德编，陈知纲译，上海人民出版社 2012 年版。

［美］雷·S. 安德森：《论成为人——神学人类学专论》，叶汀译，王作虹校，上海三联书店 2012 年版。

［古罗马］奥古斯丁：《忏悔录》，周士良译，商务印书馆 2015 年版。

［古罗马］奥古斯丁：《上帝之城》（上册、中册、下册），王晓朝译，香港：道风书社 2004 年版。

［古罗马］奥古斯丁：《上帝之城：驳异教徒》（上、中、下），吴飞译，上海三联书店 2007—2009 年版。

［古罗马］奥古斯丁：《论自由意志：奥古斯丁对话录二篇》，成官泯译，上海人民出版社 2010 年版。

［美］奥尔森：《基督教神学思想史》，吴瑞诚、徐成德译，周学信校订，北京大学出版社 2003 年版。

奥特、奥托编：《信仰的回答——系统神学五十题》，李秋零译，香港：道风书社 2005 年版。

［瑞士］奥特：《不可言说的言说：我们时代的上帝问题》，林克，赵勇译，生活·读书·新知 三联书店 1994 年版。

［瑞士］巴特：《〈罗马书〉释义》，魏育青译，香港：道风书社 2003 年版。

［瑞士］巴特：《教义学纲要》，胡簪云译，香港：基督教文艺出版社 1963 年版。

［瑞士］卡尔·巴特：《教会教义学（精选本）》，戈尔维策精选，何亚将，朱雁冰译，北京：生活·读书·新知 三联书店，1998 年

［德］卡尔·白舍客：《基督宗教伦理学》（第一、二卷），静也、常宏等译，雷立柏校，上海三联书店 2002 年版。

［美］巴瑞·班德斯塔：《今日如何读旧约》，林艳、刘洪一译，华东师范大学出版社 2014 年版。

［荷兰］贝尔考韦尔：《罪》，刘宗坤译，香港：道风书社 2006 年版。

［俄］别尔嘉耶夫：《历史的意义》，张雅平译，学林出版社 2002 年版。

［德］马丁·布伯：《我与你》，陈维纲译，商务印书馆 2016 年版。

［德］布尔特曼等：《生存神学与末世论》，李哲汇、朱雁冰等译，上海三联书店 1995 年版。

［德］布尔特曼：《信仰与理解》（卷一），卢冠霖译，香港：道风书社 2010 年版。

［美］科林·布朗：《历史与信仰：个人的探寻》，查常平译，上海三联书店 2013 年版。

邓绍光、赖品超编：《巴特与汉语神学》，香港：道风书社 2000 年版。

［德］蒂利希：《基督教思想史》，尹大贻译，香港：道风书社 2000 年版。

［德］蒂里希：《蒂里希选集》（上），何光沪选编，上海三联书店 1999 年版。

丁光训、金鲁贤主编，张庆熊执行主编：《基督教大辞典》，上海辞书出版社 2010 年版。

［美］理查德·A. 弗洛因德：《跟着圣经去考古》，屈伯文、方舟译，上海三联书店 2017 年版。

［美］R. E. V. 伏斯特：《今日如何读新约》，冷欣、杨远征译，六点校，华东师范大学出版社 2011 年版。

福特编：《现代神学家——二十世纪基督教神学导论》，董江阳、陈佐人译，香港：道风书社 2005 年版。

［美］胡斯都·L. 冈萨雷斯：《基督教思想史》（第一卷），陈泽民等译，陈泽民等校，译林出版社 2008 年版。

［美］彼得·盖伊：《启蒙时代：现代异教精神的兴起》（上），刘北成译，上海人民出版社 2015 年版。

［美］彼得·盖伊：《启蒙时代：现代异教精神的兴起》（下），王皖强译，上海人民出版社 2016 年版。

葛伦斯、奥尔森：《二十世纪神学评介》，刘良淑、任孝琦译，上海三联书店 2014 年版。

郭圣铭：《西方史学史概要》，上海人民出版社 1983 年版。

［德］黑格尔：《小逻辑》，贺麟译，商务印书馆 2012 年版。

［德］黑格尔：《历史哲学》，王造时译，上海书店出版社 2006 年版。

［德］黑格尔：《法哲学原理》，范扬、张企泰译，商务印书馆 2009 年版。

［德］黑格尔：《哲学史讲演录》（第 1 卷），贺麟、王太庆等译，上海人民出版社 2013 年版。

［德］黑格尔：《精神现象学》（上、下卷），贺麟、王玖兴译，商务印书馆 1981 年版。

［德］黑格尔：《哲学科学百科全书 III·精神哲学》，杨祖陶译，人民出版社 2015 年版。

［德］黑格尔：《宗教哲学讲演录 II》，燕宏远、张松、郭成译，人民出版社 2015 年版。

黄锡木：《新约研究透视》，香港：基道出版社 2000 年版。

［英］斯蒂芬·霍尔盖特：《黑格尔导论——自由、真理与历史》，丁三东译，商务印书馆 2013 年版。

［法］路易·加迪等：《文化与时间》，郑乐平、胡建平译，浙江人民出版社 1988 年版。

［法］约翰·加尔文：《基督教要义》（上、中、下册），钱耀成等译，孙毅、游冠辉修订，生活·读书·新知 三联书店 2010 年版。

［德］卡斯培：《耶稣基督的上帝》，罗选民译，香港：道风书社 2005 年版。

［德］E. 卡西尔：《启蒙哲学》，顾伟铭等译，山东人民出版社 2007 年版。

［美］唐纳德·R. 凯利：《多面的历史——从希罗多德到赫尔德的历史的历史探寻》，陈恒、宋立宏译，上海三联书店 2006 年版。

［德］康德：《历史理性批判文集》，何兆武译，商务印书馆 1997 年版。

［德］康德：《纯粹理性批判》，邓晓芒译，杨祖陶校，人民出版社 2004 年版。

［德］康德：《康德全集》（第 6 卷），李秋零主编，李秋零译，中国人民大学出版社 2010 年版。

［丹麦］索伦·克尔凯郭尔：《致死的疾病——为了使受益和得醒悟而做的基督教心理学解说》，张祥龙、王建军译，商务印书馆 2012 年版。

［丹麦］索伦·克尔凯郭尔：《克尔凯郭尔文集》（第 6 卷），汝信、Niels-Jørgen Cappelørn 主编，京不特译，中国社会科学出版社 2013 年版。

［英］W. W. 克莱恩、C. L. 布洛姆博格、R. L. 小哈伯德：《基督教释经学》，尹妙珍等译，上海人民出版社 2014 年版。

［古罗马］克莱门等：《使徒教父著作》，黄锡木主编，高陈宝婵等译，生活·读书·新知 三联书店 2013 年版。

［英］柯林武德：《历史的观念》（增补版），扬·冯·德·杜森编，何兆武、张文杰、陈新译，北京大学出版社 2010 年版。

［俄］叶·阿·科斯敏斯基：《中世纪史学史》，郭守田等译，郭守田、胡敦伟总校，商务印书馆 2012 年版。

［瑞士］汉斯·昆：《基督教大思想家》，包利民译，社会科学文献出版社 2001 年版。

［瑞士］汉斯·昆：《论基督徒》（上、下），杨德友译、房志荣校，生活·读书·新知三联书店 1998 年版。

［瑞士］汉斯·昆：《上帝存在吗？——近代以来上帝问题之问答》（卷上），孙向晨译，香港：道风书社 2003 年版。

［德］约瑟夫·拉辛格：《基督教导论》，静也译，上海三联书店 2002 年版。

［德］莱辛：《历史与启示——莱辛神学文选》，朱雁冰译，华夏出版社 2006 年版。

［德］莱辛：《论人类的教育——莱辛政治哲学文选》，刘小枫选编，朱雁冰译，华夏出版社 2008 年版。

李秋零：《德国哲人视野中的历史》（修订版），中国人民大学出版社 2011 年版。

［美］詹姆斯·利文斯顿：《现代基督教思想》（上），何光沪、高师宁译，译林出版社 2014 年版。

［美］詹姆斯·利文斯顿、弗兰西斯·费奥伦查等：《现代基督教思想》（下），何光沪、高师宁等译，何光沪校，译林出版社 2014 年版。

林鸿信：《莫特曼神学研究》，上海人民出版社 2010 年版。

林鸿信：《系统神学》（上、下），台北：校园书房出版社 2017 年版。

刘小枫主编：《二十世纪西方宗教哲学文选》（上、中、下），杨德友等译，生活·读书·新知 三联书店 1996 年版。

［德］卡尔·洛维特：《世界历史与救赎历史——历史哲学的神学前提》，李秋零、田薇译，生活·读书·新知 三联书店 2002 年版。

［德］卡尔·洛维特：《从黑格尔到尼采》，李秋零译，生活·读书·新知三联书店 2006 年版。

［英］马素尔：《我信历史上的耶稣》，黄浩仪译，香港：天道书楼有限公司1988年版。

［美］麦道卫：《新铁证待判》，尹妙珍等译，宗教文化出版社2006年版。

［英］麦格夫：《历史神学：基督教思想历史导论》，赵崇明译，香港：天道书楼2002年版。

［英］麦葛福编：《基督教神学原典精华》，杨长慧译，台北：校园书房出版社2002年版。

［英］麦格拉思：《基督教概论》，马树林、孙毅译，北京大学出版社2004年版。

［英］阿利斯特·麦格拉斯：《宗教改革运动思潮》，蔡锦图、陈佐人译，中国社会科学出版社2009年版。

［美］麦资基：《新约导论》，苏蕙卿译，香港：基督教文艺出版社1976年版。

［德］默茨：《历史与社会中的信仰》，朱雁冰译，生活·读书·新知三联书店1996年版。

［德］莫尔特曼：《被钉十字架的上帝》，阮炜等译，上海三联书店1997年版。

［德］莫尔特曼：《神学思想的经验——基督教神学的进路与形式》，曾念粤译，香港：道风书社2004年版。

［德］于尔根·莫尔特曼：《来临中的上帝——基督教的终末论》，曾念粤译，上海三联书店2006年版。

［德］莫尔特曼编：《我是如何改变的》，卢冠霖译，香港：道风书社2007年版。

［德］莫尔特曼：《盼望神学——基督教的终末论的基础与意涵》，曾念粤译，香港：道风书社2007年版。

［德］莫尔特曼：《三一与上帝之国——论上帝的教义》，周伟驰译，香港：道风书社2007年版。

［德］尤根·莫特曼：《人——基督宗教的现代化人观》，郑玉英译，台北：南与北文化出版社2014年版。

［美］保罗·梅尔编译：《约瑟夫著作精选——〈犹太古史〉与〈犹太战

记〉节本》，王志勇译，汪晓丹校，北京大学出版社 2004 年版。

　　［美］埃里克·梅塔萨斯：《朋霍费尔：牧师、殉道者、先知、间谍》，顾华德译，上海三联书店 2015 年版。

　　［美］R. 尼布尔：《人的本性与命运》（上卷），成穷译，贵州人民出版社 2006 年版。

　　［美］R. 尼布尔：《人的本性与命运》（下卷），王作虹译，贵州人民出版社 2006 年版。

　　［德］尼采：《权力的意志》（上、下卷），孙周兴译，商务印书馆 2008 年版。

　　欧阳光伟：《现代哲学人类学》，辽宁人民出版社 1986 年版。

　　欧力仁、邓绍光编：《巴特与汉语神学 II——巴特逝世四十周年纪念文集》，香港：道风书社 2008 年版。

　　［德］迪特里希·朋霍费尔：《狱中书简》，高师宁译，何光沪校，四川人民出版社 1997 年版。

　　［德］朋霍费尔：《伦理学》，胡其鼎译，魏育青、徐卫翔校，商务印书馆 2015 年版。

　　［德］马克斯·舍勒：《舍勒选集》（上、下），刘小枫选编，上海三联书店 1999 年版。

　　［德］马克斯·舍勒：《人在宇宙中的地位》，李柏杰译，刘小枫校，贵州人民出版社 2000 年版。

　　［德］施莱尔马赫：《论宗教——对蔑视宗教的有教养者的讲话》，邓安庆译，人民出版社 2011 年版。

　　［德］施特劳斯：《耶稣传》（上、下卷），吴永泉译，商务印书馆 2010 年版。

　　［德］施特劳斯：《斯宾诺莎的宗教批判》，李永晶译，华夏出版社 2013 年版。

　　［荷兰］斯宾诺莎：《神学政治论》，温锡增译，商务印书馆 1997 年版。

　　［古罗马］苏维托尼乌斯：《罗马十二帝王传》，张竹明、王乃新、蒋平等译，商务印书馆 2000 年版。

　　［古罗马］塔西佗：《编年史》（下册），王以铸、崔妙因译，商务印书馆

2013 年版。

［加］查尔斯·泰勒：《世俗时代》，张容南等，徐志跃、张容南审校，上海三联书店 2017 年版。

汤清编译：《历代基督教信条》，香港：基督教文艺出版社 1999 年版。

［美］J. W. 汤普森：《历史著作史》（上卷），第一分册，谢德风译，李活校，商务印书馆 2013 年版。

［德］特洛尔奇：《基督教理论与现代》，朱雁冰等译，华夏出版社 2004 年版。

王立新：《古代以色列历史文献、历史框架、历史观念研究》，北京大学出版社 2004 年版。

［美］维塞尔：《莱辛思想再释——对启蒙运动内在问题的探讨》，贺志刚译，林和生审校，华夏出版社 2002 年版。

［德］温德：《力阻狂轮：朋霍费尔传》，陈慧雅译，四川人民出版社 2006 年版。

［德］文德尔班：《古代哲学史》，詹文杰译，上海三联书店 2014 年版。

王晴佳：《西方的历史观念——从古希腊到现代》，华东师范大学出版社 2002 年版。

吴晓群：《西方史学通史》（第二卷），复旦大学出版社 2011 年版。

肖恩慧：《末世论》，宗教文化出版社 2013 年版。

［英］大卫·休谟：《人类理解研究》，关文运译，商务印书馆 1957 年版。

［罗马尼亚］米尔恰·伊利亚德：《神圣与世俗》，王建光译，华夏出版社 2003 年版。

［德］汉斯·约纳斯：《奥斯维辛之后的上帝观念——一个犹太人的声音》，张荣译，华夏出版社 2002 年版。

张庆熊：《基督教神学范畴——历史和文化比较的考察》，上海人民出版社 2003 年版。

张旭：《卡尔·巴特神学研究》，上海人民出版社 2005 年版。

张旭：《上帝死了，神学何为？——20 世纪基督教神学基本问题》，中国人民大学出版社 2010 年版。

张贤勇编：《历史与救赎》，《道风基督教文化评论》（第 19 期），香港：

道风书社 2003 年版。

张志刚：《宗教哲学研究——当代观念、关键环节及其方法论批判》（增订版），中国人民大学出版社 2009 年版。

赵敦华、傅乐安主编：《中世纪哲学》（上、下卷），吴天岳审校，商务印书馆 2013 年版。

赵敦华：《圣经历史哲学》（上、下卷），江苏人民出版社 2016 年版。

赵立行：《西方史学通史》（第三卷），复旦大学出版社 2011 年版。

赵林、杨熙楠主编：《历史的启示与转向》，广西师范大学出版社 2008 年版。

庄振华：《黑格尔的历史观》，上海人民出版社 2013 年版。

《圣经后典》，张久宣译，商务印书馆 1987 年版。

中文文章

安希孟：《希望的末世论——现代基督教末世论述评》，《世界宗教研究》2001 年第 2 期。

安希孟：《哲学与神学中的逻各斯——现代基督教神学"希望的末世论"》，载许志伟主编：《基督教思想评论》（第三辑），上海人民出版社 2006 年版。

白海霞：《康德论人性的善恶》，《道德与文明》2014 年第 1 期。

查常平：《20 世纪圣经研究方法的前设——以福音书的研究为例》，载张庆熊、徐以骅主编：《基督教学术》（第十六辑），上海三联书店 2016 年版。

查常平：《历史研究中的信仰问题——以科林·布朗的〈历史与信仰：个人的探询〉为理论个案》，《宗教学研究》2012 年第 2 期。

邓晓芒：《发人深思的互补——读潘能贝格的〈神学与哲学〉》，《书屋》2009 年第 10 期。

傅乐安：《托马斯·阿奎那五种证明剖析》，《哲学研究》1982 年第 4 期。

黄裕生：《原罪与自由意志——论奥古斯丁的罪—责伦理学》，《浙江学刊》2003 年第 2 期。

［德］哈纳克、［瑞士］巴特：《哈纳克与巴特争论的公开信》，张缨译，

载许志伟主编：《基督教思想评论》（第三辑），上海人民出版社 2006 年版。

江丕盛：《从基督论看根植于历史的救赎》，《道风：基督教文化评论》2003 年第 19 期。

江丕盛：《一个基督，各自表述》，《中国神学院研究期刊》2003 年第 34 期。

李秋零：《康德论人性根本恶及人的改恶向善》，《哲学研究》1997 年第 1 期。

林子淳：《巴特：启示实证论者？——从潘霍华看巴特的启示观》，载邓绍光、赖品超编：《巴特与汉语神学》，香港：道风书社 2000 年版。

马松红：《启示与历史——潘能伯格早期历史神学概观》，载张庆熊、徐以骅主编：《基督教学术》（第十六辑），上海三联书店 2016 年版。

马松红：《复活是一个历史事件？——启蒙之后基督教神学关于复活问题的主要争论》，载卓新平主编：《基督宗教研究》（第 22 辑），宗教文化出版社 2017 年版。

田海华：《斯宾诺莎对圣经的历史批判与诠释》，《宗教学研究》2008 年第 4 期。

吴兵：《"道成肉身"与"复归元首"——爱任纽神学思想中的基督论与赎罪观》，《金陵神学杂志》2003 年第 2 期。

吴国安：《启示与历史——从〈教会教义学〉卷一看巴特的历史观》，载《巴特与汉语神学 II——巴特逝世四十周年纪念文集》，香港：道风书社 2008 年版。

谢文郁：《哲学与神学的交点——潘尼伯格的新历史观研究（上）》，《国外社会科学》1995 年第 5 期。

谢文郁：《哲学与神学的交点——潘尼伯格的新历史观研究（下）》，《国外社会科学》1995 年第 6 期。

薛霜雨：《试论康德的人性与"原罪"学说》，《宗教学研究》2011 年第 1 期。

张庆熊：《当代基督教人学观念的重构》，《复旦学报（社会科学版）》2001 年第 3 期。

张庆熊：《信仰寻求理解和理解开导信仰——反思宗教、神学与哲学的关系》，《华中师范大学学报（人文社会科学版)》2014 年第 5 期。

张缨：《历史，还是启示——哈纳克与巴特在基督论上的争论》，载许志伟主编：《基督教思想评论》（第三辑），上海人民出版社 2006 年版。

张志刚：《现代西方神学与历史哲学》，《史学理论研究》1998 年第 2 期。

赵林：《神学领域的"哥白尼革命"——从〈单纯理性限度内的宗教〉解析康德的道德神学》，《求是学刊》2014 年第 5 期。

赵林：《罪恶与自由意志——奥古斯丁"原罪"理论辨析》，《世界哲学》2006 年第 3 期。

学位论文

陈明光：《潘能伯格及其神学人观》，山东大学硕士学位论文，2007 年。

冷欣：《启示与历史——潘能伯格神学研究》，复旦大学博士学位论文，2009 年。

王新生：《卡尔·拉纳神哲学思想探析——"先验人学"之来龙去脉》，复旦大学博士学位论文，2006 年。

吴国安：《巴特神学中的启示与历史（1910－1939)》，中原大学硕士论文，2007 年。

张缨：《历史 vs. 启示——哈纳克与巴特在基督论上的针锋相对》，复旦大学硕士学位论文，2003 年。

外文著作

Augustine, *The Enchiridion*: *On Faith*, *Hope*, *and Love*, XIV, 52, edited by Boniface Ramsey, translation and notes by Bruce Harbert, New York: New City Press, 2011.

Augustine, *On the Trinity*, *Books* 8－15, edited by Gareth B. Matthews, translated by Stephen McKenna, Cambridge: Cambridge University Press, 2002.

Karl Barth, *Church Dogmatics*, Vol. I, part 1, G. W. Bromiley & T. F. Torrance ed., trans. by G. W. Bromiley, Edinburgh: T&T Clark, 1975.

Karl Barth, *Church Dogmatics*, Vol. IV, part. 1, trans. G. W. Bromiley, Edinburgh: T & T. Clark, 1957.

Karl Barth, *Die protestantische Theologie im* 19. *Jahrhundert*: *Ihre Vorgeschichte und ihre Geschichte*, Zürich: Evangelischer Verlag, 1947.

Karl Barth, *Protestant Theology in the Nineteenth Century*: *Its Background and History*, trans. B. cozens & J. Bowden, London: SCM Press, 1972.

Karl Barth, *The Word of God and the Word of Man*, translated by Douglas Horton, New York: Harper & Brothers Publishers, 1957.

Karl Barth, *The Resurrection of the Dead*, trans. H. J. Stenning, London: Fleming H. Revell, 1933.

Karl Barth, *The Epistle to the Romans*, sixth Edition, ed. Edwyn C. Hoskyns, London: Oxford University Press, 1972.

Ernst Bloch, *Das Prinzip Hoffnung*, 3 Bde., Frankfurt: Suhrkamp Verlag, 1967.

Ernst Bloch, *The Principle of Hope*, Vol. 1 – 3, translated by Neville Plaice, Stephen Plaice and Paul Knight, Oxford: Basil Blackwell, 1986.

Darrell L. Bock, *Studying the Historical Jesus*: *A Guide to Source and Methods*, Apollos: Baker Academic, 2002.

Helen K. Bond, *The Historical Jesus*: *A Guide for the Perplexed*, New York: T&T Clark, 2012.

Günther Bornkamm, *Jesus of Nazareth*, translated by Irene and Fraser McLuskey with James M. Robinson, London: Hodder and Stoughton, 1973.

Rudolf Bultmann, *New Testament and Mythology and other basic writings*, Selected, edited, and translated by Schubert M. Ogden, Philadelphia: Fortress Press, 1989.

Rudolf Bultmann, *The Presence of Eternity*: *History and Eschatology*, New York: Harper & Brothers, 1957.

Michael Gilbertson, *God and History in the Book of Revelation*: *New Testament Studies in Dialogue with Pannenberg and Moltmann*. New York: Cambridge University Press, 2003.

Carl E. Braaten, *New Directions in Theology Today* (*Volume II*): *History and*

Hermeneutics, Philadelphia: The Westminster Press, 1966.

Carl E. Braaten & Philip Clayton eds. , *The Theology of Wolfhart Panenberg*: *Twelve American Critiques with an Autobiographical Essay and Response*, Minneapolis: Augsburg Publishing House, 1988.

Timothy Bradshaw, *Pannenberg*: *A Guide for the Perplexed*, London: T&T Clark, 2009.

G. B. Caird *et al.* , *The Christian Hope*, London: SPCK, 1970.

Gregory W. Dawes ed. , *The History Jesus Quest*: *Landmarks in the Search for the Jesus of History*, Louisville: Westminster John Knox Press, 2002.

James D. G. Dunn, *Jesus Remembered*, Michigan: Wm. B. Eerdmans Publishing Co. , 2003.

Avery Dulles, *Model of Revelation*, Garden City, N. Y. : Doubleday, 1983.

Gerhard Ebeling, *Theology and Proclamation*: *A Discussion with Rudolf Bultmann*, trans. John Riches, London: Collins, 1966.

Kent Eilers, *Faithful to Save*: *Pannenberg on God's Reconciling Action*, New York: T&T Clark International, 2011.

Allan. D. Gallowy, *Wolfhart Pannenberg*, Contemporary Religion Thinker Series, H. D. Lewis ed. , London: George Allen & Unwin Ltd, 1973.

Michael Gilbertson, *God and History in the Book of Revelation*: *New Testament Studies in Dialogue with Pannenberg and Moltmann*, New York: Cambridge University Press, 2003.

Stanley J. Grenz, *Reason for Hope*: *The Systematic Theology of Wolfhart Pannenberg*, Oxford: Oxford Universtity Press, 1990.

Jürgen Habermas, *On the Logic of the Social Sciences*, trans. Shierry Weber Nicholsen & Jerry A. Stark, Cambridge: The MIT Press, 1988.

Carl F. H. Henry, *God, Revelation and Authority* II, Waco: Word, 1976.

Mark Hocknull, *Pannenberg on Evil, Love and God*: *The Realisation of Divine Love*, Ashgate Publishing Company, 2014.

St. Irenaeus of Lyons, *Against Heresies*, edited by Paul A. Böer, Sr. , Lexington: Veritatis Splendor Publications, 2012.

Joachim Jeremias, *The Problem of the Historical Jesus*, Philadelphia: Fortress Press, 1972.

Luke Timothy Johnson, *The Real Jesus: The Misguided Quest of the Historical Jesus and the Truth of the Traditional Gospels*, San Francisco: HarperCollins, 1996.

Martin Kähler, *The So-called Historical Jesus and the Historic*, *Biblical Christ*, trans. Carl E. Braaten, Philadelphia: Fortress Press, 1964.

Andreas J. Köstenberger, L. Scott Kellum, Charles L Quarles, *The Cradle*, *the Cross*, *and the Crown: An Introduction to the New Testament*, Nashville: B&H Publishing Group, 2009.

Hans Küng, *The Church*, trans. Ray and Rosaleen Ockenden, New York: Burns and Oates, 2001.

David R. Law, *The Historical-Critical Method: A Guide for the Perplexed*, London: T&T Clark, 2012.

Erasmo Leiva-Merikakis, *Fire of Mercy*, *Heart of the Word: Meditations on the Gospel According to Saint Matthew*, Vol. 2, San Francisco: Ignatius Press, 2004.

W. von Loewenich, *Luther's Theology of the Cross*, Minneapolis: Augsburg Pub. House, 1976.

Alister E. McGrath, *The Making of Modern German Christology: From the Enlightenment to Pannenberg*, New York & Oxford: Basil Blackwell Ltd, 1986.

Christiaan Mostert, *God and the Future: Wolfhart Pannenberg's Eschatology Doctrine of God*, New York: T&T Clark Ltd, 2002.

Wolfhart Pannenberg, *Offenbarung als Geschichte* Göttingen: Vandenhoeck & Ruprecht, 1961.

Wolfhart Pannenberg, *Was ist der Mensch? Die Anthropologie der Gegenwart im Lichte der Theologie*, Reihe: Kleine Vandenhoeck, 1962.

Wolfhart Pannenberg, *Anthropologie in theologischer Perspektive*, Göttingen: Vandenhoeck & Ruprecht, 1983.

Wolfhart Pannenberg, *Systematische Theologie*, 3Bde. Göttingen: Vandenhoeck & Ruprecht, 1988, 1991, 1993.

Wolfhart Pannenberg, *Grundfragen systematischer Theologie* (*Gesammelte Aufsätze*),

Göttingen: Vandenhoeck & Ruprecht, 1967.

Wolfhart Pannenberg ed. , *Revelation as History*, trans. David Granskou, New York: The Macmillan Company, 1968.

Wolfhart Pannenberg, *Jesus—God and Man*, trans. Lewis L. Wilkins and Duane A. Priebe, Philadelphia: The Westminster Press, 1968.

Wolfhart Pannenberg, *Theology and the Kingdom of God*, ed. Richard J. Neuhaus, Philadelphia: The Westminster Press, 1969.

Wolfhart Pannenberg, *Basic Question in Theology*, Vol. 1, Trans. George H. Kehm, Philadelphia: Fotress Press, 1971.

Wolfhart Pannenberg, *Basic Questions in Theology*, Vol. 2, Trans. George H. Kehm, Philadelphia: The Westminster Press. 1971.

Wolfhart Pannenberg, *The Idea of God and Human Freedom*, Trans. A. Wilson, Philadelphia: The Westminster Press, 1973.

Wolfhart Pannenberg, *Ethics*, translated by Keith Crim, Philadelphia: The Westminster Press, 1981.

Wolfhart Pannenberg, *Theology and the Philosophy of Science*, trans. Francis McDonagh, Philadelphia: The Westminster Press, 1976.

Wolfhart Pannenberg, *Human Nature*, *Election and History*, Philadelphia: The Westminster Press, 1977.

Wolfhart Pannenberg, *Faith and Reality*, trans. John Maxwell, Kentucky: The Westminster John Knox Press, 1977.

Wolfhart Pannenberg, *The Church*, trans. Keith Crim, Kentucky: The Westminster John Knox Press, 1983.

Wolfhart Pannenberg, *Metaphysics and the Idea of God*, trans. Philip Clayton. Grand Rapids: Eerdmans, 1988.

Wolfhart Pannenberg, *Systematic Theology*, Vol. 1, trans. Geoffrey W. Bromiley, Grand Rapids: William B. Eerdmans, 1991.

Wolfhart Pannenberg, *Systematic Theology*, Vol. 2, trans. Geoffrey W. Bromiley, Grand Rapids: William. B. Eerdmans Publishing Co. , 1994.

Wolfhart Pannenberg, *Systematic Theology*, Vol. 3, trans. Geoffrey W. Bromiley,

New York: T&T Clark International, 2004.

Wolfhart Pannenberg, *Anthropology in Theological Perspective*, trans. Matthew J. O'Oconnell, London: T&T Clark International, 2004.

Wolfhart Pannenberg, *The Historicity of Nature: Essays on Science and Theology*, Pennsylvania: Templeton Foundation Press, 2008.

Wolfhart Pannenberg, *An Introduction to Systematic Theology*, Edinburgs: T&T Clark, 1991.

H. Plessner, *Die Stufen des Orinanischen und der Mensch*, Berlin: Walter de Gruyter, 1965.

Karl Rahner, *Theological Investigations*, VI, trans. K. H. Kruger & B. Kruger, London: Darton, Longman & Todd Ltd, 1969.

James M. Robinson, *A New Quest of the historical Jesus*, London: SCM Press, 1959.

James M. Robinson & John B. Cobb, Jr., eds., *Theology as History*, New York: Harper & Row, 1967.

Martin Rumscheidt, *Revelation and Theology: An Analysis of the Barth-Harnack Correspondence of* 1923, Cambridge: Cambridge University Press, 1972.

Robert John Russell, *Time in Eternity: Pannenberg, Physics, and Eschatology in Creative Mutual Interaction*, Indiana: University of Notre Dame Press, 2012.

E. P. Sanders, *The Historical Figure of Jesus*, Reprint edition, London: Penguin Books, 1996.

Albert Schweitzer, *The Quest of the Historical Jesus*, 3rd edn., London: A. & C. Black, 1954.

Friedrich Schleiermacher, *The Christian Faith*, *Third Edited*, With an Introduction by Paul T. Nimmo, Bloomsbury: T&T Clark, 2016.

Rudolf Schnackenburg, *God's rule and kingdom*, New York: Herder, 1963.

Graham Stanton, *Jesus and Gospel.* Cambridge: Cambridge University Press, 2004.

B. H. Streeter, *The Four Gospels: A Study of Origins*, London: Macmillan, 1924.

Charles H. Talbert, *What Is a Gospel? The Genre of Canonical Gospels*, Philadelphia: Fortress Press, 1977.

Iain Taylor, *Pannenberg on the Trinune God*, New York: T&T Clark, 2007.

E. Frank Tupper, *The Theology of Wolfhart Pannenberg*, Philadelphia: The Westminster Press, 1973.

Johannes Weiss, *Jesus' Proclamation of the Kingdom of God*, translated and edited by R. H. Hiers and D. L. Holland, Philadelphia: Fortress Press, 1971.

Theodore James Whapham, *The Term "Person" in the Trinitarian Theology of Wolfhart Pannenberg*, New York: Peter Lang Publishing, Inc. , 2012.

Kam Ming Wong, *Wolfhart Pannenberg on Human Destiny*, Ashgate Publishing Company, 2008.

Norman J. Young, *History and Existential Theology: the Role of History in the Thought of Rudolf Bultmann*, Philadelphia: The Westminster Press, 1969.

外文文章

Paul Althaus, "Offenbarung als Geschichte und Glaube, Bemerkungen zu Wolfart Pannenberg Begriff der Offenbarung", *ThLZ*, LXXXVII, 1962, SS. 321 – 330.

Camille Atkinson, "Kant on Human Nature and Radical Evil", *Philosophy and Theology*, Vol. 19, No. 1 – 2, 2007, pp. 215 – 224.

Najeeb G. Awad, "Time/History, Self-disclosure and Anticipation: Pannenberg, Heidegger and the Question of Metaphysics", *Sophia*, 2011, 50, pp. 113 – 133.

Najib G. Awadt, "Revelation, History and Idealism: Re-examining the Conceptual Roots of Wolfhart Pannenberg's Theology", *Theological Review* XXVI/1, 2005, pp. 91 – 110.

Carlos Blanco, "God, the Future, and the Fundamentum of History in Wolfhart Pannenberg", *The Heythrop Journal*, 2013, pp. 301 – 311.

Karl Barth, "Unsettled Questions for Theology Today", *Theology and Church*, New York, 1962, pp. 58 – 65.

Wesley Scott Biddy, "Wolfhart Pannenberg on Human Linguisticality and the Word of God", *Ars Disputandi*, 5: 1, 2005, pp. 183 – 203.

Carlos Blanco, "God, the Future, and the Fundamentum of History in Wolfhart

Pannenberg",

Carl E. Braaten, "The Current Controversy on Revelation: Pannenberg and His Critics", *The Journal of Religion*, Vol. 45, No. 3, Jul., 1965, pp. 225 – 237.

Jonathan P. Case, "The Death of Jesus and the Truth of the Triune God in Wolfhart Pannenberg and Eberhard Jüngel", *Journal for Christian Theological Research* 9, 2004, pp. 1 – 13.

Brian. M. Ebel, "The Pannenbergian Retroactive Significance of Resurrection", *The Asbury Journal*, 2011, 66/1, pp. 47 – 63.

Adam Eitel, "The Resurrection of Jesus Christ: Karl Barth and the Historicization of God's Being", *International Journal of Systematic Theology*, Vol. 10, No. 1, 2008, pp. 43 – 45.

Lewis S. Ford, "The Nature of the Power of the Future", in *The Theology of Wolfhart Pannenberg: Twelve American Critiques with an Autobiographical Essay and Response*, Carl E. Braaten & Philip Clayton eds., Minneapolis: Augsburg Publishing House, 1988, pp. 24 – 25.

Paul Formosa, "Kant on the Radical Evil of Human Nature", *The Philosophical Forum*, Vol. 38, No. 3, 2007, pp. 221 – 245.

Roe Fremstedalal, "Original Sin and Radical Evil: Kierkegaard and Kant", *Kantian Review*, Vol. 17, No. 2, 2012, pp. 197 – 225.

Ernst Fuchs, "Theologie oder Ideologie? " *Theologisch Literaturzeitung*, LXXX-VIII, 1963, SS. 257 – 260.

Allan. D. Gallowy, "The New Hegelians", *Religions Studies* 8, 1972, pp. 367 – 371;

SR Grimm, "Kant's Argument for Radical Evil", *European Journal of Philosophy*, 2010, 10 (2), pp. 160 – 177.

Stanley J. Grenz, "Wolfhart Pannenberg: Reason, Hope and Transcendence", *The Asubry Theology Journal*, Vol. 46, No. 2, Fall, 1991, pp. 73 – 90.

Grenz J. Stanley, "Wolfhart Pannenberg's Quest for Ultimate Truth", *The Christian Century*, Sep 14, 1988, 105, 26, pp. 795 – 798.

Fr S. J. Gerald O'Collins, "Karl Barth on Christ's Resurrection", *Scottish Jour-*

nal of Theology, Vol. 26, No. 1, 1973, p. 85 – 99.

Timothy Harvie, "Living the Future: The Kingdom of God in the Theologies of Jürgen Moltmann and Wolfhart Pannenberg", *International Journal of Systematic Theology*, Vol. 10, No. 2, 2008, pp. 149 – 164.

Helmut G. Harder & W. Taylor Stevenson, "The Continuity of History and Faith in the Theology of Wolfhart Pannenberg: Toward an Erotics of History", *The Journal of Religion*, Vol. 51, No. 1, Jan., 1971, pp. 34 – 56.

Brian McDemrmott, "Pannenberg's Resurrection Christology: A Critique", *Theological Studies* 35, 4, 1974, pp. 711 – 721.

G. E. Michalson, "Pannenberg on the Resurrection and Historical Method", *Scottish Journal of Theology*, Vol. 33, 1980, pp. 346 – 355.

Daniel. L. Migliore, "How Historical Is the Resurrection? (A Dialogue)", *Theology Today*, Vol. 33, No. 1, 1976, pp. 5 – 14.

Anselm K. Min, "The Dialectic of Divine Love: Pannenberg's Hegelian Trinitarianism", *International Journal of Systematic Theology*, Vol. 6, No 3, July, 2004, pp. 252 – 269.

Jürgen Moltmann, "Personal Recollections of Wolfhart Pannenberg", *Theology Today*, vol. 72 (I), 2015, pp. 11 – 14.

Iain G. Nicol, "Facts and Meanings: Wolfhart Pannenberg's Theology as History and the Role of the Historical-Critical Method", *Religious Studies*, Vol. 12, No. 2 Jun., 1976, pp. 129 – 139.

Robert North S. J, "Pannenberg's Historicizing Exegesis", *The Heythrop Journal*, 1971, Vol. 12, No. 4, pp. 377 – 400.

G. G. O'Collins, "The Christology of Wolfhart Pannenberg", *Religious Studies*, 3, 1967, pp. 369 – 376.

G. G. O'Collins, "Revelation as History", *Heythrop Journal*, 1966, Vol. 7, No. 4, pp. 394 – 406.

Roger Olson, "The Self-Realization of God: Hegelian Element in Pannenberg's Christology", *Perspective in Religions Studies* 13, 1986, pp. 207 – 223.

Roger Olson, "Trinity and Eschatology: The Historical being of God in Jürgen

Moltmann and Wolfhart Pannenberg", *Scottish Journal of Theology*, 36, 1983, pp. 213 – 227.

Roger Olson, "Wolfhart Pannenberg's Doctrine of the Trinity", *Scottish Journal of Theology*, 43, 1990 pp. 175 – 206.

Wolfart Pannenberg, "Aggression und die theologische Lehre vor der Sünde", *Zeitschrift fü evangelische Ethik* 21, 1977, SS. 161 – 173.

Wolfart Pannenberg, "Einsicht und Glaube. Antwort an Paul Althaus", *ThLZ*, LXXXVIII, 1963, SS. 81 – 92.

Wolfart Pannenberg, "Der Gott der Geschichte: Der trinitarische Gott und die Wahrheit der Geschichte. "*Kerygma und Dogma* 23, 1977, SS. 76 – 92.

Wolfhart Pannenberg, "Jesu Geschichte und unsere Geschichte. "*Radius* 1, 1960, SS. 18 – 27.

Wolfhart Pannenberg, "Theological Autobiography: An Intellectual Pilgrimage", *Dialog: A Journal of Theology*, Vol. 45, Number 2, 2006, pp. 186 – 187.

Wolfhart Pannenberg, "Can Christianity Do without an Eschatology", in G. B. Caird *et al.*, *The Christian Hope*, London: SPCK, 1970, p. 31.

Wolfhart Pannenberg, "An autobiographical Sketh", in *The Theology of Wolfhart Panenberg: Twelve American Critiques with an Autobiographical Essay and Response*, Carl E. Braaten & Philip Clayton eds., Minneapolis: Augsburg Publishing House, 1988, pp. 24 – 25.

Wolfhart Pannenberg, "Constructive and Critical Functions of Christian Eschatology", *Harvard Theological Review* 77, 1984, pp. 119 – 139.

Wolfhart Pannenberg, "Eternity, Time and the Trinitarian God", *Dialog: A Journal of Theology*, Vol. 39, No. 1, 2000, pp. 9 – 14.

Wolfhart Pannenberg, "God's Presence in History", *The Christian Century*, Vol. 98, 1981, pp. 260 – 263.

Wolfhart Pannenberg, "The Christian Vision of God: The New Discussion on the Trinitarian Doctrine", *The Asbury Theology Journal*, Vol. 46, No. 2, Fall, 1991, pp. 27 – 36.

Wolfhart Pannenberg, "The Church Today", *The Asbury Theology Journal*,

Vol. 46, No. 2, Fall, 1991, pp. 7 – 16.

Wolfhart Pannenberg, "The Concept of Miracle", *Zygon*, vol. 37, no. 3, 2002, pp. 759 – 762.

Wolfhart Pannenberg, "Did Jesus Really Rise from Dead?", *Dialog* 4, 1965, pp. 128 – 135.

Wolfhart Pannenberg, "A Dialogue on Christ's Ressurection", with Lawrence Burkholder, Harvey Cox, J. N. D. Anderson, Christian Today 12/14, 1968, pp. 9 – 11.

Wolfhart Pannenberg, "Facts of History and Christian Ethics", *Dialog* 8, 1969, pp. 287 – 296.

Wolfhart Pannenberg, "A Theology of Death and Resurrection", *Theology Digest* 23, 1975, pp. 143 – 148.

Wolfhart Pannenberg, "The Contribution of Christianity to the Modern World", *Cross Currents* 25, 1976, pp. 357 – 366.

Wolfhart Pannenberg, "The Historical Jesus as a Challenge to Christology." *Dialog* 37, No. 1, 1998, pp. 22 – 27.

Wolfhart Pannenberg, "The Resurrection of Jesus: History and Theology." *Dialog* 38, No. 1, 1999, pp. 20 – 25.

Ronald D. Pasquariello, "Pannenberg's Philosophical Foundation", *Journal of Religion* 56, 1976, pp. 338 – 347.

Ted Peters, "In Memoriam: Wolfhart Pannenberg (1928 – 2014)", *Dialog: A Journal of Theology*, Vol. 53, No. 4, winter, 2014, pp. 365 – 383.

Ted Peters, "Truth in History: Gadamer's Hermeneutics and Pannenberg's Apologetic Method", *The Journal of Religion*, Vol. 55, No. 1, 1975, pp. 36 – 56.

Sam Powell, "History andEschatology in the Thought of Wolfhart Pannenberg", *Fides et Historia*, Vol XXXII, No. 2, Summer/Fall, 2000, pp. 19 – 32.

Richard Rice "Wolfhart Pannenberg's Crowning Achievement: A Review of His *Systematic Theology*", *Andrews University Seminary Studies*, Vol. 37, No. 1, 1999, pp. 55 – 72.

F. LeRon Shults, "Constitutive Relationality in Anthropology and Trinity: The Shaping of the *Imago Dei* Doctrine in Barth and Pannenberg", *Neue Zeitschrift Sys-*

tematische Theologie und Religionsphilosophie, Jan. 1, 1997, 39, 3, SS. 304 – 322.

Lothar Steiger, "Offenbarunggeschichte und theologiche Vernunft", *Zeitschriftfür Theoligie und Kirche*, 59, 1962, SS. 88 – 113.

Iain Taylor, "How to Be a Trinitarian Theologian: A Critique of Wolfhart Pannenberg's Systematic Theology", *Scottish Journal of Theology*, 60, 2007, pp. 180 – 195.

E. Frank Tupper, "The Christology of WolfhartPannenberg", *Review and Expositor*, 1974, Vol. 71, No. 1, pp. 59 – 73.

Geoffrey Turner, "Wolfhart Pannenberg and the Hermeneutical Problem", *Irish Theological Quarterly*, 1972, Vol. 39, No. 2, pp. 107 – 129

Laurence Wood, "History and Hermeneutics: A Pannenbergian Perspective", *Wesley Theological Journal*, Vol. 16, No. 1, spring, 1981, pp. 7 – 22.

Gunther Wenz, "Vernunft des Glaubens", *Zeitwende*, 65, 1994, S. 188.

Merold Westphal, "Hegel, Pannenberg, and Hermeneutics", *Man and World*, 1971, Vol. 4, No. 3, pp. 276 – 293.

Chulho Youn, "Wolfhart Pannenberg's Eschatological Theology: In Memoriam", *NZSTh*, 2015, 57 (3), pp. 398 – 417.

后　记

　　初识潘能伯格，是在 2015 年。这一年，我入复旦求学，在张庆熊老师给我的一摞书中，我第一次看到了这个名字。犹记得，在那一摞书中，有本书叫作《近代德国新教神学问题史——从施莱尔马赫到巴特和蒂利希》。这本书是潘能伯格多年讲授近代神学史的讲稿整理而成，德文原版于 1997 年出版，是其思想成熟时期的著作之一。从这本书中，我们可以清晰看到潘能伯格的雄心壮志：他不仅想细致梳理从施莱尔马赫之后整个德国新教神学发展百余年面临的问题及其历史线索，更致力于在新的历史处境下重构基督教信仰的基础。

　　潘能伯格无疑是成功的。他著作等身，被视为当代德国最具影响力的思想家之一。翻阅介绍当代基督教思想的书籍文献，几乎没有一本可以略过潘能伯格。在整个现代基督教思想界，他被认为是可以和卡尔·巴特、鲁道夫·布尔特曼、迪特里希·朋霍费尔以及于尔根·莫尔特曼等人相提并论的思想家。其思想之深邃、广博和现代，不仅在欧洲，甚至在欧洲之外的美洲大陆、亚洲地区；不仅在新教，而且在天主教，甚至非基督教思想界也引起了广泛的关注和讨论。潘能伯格如此重要且流行，但综观整个汉语学界，相较于火热的巴特研究和莫尔特曼研究，潘能伯格受重视的程度似乎远不及二者，甚至不及其他人。造成这种现象的原因可能很多，但绝非潘能伯格本身不值得深入研究；恰恰相反，潘能伯格因其思想的精深和现代，更应该引起汉语学者的重视。

　　潘能伯格是位现代神学家。一方面他深受《圣经》信仰传统的影响，致力于以神学家的身份从上帝的真理出发捍卫基督教教义的真确性；但另一方面他又极力主张，基督教的教义和信仰必须走出自家围墙，与人文社会科学甚至与自然科学开展不同学科之间的科际对话，以实现基督教信仰的现代性转化。潘能伯格的广博和现代，即体现在他的这一构想之中。他既不同意巴特把基督教信仰带入超自然领域，也不赞同布尔特曼对基督教信息的生存论诠释。在他看来，两种神学方案均失于偏颇。不同于二者，潘能伯格意在于对基督教信息进行一种历史的理解，以使基督教信仰奠立在可靠稳固的基础之上。

本书即是从这一历史语境出发，致力于在清晰梳理近代以来突出的信仰与历史关系问题的基础上，对潘能伯格神学思想的几个重要方面做出较为细致的讨论。目前为止，本书虽已付梓，但心中难免惶恐。因本书是在我的博士学位论文基础上修订而成，故取"引论"二字放在书名末尾，一是想向读者陈明，本书是我阅读和思考潘能伯格"初熟的果子"，整个研究都带有初步特性，有待日后进一步拓展和深入研究；二是不揣浅陋，想以拙著抛砖引玉，向汉语学界进一步引介和推广潘能伯格，希望有更多汉语学者注意到这位思想深邃、广博和现代的学者，并有志于投入潘能伯格研究。如果能达到这一目的，笔者自当欣慰至极。

时隔五年，本书能够付梓出版，不得不感谢一些人。没有他们，本书的出版断难想象。感谢我的导师张庆熊教授，论文乃至书稿的写作修订无不受到老师的指导和帮助。张老师学识渊博、学养深厚。承蒙不弃，曾忝列门墙。如今老师虽已年过古稀，但仍勤思广纳，笔耕不辍，这份对真理的热切、坚持和执着一直激励着我。感谢读博期间复旦大学哲学学院宗教学系诸位老师的精品课程，以及在论文开题、中期和答辩过程中诸位老师提出的宝贵意见和建议，这些均与本书的形成有着紧密关系。感谢曾经的同窗好友，正是你们的存在让原本单调的博士生活充满了活力与乐趣。感谢我的硕士生导师王天成教授，虽已毕业多年，但老师和师母仍常常关注关心着学生的成长。感谢同事刘海霞教授的关心和引荐，本书才得到出版的契机；感谢张耀、郭亚楠、赵凤娟三位同学，帮我再次核对全书引文。感谢中国社会科学出版社刘亚楠编辑，其在编校过程中展现出的专业素养和严谨态度，令人肃然起敬。可以说，正是由于她的辛苦付出，本书才以一种较为完备的形式呈现在诸君面前。当然，书中仍有错漏，一切责任在我。此外，书中部分内容曾单独在《宗教学研究》《基督教学术》等刊物公开发表，在此一并致谢。

歌德在《浮士德》中曾言，理论是灰色的，唯有生活之树长青。一切的思考都要回归生活。毕业后的这些年，一边致力于理想，在追梦路上摸爬滚打；但另一边又不得不折腰于现实，在矛盾、撕裂中生存。这些年，书桌上常放满两类书籍：一类介绍高悬头顶、神奇玄妙的信仰，另一类介绍砍掉上帝头颅的利刃和大刀。在我这里，两者无意间形成了一种悖论性结合。这一结合，是诸多痛苦的根源。

当然，如果人生注定悲苦，那么哲学或许可以聊慰伤痛。周国平曾在阿兰·德波顿《哲学的慰藉》一书的"推荐序"里写道："人生有种种不如意处，其中有一些是可改变的，有一些是不可改变的。对于那些不可改变的缺陷，哲学提供了一种视角，帮助我们坦然面对和接受。在此意义上，可以说哲学是一种慰藉。但是，哲学不只是慰藉，更是智慧。"不管你是以怎样的心态或目的接触哲学，不管你是把它当作慰藉，还是想在其中寻求某种形式的智慧，但我始终希望，通过哲学思考，我们都能获得面对生活的勇气，并满有盼望地生活。

是为记。

马松红
癸卯仲夏写于金城兰州